UX-Leadership – Unternehmerisch denken und wirkungsvoll organisieren

Christian H. Hauri · Markus Flückiger ·
Bernhard von Allmen

UX-Leadership – Unternehmerisch denken und wirkungsvoll organisieren

Die passende und effektive UX-Organisation im Unternehmen entwickeln

Christian H. Hauri
Hauri Ergonomie & Coaching GmbH
Zürich, Schweiz

Markus Flückiger
Bassersdorf, Schweiz

Bernhard von Allmen
Seengen, Schweiz

ISBN 978-3-658-48435-4   ISBN 978-3-658-48436-1 (eBook)
https://doi.org/10.1007/978-3-658-48436-1

Die Deutsche Nationalbibliothek verzeichnet diese Publikation in der Deutschen Nationalbibliografie; detaillierte bibliografische Daten sind im Internet über https://portal.dnb.de abrufbar.

© Der/die Herausgeber bzw. der/die Autor(en), exklusiv lizenziert an Springer Fachmedien Wiesbaden GmbH, ein Teil von Springer Nature 2025

Das Werk einschließlich aller seiner Teile ist urheberrechtlich geschützt. Jede Verwertung, die nicht ausdrücklich vom Urheberrechtsgesetz zugelassen ist, bedarf der vorherigen Zustimmung des Verlags. Das gilt insbesondere für Vervielfältigungen, Bearbeitungen, Übersetzungen, Mikroverfilmungen und die Einspeicherung und Verarbeitung in elektronischen Systemen.
Die Wiedergabe von allgemein beschreibenden Bezeichnungen, Marken, Unternehmensnamen etc. in diesem Werk bedeutet nicht, dass diese frei durch jede Person benutzt werden dürfen. Die Berechtigung zur Benutzung unterliegt, auch ohne gesonderten Hinweis hierzu, den Regeln des Markenrechts. Die Rechte des/der jeweiligen Zeicheninhaber*in sind zu beachten.
Der Verlag, die Autor*innen und die Herausgeber*innen gehen davon aus, dass die Angaben und Informationen in diesem Werk zum Zeitpunkt der Veröffentlichung vollständig und korrekt sind. Weder der Verlag noch die Autor*innen oder die Herausgeber*innen übernehmen, ausdrücklich oder implizit, Gewähr für den Inhalt des Werkes, etwaige Fehler oder Äußerungen. Der Verlag bleibt im Hinblick auf geografische Zuordnungen und Gebietsbezeichnungen in veröffentlichten Karten und Institutionsadressen neutral.

Planung/Lektorat: Petra Steinmueller
Springer Vieweg ist ein Imprint der eingetragenen Gesellschaft Springer Fachmedien Wiesbaden GmbH und ist ein Teil von Springer Nature.
Die Anschrift der Gesellschaft ist: Abraham-Lincoln-Str. 46, 65189 Wiesbaden, Germany

Wenn Sie dieses Produkt entsorgen, geben Sie das Papier bitte zum Recycling.

Vorwort

Sind Sie daran interessiert, wie Sie in Ihrer Organisation das Thema UX weiterentwickeln können? Dann sind Sie hier goldrichtig. Man kann es für absurd halten, dass sich das Thema UX noch immer nicht großflächig durchgesetzt hat. Apple wird gerne als Vorzeigefirma hergenommen, aber wenn wir auf die breite Masse an Produkten schauen, so sehen wir sehr viele aus Sicht der Nutzer überaus schlechte Produkte. Unter diesen befinden sich auch einige Produkte, welche von einem professionellen Designer eine großartige visuelle Gestaltung erhalten haben, ohne dass sich die User Experience wesentlich verbessert hätte. Was läuft also schief? Wieso gelingt es einigen Firmen, Produkte auf den Markt zu bringen, welche die Nutzer im Großen und Ganzen mit dem Stempel „ungenügend" versehen, und andere werfen einen Publikumsliebling nach dem anderen auf den Markt? Dieses Buch packt das Thema User Experience bei dieser organisatorischen Fähigkeit an. Wir möchten Ihnen Argumente, Fingerzeige, Modelle, Erfahrungen und auch praxisnahe Anleitung mitgeben, wie eine Organisation sich weiterentwickeln kann, sodass sie immer mehr Publikumslieblinge auf den Markt bringt.

Interessenkonflikt Die Autor*innen haben keine für den Inhalt dieses Manuskripts relevanten Interessenkonflikte.

Für wen ist dieses Buch gedacht?

Dieses Buch richtet sich an mehrere Zielgruppen. Zuerst an Manager mit UX-Erfahrung, die UX in der Firma aufbauen. Es richtet sich auch an Personen ohne Erfahrung, die das große Los gezogen haben und die UX-Fähigkeiten einer Organisation aufbauen und entwickeln dürfen. Schließlich ist es auch für all jene UX-Profis von Nutzen, die ihren Beruf mit viel Einsatz, aber wenig Tiefenwirkung ausüben.

Je nach persönlicher Interessenslage und Erfahrung können Sie an einer anderen Stelle einsteigen. Damit Sie den Einstieg zu Ihrer persönlichen Herausforderung leichter finden, haben wir ein paar Fragen zusammengestellt, in denen Sie sich wiederfinden könnten.

> *„Ich bin noch neu in UX und muss das nun auf den Weg bringen. Was soll das Ganze eigentlich?"*

Im Kapitel „Einstieg" finden Sie grundlegende Gedanken und Modelle. Langjährige Profis finden vielleicht die eine oder andere Inspiration, aber der Abschnitt ist eher für Einsteiger gedacht – daher der Name.

> *„Wir machen uns nun erste Gedanken, wie UX in der Organisation verankert werden soll. Wie sieht der Schritt von reiner Ausführung hin zu Gestaltung und Strategie aus?"*

Das Kapitel „UX-Leadership" klingt nicht nur wichtig (darum die englische Bezeichnung), es ist es auch. Es geht um UX-spezifische Themen, die beim Aufbau einer effektiven Führung helfen können.

> *„Bei uns geht es schon seit Jahren mit UX nicht so richtig voran. Wie können wir mit UX mehr Wirkung erzielen?"*

Hier geht's ans Eingemachte. Im „Bergkapitel" betrachten wir detailliert, wie Unternehmen ticken. Wie finden wir heraus, wo wir mit UX Wirkung erzielen können? Dieser Aspekt wird in der Ausbildung kaum je behandelt und auch später im Berufsleben muss man erst einmal kräftig auf die Nase fallen, um dem Thema die nötige Wichtigkeit zuzuordnen. Oder man liest dieses Buch – das tut weniger weh und geht auch schneller. Allerdings wird man auch in diesem Fall um einige schmerzhafte Erfahrungen nicht herumkommen.

„Nun gut, wir haben nun etwas Budget bekommen. Wie geht es von hier aus weiter?"

Die nächsten Kapitel „Organisationen", „UX-Prozesse" und „Organisationsstrukturen" befassen sich mit UX-Organisation: Welche Modelle sind geläufig, welche Prozesse braucht es und wie baut man eine UX-Organisation auf? Daraus leiten sich die sieben Handlungsfelder für UX-Leader ab.

„Wir müssen uns zu bestimmten Themen ein paar neue Gedanken machen. Gibt es da ein paar Hilfsmittel, die wir einsetzen können?"

Am Ende findet sich noch der „Werkzeugkasten". Hier geht es nicht um eine weitere Beschreibung von nutzerzentriertem Design, sondern um Analyse- und Führungswerkzeuge für den UX-Leader. Diese funktionieren allerdings auch für UX-Einzelkämpfer.

Inhaltsverzeichnis

1 **Zum Einstieg: Warum sollten Sie sich um UX kümmern?** 1
   1.1   Dreh- und Angelpunkt Kunden und Nutzer 1
   1.2   Eine Definition von User Experience 3
   1.3   Ein paar grundlegende Modelle im Bereich UX 8
   1.4   Nutzerzentrierte Entwicklung 14
   1.5   Bewertung der User Experience 19
   1.6   UX-Profis – Spezialisten für User Experience 23

2 **UX-Leadership** 25
   2.1   Vier Rollen zu UX-Leadership 26
   2.2   UX-Leadership wirkt auf drei Ebenen 27
   2.3   Selbstsicht, Innensicht und Außensicht 28
   2.4   UX-spezifische organisatorische Herausforderungen 30
   2.5   PRAXISBEISPIEL: „UX-Team näher an die Nutzer bringen" 36

3 **Wenn der Berg nun nicht zum Propheten kommt** 41
   3.1   Strategie 43
   3.2   Belohnung 46
   3.3   Struktur 50
   3.4   Menschen 55
   3.5   Prozesse 55

4 **Eine Orientierungshilfe zur Kultur** 63
   4.1   Zum Begriff Firmenkultur 63
   4.2   Firmenkultur wirkt auf Qualität 65
   4.3   Firmenkultur erfassen 67
   4.4   Zusammenspiel von Werten und Verhalten 69
   4.5   Kultur, die UX fördert 72
   4.6   Anschlussfähige UX-Kultur? 76

5	**Organisationen sind adaptive Systeme**		79
	5.1	Das OSTO-Modell	79
	5.2	So können Sie das OSTO-Modell verwenden	82
6	**UX-relevante Prozesse**		87
	6.1	Die operative Ebene	87
	6.2	Die Ebene Institutionalisierung	88
	6.3	Die strategische Ebene	90
7	**Organisationsstrukturen**		93
	7.1	Grundstrukturen	93
	7.2	UX-Profis in der Aufbauorganisation	93
	7.3	Strukturen für Entwicklungsvorhaben	114
	7.4	Ausflug ins Projektmanagement: Auslastungsprobleme	120
	7.5	UX-Spezialisten in Entwicklungsteams	123
	7.6	UX-Profis in agilen Organisationen	131
8	**Organisation reifen in Bezug auf UX**		137
	8.1	Eine prototypische Entwicklung	137
	8.2	UX-Reife	140
	8.3	Veränderung treibt die Organisationsentwicklung	143
9	**In der Organisation Wirkung erzeugen**		147
	9.1	Grundsätze der Organisationsentwicklung	147
	9.2	Kommunikation in der Organisation: Zielgruppen jenseits der Nutzer	150
	9.3	Zielgruppenspezifische Herangehensweise	157
	9.4	7 ± 2 Handlungsfelder für UX-Leader	158
10	**Werkzeugkasten für UX-Leader**		163
	10.1	Schottischer Kaffee	164
	10.2	Stakeholderkartei	166
	10.3	Vier Grundmodelle	166
	10.4	Fischgrätendiagramm – Ishikawa-Diagramm	168
	10.5	Schlüsselindikatoren (KPI)	168
	10.6	UX-Ziele	170
	10.7	Impact Mapping	171
	10.8	Annahmenkarte	174
	10.9	UX-Strategie-Canvas	175
	10.10	Gütekriterien für Argumente	178
	10.11	Checkliste: Nutzenversprechen von UX	179
	10.12	Totschlagargumente kontern	179
	10.13	Retrospektiven: Reflektieren und Lernen	184

11	**Rückblick und Ausblick**		187
	11.1	Es gäbe noch mehr zu sagen	189
	11.2	Diskutieren Sie mit uns!	189

Literatur 191

Stichwortverzeichnis 193

Zum Einstieg: Warum sollten Sie sich um UX kümmern? 1

1.1 Dreh- und Angelpunkt Kunden und Nutzer

Wie Kunden und Nutzer Services und Produkte in ihr tägliches Leben und Arbeiten integrieren, ist ein Schlüsselpunkt für User Experience. Produkthersteller erleben immer wieder Überraschungen, wie die folgenden Beispiele zeigen.

Beispiel 1: peinliche Panik
So geschehen in den USA mit einem brandneuen Automobil. Auf dem Zündschlüssel des besagten Automobils ist ein Panikknopf angebracht (Abb. 1.1). Ist ein Bösewicht in der Nähe und besteht Gefahr für Autofahrer oder Auto, kann dieser Knopf gedrückt werden. Der Plan: Das Auto beginnt zu hupen und zu blinken und vertreibt dadurch sich anpirschende Bösewichte.

Die an sich gute klingende Idee hatte jedoch einen Haken: Der Knopf war in solcher Art und Weise auf dem Zündschlüssel angebracht, dass der Besitzer beim Starten des Autos regelmäßig den Panikknopf aktivierte und somit das Auto laut hupend auf den Besitzer aufmerksam machte. Diese für den Besitzer äußerst peinlichen Momente führten schließlich dazu, dass dieser den Zündschlüssel inklusive des Autos zurückbrachte und sich einen anderen Zündschlüssel (und somit einen anderen Wagen) beschaffte.

Es lohnt sich, bei diesem Beispiel die Ausmaße zu betonen: Der kleine, scheinbar nebensächliche Zündschlüssel hat darüber entschieden, dass das Auto nicht zu ertragen sei!

Beispiel 2: kritischer Komfort
Eine Herstellerin von Alarmanlagen erlebte eine andere Überraschung mit ihrer neuen App. Mit dieser können Wartungstechniker vom Büro auf die vor Ort installierten Alarmanlagen zugreifen, sich über Störungen und mögliche Ursachen ein Bild machen und so

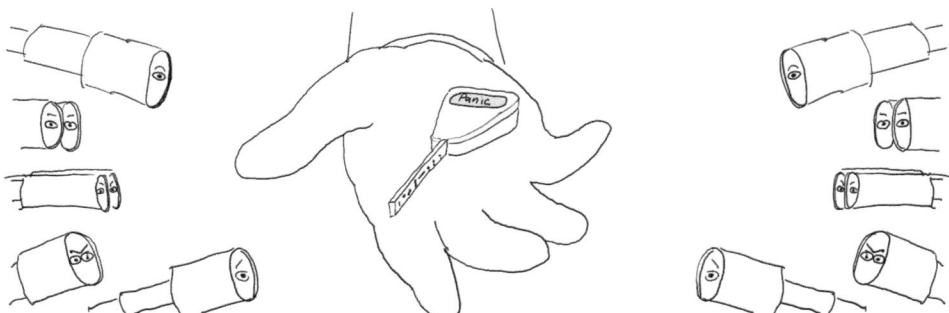

Abb. 1.1 Wo liegt das Problem bei diesem Autoschlüssel?

gezielt vor Ort gehen. Die Techniker sind mit der ansprechenden App und ihrer Einfachheit sehr zufrieden. Die Firma entscheidet, die existierende Lösung so anzupassen, dass auch Geschäftskunden diese nutzen können. So werden insbesondere Alarme und Störungen signalisiert und Nutzer können die Anlage aus der Ferne ein- und ausschalten (Abb. 1.2).

Die Kunden lieben die angebotene Funktionalität mit hohem Sicherheitsanspruch und ihnen gefällt die Gestaltung der App, trotzdem hagelt es Kritik. Ein Blick hinter die Kulissen zeigt das eigentliche Problem und dieses liegt nun mal im Detail: Um eine Verbindung zwischen App und Gerät via Internet zu ermöglichen, ist eine sichere Kommunikation notwendig. Diese baut insbesondere auf Services in der Cloud auf. Wartungstechniker sind zu Bürozeiten unterwegs und ersparen sich durch die App Zeit. Ist die App zwischendurch nicht verfügbar, geht die Welt nicht unter. Das Team, welches diese Cloud-Services betreibt, ist genau für diese Ansprüche aufgestellt.

Kunden haben nun andere Ansprüche. Sie nutzen die App in erster Linie außerhalb der gewohnten Geschäftsöffnungszeiten, z. B. wenn der Chef am Morgen bereits von zu Hause aus die Alarmanlage ausschaltet und so den Frühaufstehern in der Belegschaft bequem

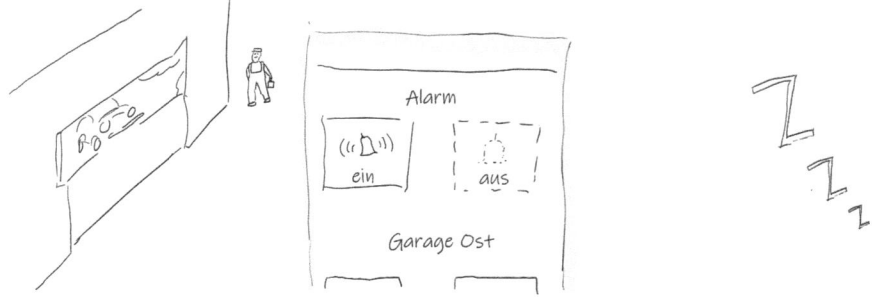

Abb. 1.2 Die Alarmanlage in der Werkstatt von zu Hause ausschalten? Eigentlich eine gute Idee

Zutritt verschaffen kann. Die benötigte Verfügbarkeit der Cloud wäre somit 24/7. Dies ist mit der aktuellen Organisation und der technischen Reife der Cloud-Services jedoch nicht zu bewerkstelligen. Entsprechend gibt es zu viele Ausfälle.

Der Fallstrick: Die Kunden lieben die gebotene Bequemlichkeit, stellen ihre Gewohnheiten um und reagieren nun plötzlich sehr ungehalten, wenn der Komfort nicht wie gewünscht zur Verfügung steht!

Beispiel 3: skrupellose Schuhe
Wer Jugendliche zu Hause hat, stellt vielleicht auch perplex fest, dass diese unter anderem sehr klar definierte Präferenzen für gewisse Schuhe haben. Die erträgliche Auswahl an Modellen und Marken ist höchst beschränkt und alle anderen Schuhe werden nur unter Protest getragen, wenn überhaupt. Es mag sein, dass diese Schuhe gerade den Zeitgeschmack treffen und von guter Qualität sind. In erster Linie jedoch sind die Jugendlichen von ihren Schulkameraden manipuliert worden. Um jemand in der Gruppe zu sein, braucht es eben ein bestimmtes Paar Schuhe. Welches das ist, definieren viel weniger objektive Kriterien, sondern eben die Anführer der jeweiligen Clique. Und die haben ihre Weisheiten von irgendwelchen Influencern.

Also: Wie Jugendliche Schuhe erleben, definieren in erster Linie die erwarteten und tatsächlichen Erlebnisse mit ihren Kameraden und wie die Jugendlichen diese mit den Schuhen verbinden und hat herzlich wenig mit den Schuhen selbst zu tun.

1.2 Eine Definition von User Experience

Die einführenden Beispiele zeigen: Was Nutzer und Kunden erleben, ist das Resultat komplexer Wirkungsweisen und hat durchaus einen signifikanten Einfluss auf den Produkterfolg. So setzen Produkte z. B. Veränderungsprozesse in Gang. Produkthersteller beeinflussen mit ihren Produkten Verhalten, Befinden, Werte, Denkmuster und Fähigkeiten der Nutzer. Damit nehmen sie auch Einfluss auf Gesellschaft und Umwelt.

Beim genaueren Hinsehen ist es nun nicht bloß die Nutzung von Produkten, welche diese Veränderung erzeugt. Tatsächlich beginnen die Veränderungsprozesse schon vorher. Beispielsweise wenn ein Influencer ein Produkt vor aller Augen genüsslich auspackt und Vorfreude und Erwartungen auf das Produkt schürt. Oder wenn Menschen Veränderungen bei Bekannten erfahren und diese mit einem Produkt in Verbindung bringen.

Die Veränderung hört mit der Nutzung nicht auf, sondern verselbstständigt sich, z. B. wenn Personen die Erlebnisse verarbeiten und weitererzählen, neue Möglichkeiten erkennen, dadurch auf ganz andere Produkte aufmerksam werden und diese kennenlernen.

In der ISO-Norm wurde User Experience auch entsprechend als „Wahrnehmungen und Reaktionen einer Person, die aus der tatsächlichen oder erwarteten Benutzung eines interaktiven Systems resultieren", definiert.

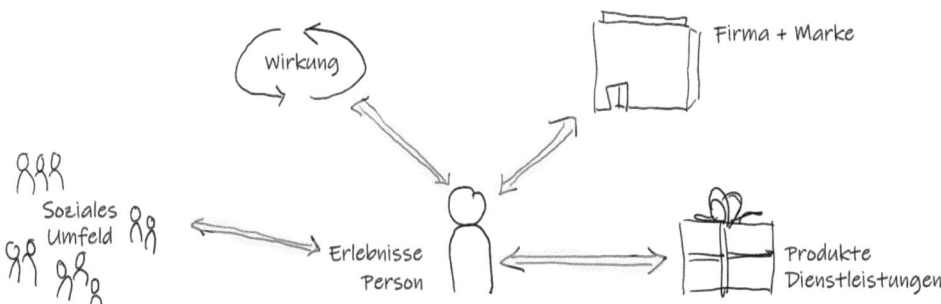

Abb. 1.3 Einflussfaktoren der User Experience

Die Perspektive User Experience möchte Hersteller von Produkten und Dienstleistungen anspornen, Nutzer genauer unter die Lupe zu nehmen und solche Zusammenhänge zu verstehen. Dies mit dem Anspruch, die erzeugte Veränderung gezielt zu beeinflussen.

Die User Experience wird von vielem beeinflusst
Das Produkt selbst ist lediglich ein Einfluss darauf, wie Personen dieses erleben und wie sie auf diese Erlebnisse reagieren. Eine ganze Reihe von Faktoren und entsprechend viele Personen nehmen tatsächlich Einfluss (Abb. 1.3):

- **Produkt:** Das Produkt inklusive Verpackung, Anleitungen usw. selber trägt selbstverständlich wesentlich bei: Funktionsumfang, Inhalte, Qualität und die Ausgestaltung bis zum letzten Detail beeinflussen, wie Nutzer ein Produkt erleben.
- **Dienstleistungen** rund um ein Produkt: Beratung, Produktinformationen, Verkauf, Lieferung, Ausbildung, Communitys, Support und mehr sind für Nutzer Teil des Produkterlebnisses.
- **Zweck und Wirkung,** also wo und wozu eine Person ein Produkt verwendet und welche Wirkung das Produkt erzeugt. Ein Produkt kann noch so toll gestaltet sein, wenn die Personen nicht etwas Vernünftiges – vernünftig ist nun sehr weit auszulegen – erreichen, werden sie ein Produkt schnell zur Seite legen.
- **Nutzer:** Jeder Mensch hat eigene Erfahrungen, Fähigkeiten, Vorlieben, Wünsche, Werte, Verhaltensweisen und mehr und beurteilt und erlebt ein Produkt entsprechend individuell. Nicht jedes Produkt passt zu jeder Person.
- **Soziales Umfeld** der Nutzer: Wie Personen ein Produkt erleben und bewerten, ist stark von Freunden, Bekannten und anderen wichtigen Meinungsgebern beeinflusst. Was berichten Meinungsgeber? Und noch wichtiger: Wie bewerten diese Meinungsgeber die Beziehung einer Person zum Produkt und der dahinterstehenden Marke? Also wie großartig finden es die Kollegen, dass eine Person genau dieses Produkt dieser Firma

verwendet? Und noch drastischer: Was erwartet eine Person bereits im Voraus, wie die Kollegen reagieren werden?
- **Unternehmenskommunikation:** Nutzer verstehen ein Produkt auch im Kontext des Unternehmens und so färbt Unternehmenskommunikation, Marke und was über eine Firma berichtet und gemunkelt wird das Erlebnis des Produktes.
- Andere Firmen und **andere Produkte**: Personen bewerten immer relativ zu anderen Dingen. Erlebnisse mit anderen Produkten und Firmen prägen die Erwartung an das Produkt.

Momente im Leben der Nutzer

UX-Profis versuchen, die Momente im Leben der Nutzer einzufangen, welche besondere Auswirkungen auf die Erfahrungen der Nutzer und deren Bewertung haben. Das Kondensat aus einer solchen Analyse kann beispielsweise in einer Journey festgehalten werden. Hier werden dann die bei vielen Nutzern besonders wichtigen Momente sichtbar und wie sich die bei diesen Momenten erhobene User Experience auswirkt (Abb. 1.4).

Kann eine Organisation solche Journeys vermessen – typische Metriken erfassen unter anderem Effizienz, Erfolgsrate oder auch Lebensqualität –, dann lassen sich auch Momente identifizieren, bei welchen besonders viel Verbesserungspotenzial vorhanden ist und so systematisch Maßnahmen für die Verbesserung der User Experience treffen. UX-Profis reden hier von Journey Management. Methodisch ist dies dem Gebiet der Verfahrens- oder Prozessoptimierung zuzuteilen. Also (1) den Prozess erfassen, (2) verstehen, welche Optimierungsziele verfolgt werden sollen, (3) relevante Prozessparameter identifizieren, (4) Metriken, Messpunkte und Messaufbau erarbeiten, (5) Messungen durchführen und Ergebnisse analysieren (6) Maßnahmen ableiten und Prozessparameter anpassen (7) und weiter iterieren.

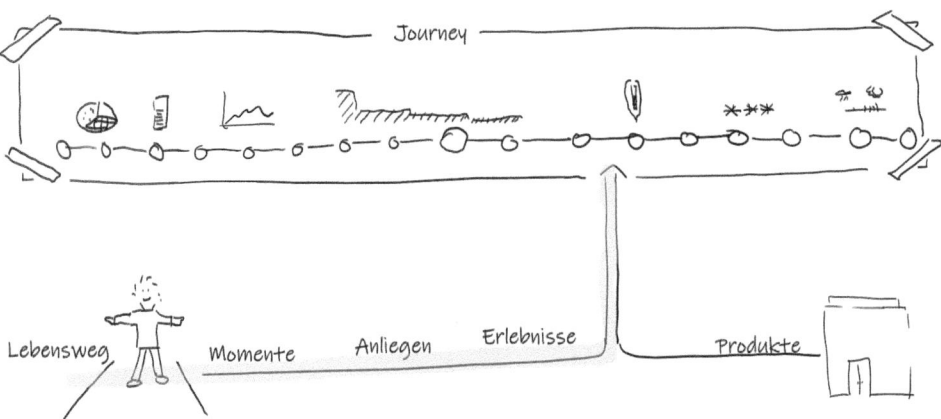

Abb. 1.4 Eine Journey fasst viele Erlebnisse zusammen

Mit den vielen digitalen Kontaktpunkten können Firmen heutzutage auch sehr gut die einzelnen Erlebnisse der Nutzer vermessen, verknüpfen und zu aussagekräftigen Metriken verdichten.

Begriffswelt rund um User Experience
Die Vielfalt von Einflussfaktoren lässt vermuten: Es gibt auch eine große Vielfalt an Ansätzen, Modellen und Methoden. Und tatsächlich ist das Thema User Experience nicht gerade einfach zu überblicken. Es schwirren viele, ähnlich klingende Begriffe durch die Diskussionen.

Ein Grund für diese Konfusion ist das ständige Bemühen von uns Menschen, etwas schwer Greifbares immer besser zu fassen und zu beschreiben. Und natürlich fehlt auch eine allgemein anerkannte Stelle, die die Autorität hat und sagt, was nun gilt. Das ist auch gut so, denn eine einzelne Lehrmeinung kann dem Thema User Experience gar nicht gerecht werden.

Tatsächlich ist User Experience als Begriff noch nicht besonders alt. Viele vom Gebiet abgedeckte Themen gibt es tatsächlich schon viel länger, einfach unter anderen Namen. Und so stellt der Begriff User Experience den aktuellen Entwicklungsschritt unseres Verständnisses dar, wie man fantastische Produkte und Dienstleistungen für Nutzer erstellt (Abb. 1.5).

Eine wichtige Betrachtungsweise entspringt dem breiten Feld der Ergonomie, welches seine Ursprünge in der Industrialisierung des 19. Jahrhunderts hat. Hier richtet sich der Blickwinkel auf die Gestaltung von Arbeitsbedingungen, Werkzeugen und Abläufen, sodass nicht nur Arbeitsergebnisse überzeugen, sondern auch die arbeitenden Menschen nicht geschädigt

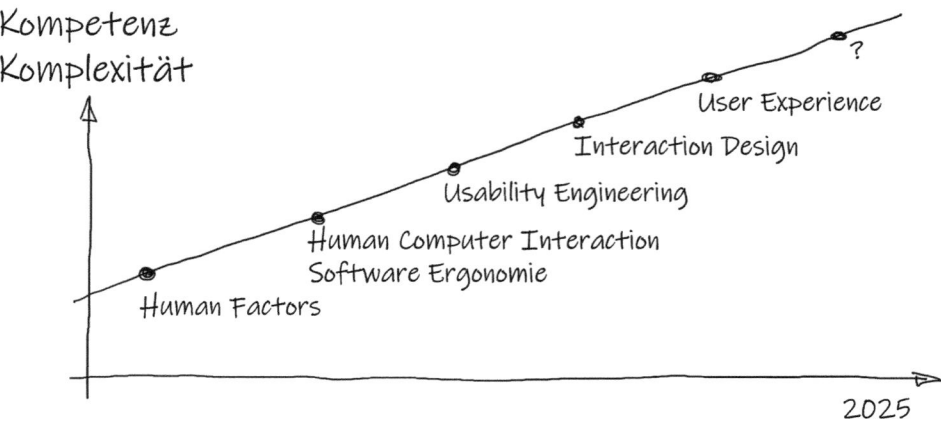

Abb. 1.5 Die Entwicklung der Begrifflichkeiten

1.2 Eine Definition von User Experience

werden, sie sollen sich vielmehr entfalten. Mit dem Aufkommen von Computern entwickelte sich daraus in den 1980er-Jahren das Gebiet der Softwareergonomie: Hier sind die betrachteten Werkzeuge Computer mit der darauf laufenden Software.

Ein weiterer wichtiger Strang von Erkenntnissen entspringt der Betrachtung von sicherheitskritischen Systemen. Der dazu in den 1940er-Jahren geprägte Begriff ist Human Factors, also die Betrachtung des Faktors Mensch, welcher für gewöhnlich einen wesentlichen Beitrag in einer unglücklichen Verkettung von Ereignissen leistet, die zu Schäden an Menschen und Umwelt führen. Das Ziel ist es, soziotechnische Systeme (Personen, Prozesse und Ausrüstung) so zu gestalten, dass die Personen in diesen Systemen zur Sicherheit beitragen, anstatt kritische Situationen herbeizurufen oder zu verstärken.

Computer, Laptops, Tablets, Mobiltelefone, Smart Watches, AR- und VR-Brillen, künstliche Intelligenz und viele weitere technische Errungenschaften bringen viele neue technische Möglichkeiten. Der in den 1970er-Jahren geprägte Begriff Human-Computer Interaction legt den Fokus auf die Menschen, ihre Fähigkeiten und wie sich die neuen Möglichkeiten der Technologie möglichst gewinnbringend nutzen lassen.

Mit den Begriffen Usability und Gebrauchstauglichkeit drang dann die pragmatische Qualität der Produkte generell in den Vordergrund und mit Usability Engineering auch eine erste, solide und effiziente Methodik, um eben Produkte tauglich für den Gebrauch zu machen.

Die immer leistungsstärkere und kleinere Hardware, die Verbreitung von Computer, Internet und die immer größere Nutzung im privaten Umfeld – Sie dürfen nicht vergessen, dass noch Mitte der 1980er-Jahre viele Computer keine grafische Schnittstelle hatten (also nur Text), Software in erster Linie von ausgebildeten Spezialisten verwendet wurde und somit ein Großteil der Menschen mit keinem Computer in Berührung kam – erzeugten einen immer größeren Anspruch an die Einfachheit und Ästhetik der Software. Und so drangen nun vermehrt ausgebildete Designer auf die Bühne. Mit Begriffen wie Visual Interface Design, Interaction Design und mehr kamen Aspekte wie Ästhetik und effiziente, visuelle Kommunikation in die Softwareentwicklung hinein.

Mit der aktuellen Begriffswelt der Experience macht das Gebiet nun den Schritt von der professionellen Welt zum Massenmarkt. Hier dominiert nicht mehr die pragmatische Qualität der Produkte, sondern die hedonische und – zum Leidwesen vieler Opfer – die manipulative Qualität (Abb. 1.6).

Jeder der erwähnten Begriffe brachte neue Erkenntnisse, Blickwinkel und viel Innovation in ein Gebiet, welches sich vielleicht unter dem Begriff menschenzentrierte Gestaltung von Produkten und Dienstleistungen eingrenzen lässt. Alle diese Betrachtungsweisen haben den Anspruch, einen umfassenden Blick auf die soziotechnischen Systeme zu legen, in welchen Produkte und Dienstleistungen genutzt werden.

Wir sind schon gespannt, wie die neuesten technischen Errungenschaften, wie beispielsweise die aufkommende künstliche Intelligenz, den Begriff weiter verändern werden.

Abb. 1.6 Zusammenspiel von Mensch, Technologie und Anwendung

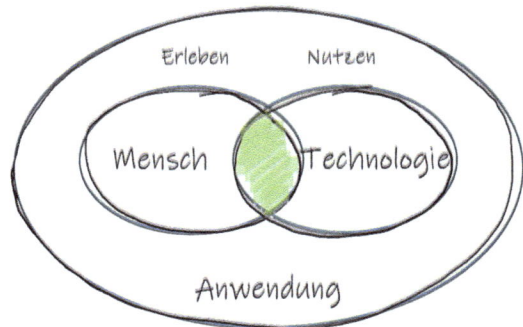

1.3 Ein paar grundlegende Modelle im Bereich UX

Menschen erschaffen Modelle, um verschiedene Aspekte einer komplexen Sache isoliert zu untersuchen. Solche Vereinfachungen reduzieren die Komplexität und ermöglichen es, die für eine bestimmte Betrachtung besonders wesentlichen Faktoren zu fassen. Natürlich birgt das immer die Gefahr, dass Abhängigkeiten übersehen werden und Widersprüche zwischen den Modellen entstehen.

Logisch, dass es auch zum Thema User Experience verschiedenste Modelle gibt. So beispielsweise Vorgehensmodelle wie Lean UX, Usability Engineering, User-Centred Design, Collaborative UX Design, die eine zeitliche Abfolge von UX-Aktivitäten vorschlagen und somit wertvolle Ansätze für die Planung von UX-Aktivitäten in der Entwicklung bieten. Ebenso gibt es Strukturmodelle wie beispielsweise von J.J. Garrett [Garrett 2011], welche UX auf verschiedenen Ebenen der Produktgestaltung aufteilen und insbesondere auch zeigen: Die visuelle Gestaltung von Nutzungsschnittstellen ist nur ein kleiner Teil der Aktivitäten, die zur User Experience beitragen. Diese Modelle sind für Entwicklungsteams und auch für User-Interfacedesigner sehr nützlich, sie helfen aber kaum dabei, das Thema User Experience für eine Firma greifbarer zu machen. Dazu eignen sich Modelle wie Bernhards persönlicher Favorit, das 5-E-Modell von Whitney Quesenberry [Quesenbery 2002], besser. Solche Modelle zerlegen User Experience in verschiedene Teilqualitäten. Das ermöglicht den Personen in einer Firma zu klären, welche Teilaspekte der User Experience besonders wichtig sind und welchen Fokus UX-Aktivitäten entsprechend haben sollten. Das hilft dann auch bei der Auswahl der UX-Profis und wie diese eingesetzt werden sollten.

Produktgestaltung und vier Qualitäten der User Experience

Für die meisten UX-Profis ist das Produkt wohl der wichtigste Hebel, um auf die User Experience einzuwirken. Eingeengt auf die Produktgestaltung, umfasst der Begriff User Experience insbesondere die folgenden vier Qualitätsaspekte eines Produktes:

1.3 Ein paar grundlegende Modelle im Bereich UX

1. Der Begriff Usability, zu Deutsch Gebrauchstauglichkeit, betont die **pragmatische Qualität** eines Produktes. Wie nützlich ist das Produkt und wie gut können Nutzer es verwenden?
2. Die **hedonische Qualität**, also der „Lustgewinn", ist ebenfalls Teil der User Experience und zielt eher auf Dinge wie Ästhetik, Spaß und Motivation ab. Erfreuen sich Nutzer am Produkt? Nehmen Nutzer ein Produkt überhaupt wahr, bleibt es reines Objekt oder entwickelt sich eine starke emotionale Bindung von Nutzern zum Produkt?
3. Produkte haben auch eine **fördernde Qualität**: Der Begriff persönlichkeitsförderlich ist ein Qualitätsbegriff aus der Arbeits- und Organisationspsychologie und drückt aus, wie gut sich die Menschen in der Arbeit entfalten und eben weiterentwickeln können. Die nun heutzutage nicht nur bei der Arbeit verwendeten technischen Hilfsmittel tragen zur physischen und mentalen Entwicklung der Nutzer bei. So wie einige Produkte Nutzer zu verdummen scheinen, versprechen andere, Nutzer zu fördern.
4. User Experience hat auch eine **manipulative Qualität**. Mit Begriffen wie Gamification, Motivational Design, Persuasive Design, Nudging und Ähnlichem bezeichnen UX-Profis Ansätze, mit denen es gelingt, die Entscheidungsfindung von Nutzern zu beeinflussen. Dieses zweischneidige Schwert kann wohlgemeint und für Nutzer hilfreich verwendet werden. Doch gibt es genügend Beispiele, wo diese Mechanismen dazu dienen, sich an besonders empfänglichen Personen zu bereichern. Designer arbeiten dazu mit psychologischen Tricks wie künstlicher Verknappung oder Zeitdruck, schüren Ängste, wecken Sammelleidenschaft und nutzen Grundbedürfnisse wie soziale Anerkennung und mehr aus (Abb. 1.7).

Die vier Qualitäten sind nun nicht für jedes Produkt gleich wichtig. So dominiert beispielsweise bei einer Software für den internen Gebrauch die pragmatische Qualität. Die Software soll die gewünschte Arbeitstätigkeit der Nutzer möglichst gut unterstützen. Dies heißt nicht, dass eine solche Software schlecht gestaltet sein soll. Die Gestaltung dient jedoch in erster Linie funktionalen Zwecken.

Anders sieht dies bei Medizinprodukten aus, welche Patienten zu großen Teilen selbstständig verwenden. Hier steht die fördernde Qualität im Vordergrund, schließlich soll die

   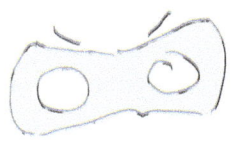

Abb. 1.7 Die vier Qualitäten der User Experience

Behandlung als solche gut wirken. Dazu müssen jedoch gewisse Patienten motiviert werden, die Behandlung auch gewissenhaft durchzuführen. Der Anspruch an die manipulative Qualität des Produktes steigt.

Gamer spielen Computerspiele nun nicht wegen der pragmatischen Qualität, sondern weil es Spaß macht, unterhält, den sozialen Status sicherstellt, man dabei ist und mehr. Es zählt die hedonische Qualität. Natürlich moniert auch ein Spieler schlechte Bedienbarkeit und wird Produkte, die zum Spielen nicht praktisch sind, schnell in die Ecke stellen oder gar nicht kaufen.

Leider ist der Spieleindustrie das große Suchtpotenzial von Computerspielen nicht entgangen. Und so stellen doch eine ganze Menge Spielehersteller die manipulative Qualität über die hedonische Qualität: Gratisspiele sollen ganz vielen kleinen Fischen die Gelegenheit geben, das Spiel auszuprobieren. Die empfänglichen Wale unter den Fischen werden nun mit psychologischen Tricks manipuliert, um ein Vielfaches des entgangenen Verkaufspreises mit In-Game-Käufen zu erzielen, wir sprechen hier von Tausenden von Euros pro Jahr! Ähnliche Tricks verwenden auch Onlineshops. Hier werden Käufer zu überhasteten Käufen von Waren gedrängt.

Die Fragen für Sie könnten nun sein, welche dieser vier Qualitäten bei Ihren Produkten besonders relevant sind, wie Sie diese messen können und welches Wissen und welche Fähigkeiten Sie in Ihrer Firma benötigen.

Ein Entwicklungsleiter über die neue Software zur Automatisierung von Blechverarbeitungsmaschinen: „Für unsere Kunden entscheidet die Zeit, die sie für die Produktion der gefertigten Teile benötigen, über den wirtschaftlichen Erfolg. Hier ist, wenig überraschend, der Durchsatz der Maschine selbst wichtig. Bei Kunden, die Kleinserien produzieren, schlägt nun die Zeit für das Erstellen des Produktionsablaufs jedoch viel stärker zu Buche. Wir haben also nutzerzentriert eine innovative Software konzipiert und entwickelt, mit welcher diese Zeit um ca. Faktor 10 kleiner wurde. Die dadurch erreichte Einfachheit und Effizienz beweisen sich als Durchbruch auf dem Markt und so stiegen seit der Einführung der Software die Verkäufe der Maschinen mit Automatisierung signifikant an, also ca. fünfmal mehr."

Quesenberys 5-E-Modell – fünf Aspekte von Usability
Der Begriff Usability betont nicht nur die pragmatische Qualität eines Produktes, sondern war auch über ein Jahrzehnt lang der gängige Begriff für das zurzeit mit User Experience bezeichnete Gebiet. So ist auch das sehr nützliche 5-E-Modell von Whitney Quesenbery [Quesenbery 2002] zu verstehen. Es betont die pragmatische Qualität eines Produktes, ergänzt diese aber mit dem Begriff Engaging um die anderen drei Qualitätsaspekte (Abb. 1.8).

Im Kommunikations- und Marketingbereich wird großes Gewicht auf den Aspekt „engaging" gelegt. Die Webseite von Lamborghini mag sich nicht durch übermäßige Effizienz auszeichnen, aber die Bildsprache und die Tonalität der Texte sind sehr auf das Zielpublikum zugeschnitten und transportieren die Gefühlswelt, die damit erzeugt werden soll. Das macht

1.3 Ein paar grundlegende Modelle im Bereich UX

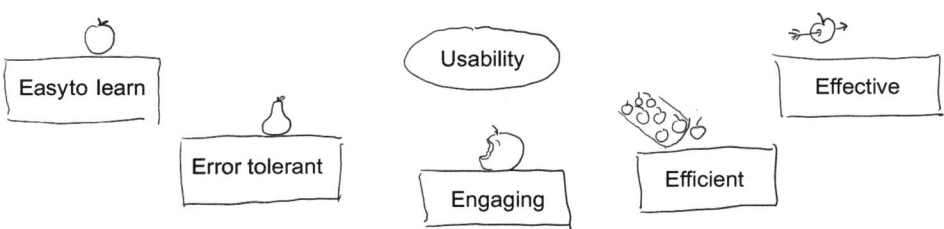

Abb. 1.8 Whitney Quesenberys 5-E-Modell

auch Sinn, denn es ist rational doch eher schwer zu begründen, wieso man für ein Fahrzeug, in das noch nicht mal zwei Golden Retriever als Beifahrer reinpassen, über 100.000 € ausgeben soll.

Bei Medizinprodukten ist oft „error tolerant" das Kernthema. Auch wenn das Aufsägen von Hirnschalen nicht zu den angenehmsten Tätigkeiten gehören mag, ist es bei der Bedienung der dazu notwendigen Apparatur essenziell, dass auch unter Zeitdruck und bei spritzendem Blut keine Bedienungsfehler bei der Einstellung der Drehzahl oder des Kühlmittelzuflusses passieren.

Bei Prozesssoftware steht häufig der Aspekt der Effizienz im Vordergrund. Wer in der Ferienzeit schon mal eine Flugreise unternommen hat, der weiß es zu schätzen, wenn der Prozess des Eincheckens möglichst effizient gelöst ist und es auch keine zwei Stunden Wartezeit bei der Security gibt. Wenn dann auch noch die Effektivität gewährleistet ist, also die Koffer auch mit auf die Reise kommen, dann ist der Prozess aus Sicht von Reisenden schon mal auf gutem Weg.

Nun ist es doch immer häufiger so, dass Firmen ihre Kunden für sie arbeiten lassen. Wenn wir beim Thema Check-in bleiben, so kann man das ja heute bequem von zu Hause aus erledigen. Für die Zusatzarbeit bekommt man zwar keinen Rabatt, aber die gesparte Zeit ist ja auch etwas wert. Da wartet man dann doch etwas entspannter bei der Security. Nun ist das Thema Effizienz in diesem Anwendungsfall plötzlich nicht mehr so wichtig. Dafür rücken Lernbarkeit und Fehlertoleranz in den Vordergrund.

Sie sehen: Dieses Modell eignet sich ausgezeichnet, sich etwas differenzierter mit Zielen für die Produktgestaltung aus Sicht der Nutzer auseinanderzusetzen und zu gewichten.

Customer und User Experience
Obwohl diese beiden Worte sehr ähnlich klingen, besteht zwischen Customer und User Experience doch ein recht großer Unterschied (Abb. 1.9).

Eine Person, die als Kunde auftritt, interagiert im Kern mit der Firma und der Marke, beispielsweise um ein Produkt zu kaufen, zu mieten, um Mängel zu rügen oder Rückmeldungen zu geben. Natürlich sind verschiedene Produkte und Systeme der Firma in diese Prozesse eingebunden. Kunden besuchen Webseiten, verwenden Apps, probieren die Produkte aus und führen Gespräche.

Abb. 1.9 Personen treten in mehreren Rollen auf

Wer sich mit dieser Seite der Menschen beschäftigt, konzentriert sich auf die Kundenerlebniskette (Customer Journey), ist für gewöhnlich nahe der Marketingabteilung, versucht, die Experience der gesamten Firma oder Marke zu beeinflussen und betrachtet somit viele der Kontaktpunkte (Touchpoints) im Zusammenhang. Das Augenmerk liegt somit auf den Prozessen mit Kundeninteraktion, also insbesondere Werbung, Verkauf, Vertrieb, Support und den dazu verwendeten Broschüren, Verkaufsstellen und IT-Systemen.

Eine typische Metrik dazu ist beispielsweise die Conversion Rate, also wie viele Personen zu Kunden „konvertieren". In diesem Betrachtungswinkel gewinnt die manipulative Qualität gerne die Oberhand.

Eine Person, die als Nutzer auftritt, interagiert in erster Linie mit dem Produkt, um eben etwas mit diesem Produkt zu erreichen. Wer sich mit der User-Experience-Seite der Menschen beschäftigt, lenkt den Blick auf Leben und Arbeiten der Menschen, wie sich dies mit dem Produkt verändert und ist für gewöhnlich nahe zu Produktmanagement, Fach- und Entwicklungsabteilung. Bei dieser Betrachtungsweise stehen die konkreten Ziele und Eigenschaften der Nutzer im Vordergrund und somit dominieren eher die pragmatische und die hedonische Qualität.

Selbstredend treten Menschen auch in anderen Rollen in Erscheinung. So betrachtet man bei Medizinprodukten den Menschen als Patienten und schaut auf die Momente im Leben dieser Patienten, die für das medizinische Problem, die Diagnose und Behandlung eben besonders relevant sind. Ein Medizingerät, welches für die Behandlung verwendet wird, steht demzufolge im Zusammenhang mit dem Krankheitsverlauf. Heilung und Lebensqualität trotz medizinischen Problems stehen im Fokus dieser Betrachtungsweise. Hier rückt also die fördernde Qualität eines Produkts vermehrt in den Vordergrund.

Menschen wechseln durchaus zwischen den Rollen und treten je nach Situation als Kunde, Nutzer, Patient, Influencer und andere auf.

Sie können sehen, dass zwischen Customer und User Experience doch ein recht großer Unterschied sein kann. So ist der Betrachtungshorizont bei der Customer Experience eine ganze Firma, bei der User Experience ein Produkt. In der folgenden Darstellung haben wir einige sehr gängige Begriffe zusammengestellt (Abb. 1.10):

Solche Begriffsübungen erscheinen auf den ersten Blick als Spitzfindigkeiten. Aber lassen Sie uns etwas auf die folgenden Kapitel vorgreifen. Weil die meisten Personen, inklusive der UX-Profis, sich solcher Feinheiten der Begriffe gar nicht bewusst sind, gibt es immer

1.3 Ein paar grundlegende Modelle im Bereich UX

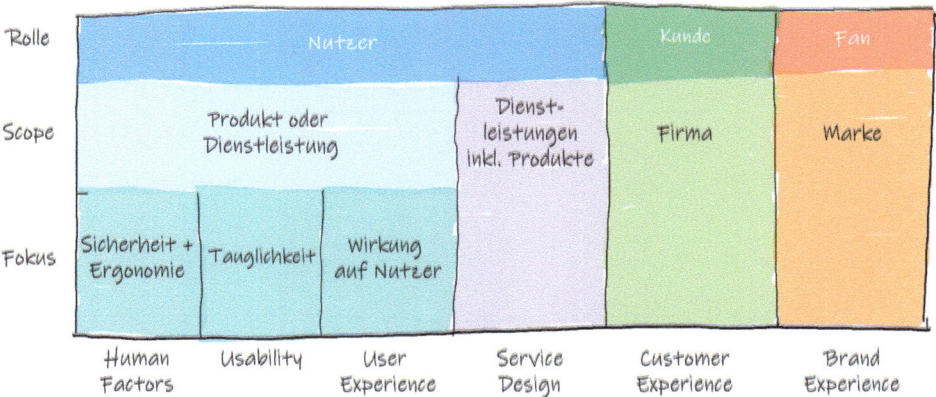

Abb. 1.10 Begrifflichkeiten

wieder Missverständnisse und Reibungsverluste. Ist z. B. die Erwartung an die UX-Profis, primär im Marketing zu unterstützen, so ist Expertise in Human Factors nicht optimal. Hier benötigt es eher Personen mit Kenntnissen der Customer Experience. Auch kennen wir Konstellationen, in welchen aus regulatorischer Sicht ein Schwergewicht auf Human Factors und auf Usability Engineering gelegt werden müsste, das Management jedoch primär Customer-Experience-Dienstleistungen erwartet hat. Das lief dann nicht so optimal.

Ebenen der Produktgestaltung
Produkte allein erzeugen noch keine User Experience. Erst in der Wechselwirkung zwischen Produkt, Nutzer, Kontext und der konkreten Anwendung entstehen Nutzererfahrungen. Somit müssen UX-Profis genau diese Wechselwirkung ausloten und gestalten. Dies tun sie auf mehreren Abstraktionsebenen (Abb. 1.11):

Die Storyline erklärt kurz und knapp den Sinn und Zweck eines Produktes für die angepeilten Nutzer. In welchen Momenten kommt das Produkt zum Einsatz, wer wird es verwenden, was bewirkt das Produkt in diesen Momenten und wie verändert es die involvierten Personen? Die Storyline dient als Produktvision und somit als Leitlicht für die Produktentwicklung.

Mit dem konzeptionellen Aufbau des Produkts, also dem Konzept, und der Nutzungsschnittstelle legt ein Entwicklungsteam die wichtigsten Grundpfeiler fest. Welche Atmosphäre erzeugt das Produkt, wie werden die verschiedenen Sinne angesprochen? Welchen Inhalt (Daten, Informationen, Geschichte) bietet das Produkt an und wie ist dieser strukturiert? Was sind die Nutzungsprozesse und welchen Funktionsumfang bietet das Produkt? Mit welchen Mitteln interagieren Nutzer mit dem Produkt?

Entwicklungsteams erschaffen Bausteine (Designsystem) für die Gestaltung der Nutzungsschnittstelle. Dies sorgt für eine klare, einheitliche Linie und für Effizienz in der

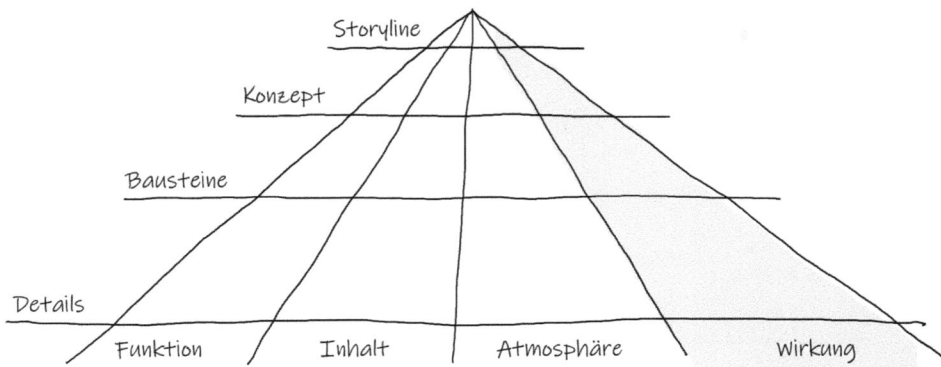

Abb. 1.11 Ebenen der User Experience

Entwicklung. Welche Bedienelemente, Farben, Formen, Schriftarten, Bilder, Symbole, Animationen, Geräusche kommen zum Einsatz? Wie ist die Wortwahl, das grundlegende Layout der Nutzungsschnittstelle, welche Tastenkombinationen und Gesten werden verwendet? Wie wird Fortschritt dargestellt und wie werden Eingabefehler behandelt?

Nicht zuletzt müssen dann auch alle Details stimmig ausgearbeitet und implementiert werden.

1.4 Nutzerzentrierte Entwicklung

Wie bereits weiter oben erwähnt, gibt es im Gebiet der User Experience eine Reihe von Vorgehensmodellen. Wenn Sie sich vertieft mit dem Thema auseinandersetzen möchten, empfehlen wir Ihnen auf jeden Fall, den einen oder anderen Klassiker aus dem Bereich HCI, Usability Engineering, Interaction Design oder User Experience zu studieren.

Im Kern: Eine Rückkoppelung
Für dieses Buch reicht es jedoch, wenn wir Ihnen die wichtigsten Prinzipien vorstellen. Hier gleich das erste (Abb. 1.12):

Der Kern jeder erfolgreichen Tätigkeit im Bereich UX ist die Rückkopplung zwischen Entwicklungsorganisation bzw. den Entwicklungsteams und der Realität vor Ort, also den Nutzern und dem Kontext, in welchem diese die Produkte nutzen werden. Mit Skizzen, Prototypen, Attrappen und mehr versuchen die UX-Profis, diese künftige Welt bereits zu erstellen und daraus zu lernen. Dies noch bevor Businessanalysten die Anforderungen festhalten oder Softwareentwickler unter Volldampf den Programmcode schreiben (oder von der künstlichen Intelligenz schreiben lassen). Auch während der Entwicklung lohnt es sich,

1.4 Nutzerzentrierte Entwicklung

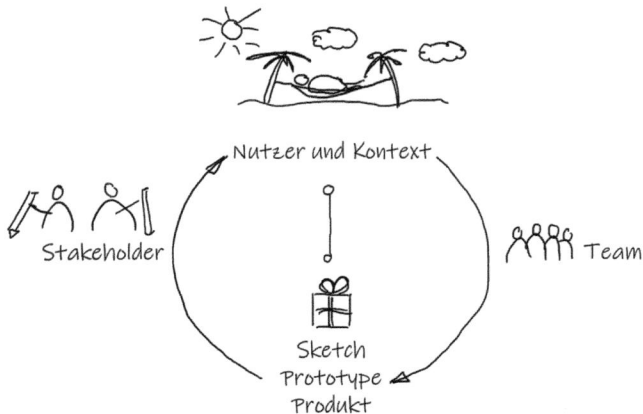

Abb. 1.12 Rückkopplung in UX

die Qualität genauer unter die Lupe zu nehmen und den Entwicklungsstand von Nutzern prüfen zu lassen und dadurch das Produkt zu verbessern. Ist das Produkt auf dem Markt und nutzen Nutzer die neuen Möglichkeiten immer wie besser aus, dient die Rückkopplung insbesondere dazu, mit neu entdeckten Möglichkeiten ein Produkt auch langfristig attraktiv zu halten.

Lebensphasen eines Produkts
Somit ergeben sich grob vier Produktlebensphasen: Exploration, Konzeption, Umsetzung und Betrieb und schließlich die Pensionierung. Umsetzung und Betrieb sind in den heutigen agilen Entwicklungsorganisationen in einer Lebensphase verschmolzen, streben diese doch danach, Produkte schon im frühestmöglichen Stadium in Betrieb zu nehmen. Die große Öffentlichkeit weiß davon jedoch oft noch gar nichts und wird erst beim groß inszenierten Produktlaunch informiert (Abb. 1.13).

Abb. 1.13 Stationen im Leben eines Produktes

Abb. 1.14 Diamantstruktur des UX-Denkens

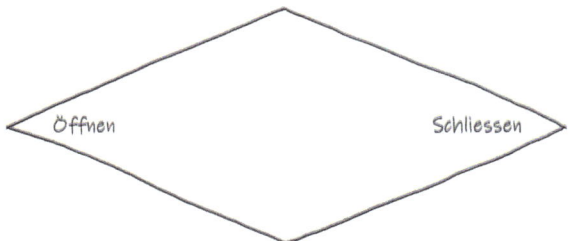

Wichtig zu verstehen ist hier, dass UX-Profis einen etwas anderen Weg bevorzugen, als man es vielleicht stereotypisch von Softwareentwicklern, Projektleitern und anderen erwarten würde (Abb. 1.14).

So wie ein guter Techniker die verschiedenen, technischen Lösungsmöglichkeiten ausloten will, sucht ein UX-Profi auch nach komplett anderen Lösungsansätzen, um die erkannten Chancen und Probleme bei den Nutzern auszuschöpfen.

Vielleicht sehen Sie nun schon das große Konfliktpotenzial der unterschiedlichen Denkhaltungen, die sich hier abzeichnen. Die technikorientierten Menschen unter uns sehen eine App und beginnen schon damit, diese zu planen, Budget zu ergattern, zu spezifizieren und zu bauen. UX-Profis untersuchen, welches denn wirklich die vordringlichen Probleme der Nutzer sind, was sich im Leben der Nutzer entsprechend verändern sollte und wo man dazu den Hebel ansetzen könnte. Sie testen verschiedene Ansätze, bis aus der originalen App der wirklich coole Kinderkochkurs entsteht (oder so ähnlich). Die forschen Manager haben bekanntlich für beides keine Geduld, für sie zählt Time-to-Market. So raufen sich Projektleiter frustriert die Haare und wünschen sich auf eine einsame Insel.

Tatsächlich möchten viele an einer Entwicklung Beteiligten ein einfaches Rezept: Nehmen Sie eine Idee, stellen Sie fest, ob diese wirtschaftlich ist, spezifizieren Sie, was es zu tun gibt, setzen Sie die Spezifikation um und nehmen Sie dann das Ganze in Betrieb. Und dann dürfen Sie entspannt die Früchte Ihrer Anstrengungen genießen (Abb. 1.15).

Leider sieht eine wirkliche Entwicklung komplett anders aus. Kein einfaches lineares Vorgehen, kein Ausruhen nach dem Markteintritt. Vielmehr benötigt eine Firma interdisziplinäre Denkarbeit, den Wunsch, wirklich wesentliche Probleme zu lösen, die Fähigkeit, gute Lösungen zu verwerfen, um noch bessere zu entdecken, und auch Freude an Veränderung und Anpassung. Denn tatsächlich muss eine Produktentwicklung naturgemäß eher dem folgenden Bild entsprechen (Abb. 1.16):

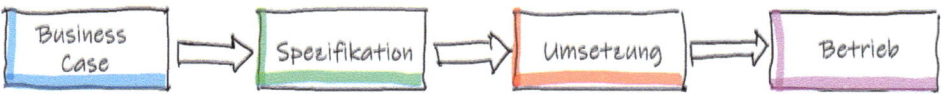

Abb. 1.15 Wie man sich einen Entwicklungsprozess vorgestellt hat. Funktioniert nicht besonders gut!

1.4 Nutzerzentrierte Entwicklung

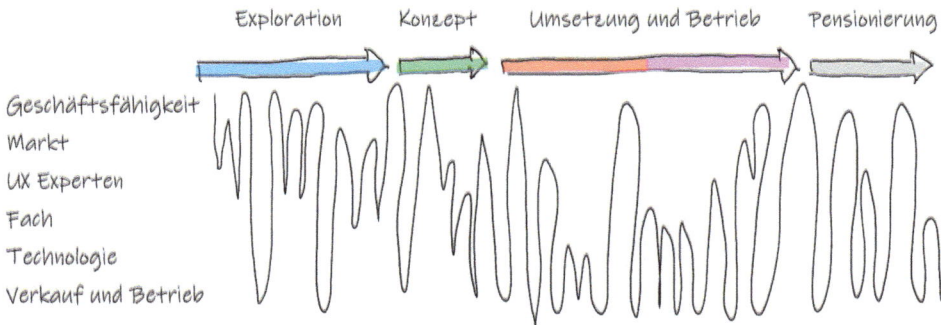

Abb. 1.16 Entwicklungsprozess in Relation zu verschiedenen Faktoren

Der Rahmen ist nicht viel komplizierter als im ersten Bild. Auch hier finden sich im Kern vier horizontale Kästchen wieder, welche den zeitlichen Ablauf aufgreifen. Zusätzliche sechs Zeilen listen – verallgemeinert und vereinfacht – die notwendige Expertise. Doch müssen sich die Beteiligten immer wieder mit der ganzen Breite der Expertise beschäftigen und diese vernetzen. Das gilt auch für User Experience.

Merken sollten Sie sich auf jeden Fall, dass User-Experience-Tätigkeiten in allen Lebensabschnitten eines Produktes – ist doch eigentlich eine nette Allegorie – relevant sind: ab dem Moment, in welchem eine Produktidee geboren ist, bis zum Zeitpunkt, wo das greise Produkt in Rente geschickt wird, im Firmenmuseum sein Alter genießen darf und vielleicht sogar noch als Inspiration für neue Produkte dienen kann. Vor allem wenn die User Experience einen hohen Stellenwert für den Produkterfolg hat oder Sie ein komplett neues Produkt erstellen, sollten Sie lieber früher als später die künftigen Nutzer der Produkte einbeziehen.

Business, Technologie und User Experience gemeinsam entwickeln
In der Entwicklung eines Produktes oder einer Dienstleistung müssen sich drei Aspekte umeinander kümmern: Business, Engineering und (tataaa!) UX. Das sieht jetzt so aus, als wären unsere UX-Pferde mit uns durchgegangen. Wer sich mit Compliance, Sicherheit, Vertrieb oder einem anderen wichtigen Thema beschäftigt, wird Ähnliches behaupten und das eigene Thema ebenfalls so prominent platzieren wollen. Das wäre auch angebracht, nur sind wir hier in einem UX-Buch. Also haben wir uns erlaubt, die anderen ebenfalls spannenden Themen unter Business oder Engineering einzuordnen und das Thema UX herauszustellen. Die anderen Fachleute mögen uns vergeben.

Aus unserer Sicht führt die optimale Balance zwischen Business, UX und Engineering zu Produkten, bei welchen Kosten, Nutzen für Kunden und Nutzen für das Unternehmen in einem guten Verhältnis stehen (Abb. 1.17).

Wenn nur einer oder zwei Aspekte ernst genommen werden, ist unternehmerischer Erfolg deutlich schwieriger. Bekannt wurde beispielsweise Theranos, eine Firma, deren Gründerin zu einer Gefängnisstrafe verurteilt wurde. Die versprochenen Produkte sahen zwar gut aus

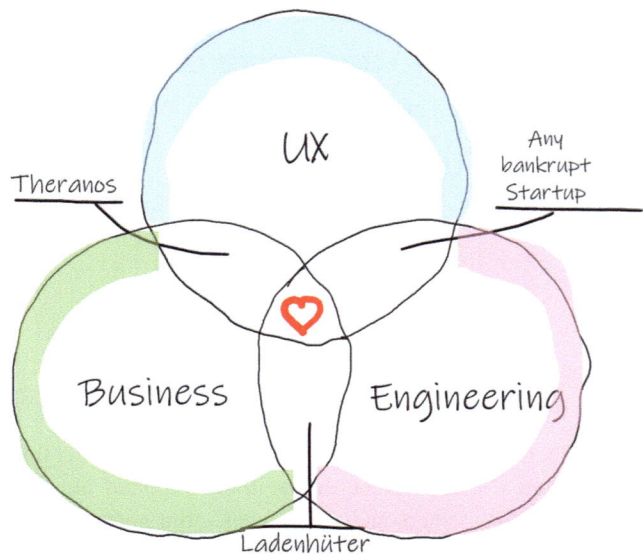

Abb. 1.17 Zielbild einer wirksamen Organisation

und die Workflows waren hoch effizient. Leider funktionierten die Geräte aber nicht – und zwar überhaupt nicht. Business und UX scheinen angemessen repräsentiert gewesen zu sein, doch war wohl das Engineering zu schwach und das Verantwortungsgefühl wurde am Eingang abgegeben.

Viel häufiger hören wir von Produkten, bei denen die Herstellerin es nicht geschafft hat, eine großartige technische Lösung mit real existierenden Problemen zu verbinden. Die Technologie dominiert bei diesen Produkten zu stark. Auch gibt es eine Reihe aus Sicht von Kunden und Technologie sehr guter Produkte, die sich auf dem Markt nicht behaupten konnten, weil eine Konkurrentin die Vermarktung der eigenen Produkte viel erfolgreicher anpackte oder der Markt für die Produkte überhaupt zu klein war. Hier war somit der Aspekt Business zu wenig stark.

Duch eine gute Balance zwischen Business, Technologie und Experience entstehen Produkte, die die Kunden wollen, das Business voranbringen und technologisch eine gute Qualität erreichen. Eigentlich wissen das alle, man müsste nur entsprechend handeln. Doch jeder einzelne Aspekt ist an sich schon schwer zu meistern. Außerdem finden die Leute, die im jeweiligen Bereich tätig sind, diesen natürlich sehr wichtig und interessant. Aus diesem Grund neigen sie zum Tunnelblick.

Es folgt, auch UX-Profis müssen sich in Bereiche eindenken, die sie selbst vielleicht nicht für so prickelnd halten. So ist ein gutes Verständnis der Businesssicht und das harte, durch Zahlen getriebene Umfeld im Verkauf sehr hilfreich. Gute Kontakte in diesen Bereich öffnen auch Türen zu Nutzern und Kunden. Auch ein klarer Blick auf die Leiden des jungen Softwareentwicklers ist sehr wertvoll, wenn das Gespräch auf eine in Photoshop sehr einfache, in WPF jedoch horrend schwierig umzusetzende Änderung kommt.

Eine gute Balance wäre gefordert, aber das Verhältnis zwischen den Disziplinen kann durchaus gespannt sein:

Business und UX: Wenn UX-Profis mit dem Anspruch, Nutzer zu vertreten, um die Ecke biegen, werden beim durchschnittlichen Businessmenschen jede Menge Antikörper ausgeschüttet – und das zu Recht. Das liegt oft an der mangelnden Trennschärfe zwischen Nutzer und Käufer. Die Diskrepanz zwischen dem, was verkauft wird, und dem, was benötigt wird, ist oft erheblich. Es hilft nix: Wenn ein Produkt nicht gekauft wird, dann wird der darin verpackte Nutzen nicht realisiert. Es ist für UX-Profis dementsprechend wichtig zu verstehen, wie und was von Business verkauft werden kann. Auf der anderen Seite sind die Fragen, die UX-Profis untersuchen, auch von großem Wert für die geschäftliche Seite. Marktforschung und Nutzerforschung brauchen auch gleiche Methoden, aber eben für verschiedene Zielgruppen und um andere Schlüsse daraus zu ziehen. Marktforschung soll insbesondere die Grundlagen für die anstehenden Businessentscheide machen. Aus diesem Grund braucht es beide.

Engineering und UX: Diese Beziehung lässt sich auch als Hassliebe umschreiben. Man braucht sich gegenseitig, um innert nützlicher Frist auf ein gutes Resultat zu kommen. Viele Ingenieure finden es dann auch super, wenn ihre ausgeklügelte Technologie den Nutzern viel bringt, attraktiv verpackt ist und die Leute so des Lobes voll sind. Doch sprechen UX-Profis und Techniker sehr unterschiedliche Sprachen und sie haben auch verschiedene Werte.

1.5 Bewertung der User Experience

Ob eine User Experience nun „gut" oder „schlecht" ist, ist gar nicht so einfach zu beantworten, entsprechend fällt die Bewertung der User Experience schwer. Die User Experience ist schwer dingfest zu machen, findet sie doch im Kopf der Nutzer statt. Zudem erhaschen die vielen Augen einer Firma jeweils andere Ausschnitte, entwickeln so ein eigenes Bild auf „den Nutzer" oder „den Kunden" und gelangen zu durchaus widersprüchlichen Erkenntnissen. Dass die Aussagen von potenziellen Nutzern bezüglich ihrer Wünsche und Anforderungen oft mit dem tatsächlichen Verhalten nicht übereinstimmen, macht die Angelegenheit auch nicht einfacher. Aber um dieses Problem anzugehen, wurde ja User Research erfunden, darum gehen wir hier nicht weiter auf diesen Aspekt ein (Abb. 1.18).

Es gibt drei mögliche Betrachtungswinkel, um die User Experience zu bemessen und dadurch bewerten zu können:

Abb. 1.18 User Experience – denken und fühlen, Verhalten, Wirkung

1. *Was Nutzer denken und fühlen:* Die emotionalen Beziehungen von uns Menschen zu den Produkten, die wir besitzen. Die Gefühle ähneln durchaus denen einer zwischenmenschlichen Beziehung. Die Art und die Stärke solcher Gefühle ist ein Ausdruck über die User Experience und wie Menschen über ein Produkt berichten, lässt Rückschlüsse auf diese Beziehung zu.
2. *Was Nutzer tun:* Unser Verhalten, das wir an den Tag legen, weil wir mit den Produkten interagieren und eine Beziehung zu diesen entwickeln. Wir integrieren die Produkte in unseren Alltag, berichten über Frustration und Begeisterung, verändern unser soziales Verhalten und vieles mehr. Was wir tun und wie, ist also ein indirekter Fingerzeig auf die Qualität der User Experience. Die Vereinfachung dahinter: Ist eine Verhaltensänderung feststellbar, muss auch die User Experience eine Veränderung erfahren haben.
3. *Wie sich die Gesellschaft verändert:* Die Verhaltensänderungen wirken auf Gesellschaft und Umwelt und, für Firmen oft an erster Stelle, auf den Firmenerfolg. Und so ist diese doppelte Indirektion ebenfalls ein Fühler für eine gute User Experience. Auch hier ein vereinfachter Schluss: Führt die erzielte User Experience zu einer Verhaltensänderung, welche die gewünschte Wirkung erzeugt, kann die User Experience ja nicht falsch sein.

Damit gibt es nun drei Ansatzpunkte, um die User Experience zu untersuchen und zu bewerten.

Nutzer kennenlernen
Firmen können die Personen, deren Umfeld und ihre Beziehungen zu den Produkten untersuchen (sogenanntes User Research). Mit diesen Ansätzen lassen sich eine veränderte User Experience feststellen und Schwächen und Stärken der Produkte und Services in Bezug zur User Experience aufdecken. Was denken die Nutzer über die Produkte? Was gefällt, was nicht und wieso?

Firmen verwenden dazu qualitative und quantitative Techniken, wie beispielsweise Fragebögen, Emotional Response Cards, Usertests, Fokusgruppen, Untersuchungen im Kontext, Personas, Journeys und mehr. Die Firma lernt so Nutzer kennen: Wünsche, Verhaltensweisen, Vorlieben etc. Damit lässt sich gezielt gestalten, Verbesserungen ableiten und gute von weniger guten Ansätzen unterscheiden.

Insbesondere zur manipulativen Qualität der User Experience (wen wundert's?) gibt es spezifische Literatur, Anleitungen und ganze Konferenzen: „Leute zum Kauf im Laden verleiten", „Computerspielern das Geld aus der Tasche ziehen", „Kleider und Schuhe über sozialen Druck verkaufen", „Spender durch schlechtes Gewissen und Weltuntergangsängste gewinnen" und vieles mehr. Alle diese Ansätze arbeiten mit psychologischen Tricks, wie sie auch Gauner gerne verwenden. Dazu gehören Zeitdruck („nur noch zwei Zimmer verfügbar"), sozialer Druck („was andere gekauft haben" und „Schau mal, was ich geiler Influencer bei X erstanden habe und nun trage"), Wecken von Gier, Neid, Ängsten, Sammelleidenschaft, Wettkampfgeist und vieles mehr.

Verhaltensänderung messen
Verhaltensveränderungen lassen sich im Allgemeinen leichter feststellen als das, was in den Köpfen von Menschen geschieht. Durch die anhaltende Digitalisierung der Kundenkontakte sind bei den Firmen auch massenhaft Daten verfügbar, um dies automatisiert zu tun. Entsprechend vermessen Firmen das Verhalten von Nutzern, z. B. anhand der folgenden UX-Metriken:

- Anzahl Nutzer
- Häufigkeit der Nutzung
- Ort der Nutzung
- Korrekte Nutzung bzw. Anzahl Fehler
- Dauer, i.e. Effizienz der Nutzung
- Anzahl Supportanfragen und zu welchen Themen
- Dauer der Einarbeitung
- Lernaufwand
- Kundenbewertungen in Onlineläden und App Stores.
- Empfehlungsrate
- Konversionsrate (also wie viele Personen erreichen ein bestimmtes Ziel?) und Absprungrate (wie viele brechen ab?)
- und vieles mehr

Der ganze Prozess kann automatisiert werden und so lassen sich mit vernünftigem Aufwand quantitative Techniken anwenden. Beispielsweise lassen Firmen – sofern eine ausreichend große Zahl von Nutzern ein Angebot verwenden – verschiedene Varianten gegeneinander antreten und schließen aus den gemessenen Kennzahlen, welches die bessere ist.

Lassen sich die verschiedenen Besuche einer Person miteinander verbinden, entstehen Profile, welche verwendeten Funktionen, besuchten Inhalte, Pfade, getätigten Käufe und vieles mehr zusammenziehen. Ähnliche Profile können nun geclustert werden und somit entstehen datengestützte Nutzergruppen. Perfekt, wenn die Firma diese datengestützten Nutzergruppen untersucht und zeigen kann, dass diese sich nicht nur in ihrem messbaren Verhalten unterscheiden, sondern auch andere Werte, Ziele, Vorlieben, Gewohnheiten und mehr haben. Dann lassen sich nämlich auch datengestützte Personas gewinnen.

Die Krux: Firmen vermessen nur die Personen, mit welchen sie Kontakt haben. Alle anderen bleiben dummerweise außen vor.

Wirkung messen
Firmen haben häufig auch Kennzahlen, welche die Wirkung des Unternehmens auf Gesellschaft, Umwelt, Mitarbeiter, Firmenerfolg und mehr charakterisieren. Bei einem Hilfswerk kann dies beispielsweise Kindersterblichkeit, Anzahl Personen mit abgeschlossener Ausbildung und Ähnliches sein. Umweltorganisationen messen vielleicht eher Ressourcenverbrauch, Artenvielfalt oder Stabilität eines Ökosystems. Natürlich kann auch der Erfolg von Kunden und die Erfüllung zentraler Kundenbedürfnisse bemessen werden: Für ein Bahnunternehmen beispielsweise die Reisezeit der Passagiere von Tür zu Tür, bei einem Hörgerät der Effekt auf die Lebensqualität der Träger. Und natürlich steht der eigene finanzielle Erfolg und die Attraktivität als Arbeitgeber ebenfalls auf der Liste. Maßnahmen für die Verbesserung der User Experience sollten auch solche Metriken positiv beeinflussen. Wenn Ihre Firma solche führt, dann lohnt sich aus Sicht von UX-Leadership wohl die Auseinandersetzung, wie UX-Aktivitäten diese beflügeln können.

Vernetzen
Besonders interessant wird es, wenn Firmen diese Ansätze vernetzen. Es gelingt also, die erzielte Wirkung mit dem Verhalten und der User Experience der betroffenen Personen zu verbinden. Perfekt, wenn es auch gelingt, gewisse UX-Patterns (also Muster der Gestaltung von Produkten und Dienstleistungen) mit dem Verhalten zu verbinden. So entsteht ein fantastisches Wissen, welches ermöglicht, Produkte schnell und sehr gezielt zu entwickeln.

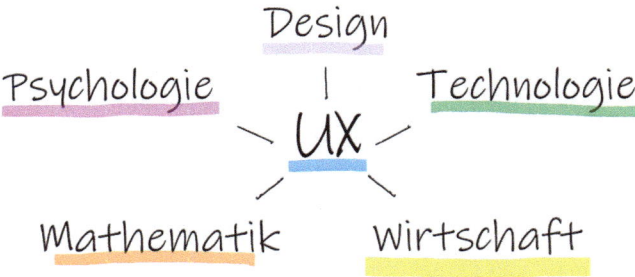

Abb. 1.19 Wo UX-Profis herkommen

1.6 UX-Profis – Spezialisten für User Experience

Wir verwenden in diesem Buch oft den Terminus UX-Profi. Dies ist keine homogene Menge an Personen, vielmehr stecken dahinter Personen mit unterschiedlicher Ausbildung und somit Spezialisierung, die zumindest in der Theorie einen starken Fokus auf Nutzer legen. Hier eine kurze und nicht abschließende Zusammenstellung (Abb. 1.19).

Eine Gilde von UX-Profis besitzt einen starken Hintergrund im Design. Landläufig betrachtet machen Designer Dinge schön. Dies ist nun wieder viel zu einfach betrachtet, auch wenn Designer in Produktentwicklungen häufig gerade dazu eingesetzt werden. Designer gehen viel weiter. Sie wollen praktische und ästhetische Dinge entwerfen, die zudem auch gezielt Werte und Emotionen transportieren. Tatsächlich kann Design sogar noch umfassender sein. Denn eigentlich wäre das Ding für Designer nur ein Mittel zum Zweck. Im Fokus stehen die Menschen, deren Leben und Träume. Sie suchen nach Ansatzpunkten, um in diese Leben erstrebenswerte Veränderungen zu induzieren.

Designer haben verschiedene Hintergründe mit unterschiedlichen Fähigkeiten. Die folgenden Ausprägungen treffen Sie öfters im Bereich User Experience an:

- Grafik-, Web- und Kommunikationsdesign: Der Fokus liegt auf der effektiven Kommunikation mittels Printmedien oder Webseiten, in erster Linie im Rahmen der Unternehmenskommunikation und in der Werbebranche. Dazu gehören attraktive grafische Gestaltung beispielsweise mittels Typografie, Farben und Bildsprache, also generell die effektive Kommunikation mit visuellen Mitteln.
- Interface- und Interaktionsdesign: Dieses Gebiet ist spezialisiert auf Softwareprodukte mit hoher Interaktivität. Dazu gehören einfache und schnelle Verwendung mit vielen unterschiedlichen Geräten, neue Interaktionsformen, einfacher Zugang für Personen mit eingeschränkten Möglichkeiten und vieles mehr.
- Industrie- und Produktdesign: Diese Teilgebiete legen den Schwerpunkt auf die Gestaltung von Geräten, Maschinen und Gegenständen des täglichen Lebens, die industriell gefertigt werden. Dazu gehören Aspekte wie Formgebung, Wahl passender Materialien,

die erwartete Belastung und gewünschte Wertigkeit, Ergonomie, wie auch Abläufe in der Produktion.

Der Bereich UX ist ohne Erkenntnisse aus der Psychologie und der Soziologie undenkbar. Die Psychologie hat insbesondere eine große Menge an hilfreichen Grundlagen über das menschliche Denken und Handeln zusammengetragen. Entsprechend sind auch Personen mit einem Hintergrund aus den Humanwissenschaften als UX-Profis unterwegs.

- Die Wahrnehmungs- und Lernpsychologie bilden wichtige Grundlagen für die Gestaltung von Nutzungsschnittstellen, die leichte Erlernbarkeit von Bedienungskonzepten und die einfache Gestaltung komplexer Sachverhalte.
- Die Kommunikationspsychologie bietet Erkenntnisse zur Gestaltung von interdisziplinären Gruppenprozessen und Förderung der Zusammenarbeit in Teams.
- Experimentalpsychologisches Wissen hilft zur Entwicklung von Experimenten, um das Benutzerverhalten zu untersuchen und zu analysieren.
- Statistische Methoden sind notwendig, um quantitative Studien über Benutzerverhalten auszuwerten und daraus Schlüsse für die Steigerung des User Experience zu ziehen.

Es gibt auch viele Techniker, also beispielsweise Softwareentwickler, Konstrukteure und mehr, die sich zu UX-Profis weiterentwickelt haben. Sie kennen insbesondere die Möglichkeiten der Technologie. Das führt zu einer gewissen Hemmung bei der Entwicklung von neuen Ideen, doch hilft dies ungemein, Ansätze auszusondern, die eben nicht mit vernünftigem Aufwand realisierbar sind. Und natürlich „erfinden" Techniker auch neue Technologien, und so werden Ideen machbar, die vorher zu aufwendig gewesen wären.

Mathematiker sind ebenfalls gefragte Personen, insbesondere wenn sie sich auf das Gebiet der Datenanalyse und Statistik spezialisiert haben. Gerade wenn es darum geht, das Verhalten von Nutzern zu messen und Metriken zu erfassen, sind deren Kenntnisse über passende mathematische Modelle Gold wert.

UX-Profis, egal aus welchem Gebiet sie ursprünglich stammen, haben nutzerzentriertes Vorgehen als Gemeinsamkeit. Dahinter steckt die Erkenntnis, dass nur mit gutem Verständnis der Personen, welche die Produkte einsetzen und einsetzen werden, wirklich gute Produkte entstehen können und dass es notwendig ist, dafür mit diesen Personen zu reden. Somit haben UX-Profis auch methodisches Können, um geschickt mit Nutzern zu reden, sowohl für Nutzerforschung, Ideation, Produktgestaltung und Qualitätssicherung.

UX-Leadership

2

Befasst sich ein Entwicklungsteam explizit damit, die mit einem Produkt verbundene User Experience zu beeinflussen, dann lässt sich dieses wohl am einfachsten mit dem Begriff User Experience Design benennen. Das Kap. 1 befasst sich genau damit.

UX-Leadership soll, genauso wie User Experience Design, eine gute Wirkung auf die User Experience erzeugen. UX-Leadership setzt den Hebel aber bei der Entwicklung der Organisation und der Menschen in der Organisation an und nicht bei den konkreten Produkten und Dienstleistungen.

Übrigens verwenden wir den Begriff Organisation in diesem Buch doch sehr häufig. Tatsächlich hat dieser Begriff eine recht breite Bedeutung [Schmidt 2022]:

1. Der Begriff Organisation kann ein System meinen und ist dann ein Zusammenschluss von Menschen zur Umsetzung von mehr oder weniger klar definierten Zielen.
2. Der Begriff Organisation kann die Ausgestaltung eines Systems meinen. Also beispielsweise die getroffenen Regelungen bezüglich der Verteilung von Aufgaben und Kompetenzen oder der Abwicklung der verschiedenen Prozesse.
3. Der Begriff Organisation kann auch als Tätigkeit verstanden werden. Damit ist schließlich das planvolle Gestalten des Systems gemeint, sodass dieses nach mehr oder weniger scharf definierten Kriterien gut abschneidet.

Wir werden mit dem Begriff Organisation in erster Linie die erste Definition verwenden und das System bezeichnen.

2.1 Vier Rollen zu UX-Leadership

Jede Organisation hat ihre speziellen Gegebenheiten und ist in einer ganz spezifischen Situation. Ebenso sind die Menschen individuell mit anderen Vorlieben, Fähigkeiten und Persönlichkeiten. Entsprechend wird UX-Leadership in jeder Organisation anders ausgeprägt sein. Mit der Aufgabe, eine Organisation bezüglich UX weiterzuentwickeln, lässt sich auch der Begriff UX-Leadership schärfen (Abb. 2.1)

Insbesondere lassen sich vier Rollen identifizieren:

- **Leader** inspirieren und motivieren ihr Umfeld und erzeugen Begeisterung für UX, fördern die Bekanntheit von UX und zeigen den unternehmerischen Nutzen auf.
- **Entwickler** von UX bringen die Organisation, die UX-Profis wie auch die anderen Mitarbeiter Schritt für Schritt weiter, sodass die Organisation die gewünschte Qualität in Bezug auf User Experience auch effizient erreichen kann.
- **Manager** eines Teams oder einer Organisationseinheit unternehmen die notwendigen Aktivitäten, um diese am Laufen zu halten.
- **Experten** und somit fachliche Führungskräfte verankern UX auf strategischer Ebene, setzen Leitplanken, beraten andere, stellen generell ihr profundes Wissen und Können zur Verfügung und tragen so wesentlich zu der erzielten User Experience bei.

Wie sieht es in Ihrer Organisation aus? Welche Facetten sind bei Ihnen wichtig bzw. wer übernimmt welche Facetten? Wer sorgt bei Ihnen beispielsweise dafür, dass:

- User Experience im Unternehmen strategisch verankert wird?
- eine wirkungsvolle UX-Organisation aufgebaut und am Laufen gehalten wird?
- UX-Profis angestellt und gut eingesetzt werden?
- die erzielte User Experience erfasst und bewertet wird?

Abb. 2.1 Vier Rollen von UX-Leadership

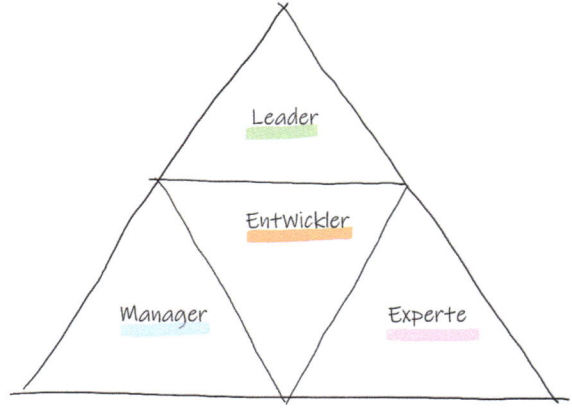

- Nutzerzentriertheit Teil der Firmenkultur wird?
- aktuelle Entwicklungen im Bereich des User Experience Designs aufgegriffen werden?

Bericht eines UX-Profis eines IT-Dienstleisters: „Für lange Zeit war bei uns jedes Team ein eigenes Profitcenter. Die Teamleiter machten Akquise, Mandatsleitung, Mitarbeiterführung und mehr. Für mehrere Jahre hatte diese Rolle ein in der UX-Community gut vernetzter UX-Profi inne und ihm gelang es, UX-Dienstleistungen erfolgreich auf dem Markt zu verkaufen. Das Team verdoppelte sich unter seiner Leitung. Ein paar Jahre später wurde die Organisationsstruktur angepasst. Die Profitcenter verschwanden und die neuen Teamleiter erhielten in erster Linie die Rolle Mitarbeiterführung. Der Teamleiter, der nun folgte, hatte selbst kaum Expertise im UX-Bereich, war hingegen ein sehr guter Coach und Vermittler. Insbesondere kannte er das Kerngeschäft der Firma sehr gut und verstand, welche Rolle die UXler hier spielen können. Das UX-Team verdoppelte sich erneut. Doch anstatt die UXler direkt extern zu verkaufen, wurden diese nun in die verschiedenen Entwicklungsteams platziert und so profitierte nun plötzlich das Kerngeschäft von der eigenen UX-Performance."

2.2 UX-Leadership wirkt auf drei Ebenen

UX-Aktivitäten finden auf unterschiedlichen organisatorischen Ebenen statt [Hauri 2012] (Tab. 2.1):

UX-Leadership wirkt auf allen drei Ebenen. Auf der operativen Ebene übernehmen beispielsweise Produktmanager, Designer und weitere Personen UX-Leadership, indem sie die Verantwortung über die User Experience rund um die Produkte und Dienstleistungen übernehmen. Sie wirken in erster Linie auf die einzelnen Produkte und Teams.

Es benötigt also auch Personen, die UX-Leadership auf der institutionalisierenden Ebene übernehmen und die Fähigkeit der Organisation als Ganzes, eine günstige User Experience zu erzeugen, entwickeln. Dazu gehört auch die Betreuung der UX-Profis in einer Organisation. Wer hier Fortschritte erzielen will, denkt und handelt teamübergreifend und stößt unweigerlich auch auf die üblichen Hindernisse, da eben Veränderungen quer durch die Organisation umgesetzt werden müssen.

Tab. 2.1 3-Ebenenmodell

Ebene	Fokus
Strategisch	Unternehmensziele und -strategie, Produkt- und Projektportfolio, Organisationskultur, KPI
Institutionalisierend	Fähigkeiten einer Firma, Prozesse, Organisationsstrukturen, Wissen, Mitarbeiter und Karriere, Assets, Standards, Tools und mehr
Operativ	Entwicklung von digitalen Produkten, Dienstleistungen, internen Systemen, aber auch von physischen Produkten, Ladenflächen, Verpackungen und mehr

Entsprechend noch wirkungsvoller sind Personen, die Nutzerzentriertheit gebührend auf strategischer Ebene verankern können. Dieser Fokus von UX-Leadership schafft Grundvoraussetzungen, dass sich die Organisation verändert und somit die erzielte User Experience langfristig entwickelt.

2.3 Selbstsicht, Innensicht und Außensicht

Ein wesentlicher Teil von UX-Leadership ist auch, die Wahrnehmung von „UX" in einer Firma zu schärfen und unterschiedliche Wahrnehmungen in Übereinstimmung zu bringen. Wir möchten Ihnen dies anhand von drei Perspektiven, der Außensicht, der Innensicht und der Selbstsicht, verdeutlichen (Abb. 2.2).

Am besten lassen sich die drei Perspektiven am Beispiel erläutern:

Bericht einer wichtigen Kundin eines Geräteherstellers: „Diese Geräte sind schon richtig gut. Sie funktionieren tadellos, sehen ganz chic aus und wenn dann doch mal was nicht ganz funktioniert, sind die Techniker zur Stelle und beheben das in Nullkommanichts. Zuverlässig und professionell, würde ich dazu sagen. Auch wenn der Kaufpreis eher im oberen Segment liegt, übers Ganze ist es eine sehr kostengünstige Lösung."

Bericht eines Designers desselben Geräteherstellers: „Ein paar Dinge klappen richtig gut. So können wir zusammen mit dem Produktmanagement auf unsere Kunden und Nutzer zugehen, verschiedene Varianten ausprobieren und bewerten. So kriegen wir richtig gutes Feedback. Wir müssen halt viele Kompromisse im Design machen, um auch die Herstellungs- und Entwicklungskosten tief zu halten, und leider haben wir viel zu wenig Zeit für eine schlaue Konzeption. Da haben wir auf jeden Fall noch Potenzial nach oben."

Und nun auch ein Bericht einer Produktmanagerin dazu: „Unsere UX-Designer streben durchaus an, dass unsere Geräte einen tadellosen Dienst versehen und die unterschiedlichen Nutzer diese supereinfach und schnell bedienen können. Doch herrscht auch ein gewisser Berufsstolz, wie sich die Geräte präsentieren. Es ist manchmal nicht einfach, sie davon zu überzeugen, dass eine günstigere Lösung, die vielleicht nicht ganz die gewünschte Ausstrahlung oder gleiche

Abb. 2.2 Selbstbild, Innensicht und Außensicht auf einen Blick

Einfachheit hat, auch ein toller Markterfolg sein wird und wir nicht noch mal alles ändern wollen, weil vielleicht eine neue Variante noch besser wäre, wenn wir doch schon eine genügend gute haben."

Die Außensicht auf die Wirkung von UX: Das Kap. 1 beschäftigt sich mit den durch die Aktivitäten einer Organisation veränderten Momenten im Leben der Menschen und wie diese Menschen die Veränderung erleben und bewerten. Diese Erfahrungen wirken auf vielfältige Weise auf unsere Gesellschaft, auf die Umwelt, auf den finanziellen Erfolg einer Firma und mehr. Die Außensicht blickt sozusagen durch die Augen der externen Personen auf die erlebte User Experience und deren Wirkung.

Die Innensicht in der Organisation. Interne Stakeholder nehmen „UX" sehr unterschiedlich wahr und beurteilen das Thema aus unterschiedlichen Blickwinkeln: Steigert „UX" die Verkaufszahlen und den Erfolg? Welche Aufgaben nehmen UX-Profis wahr und wie müssen diese entsprechend eingesetzt werden? Wie kompliziert und aufwendig ist die Umsetzung aus technischer Sicht? Wie durchdacht sind erstellte Konzepte? Wie gut lassen sich mit „UX" erstelle Produkte vermarkten? Die Innensicht konzentriert sich auf die internen Wahrnehmungen, einerseits der User Experience und der dadurch erzielten Wirkung und andererseits des Fachgebietes UX und der UX-Profis.

Die Selbstsicht der UX-Profis: UX-Profis selber entwickeln ein Bild über ihr Arbeiten und Wirken. UX-Leader sind auch hier gefragt. Es geht um Themen wie Effizienz der UX-Aktivitäten, Einbezug der Nutzer, Qualität der erzielten Ergebnisse, Erfahrung von Wirksamkeit, Berufsstolz, Zufriedenheit der UX-Profis selber, deren persönliche und berufliche Entwicklung und mehr.

Die drei Sichten werden gerade bei Organisation mit tiefer UX-Reife (was das heißt, kommt später im Kap. 8) sehr verschieden ausfallen und entsprechend zu Konflikten führen. Entsprechend lohnt es sich, die Innensicht auf UX schärfen, wie auch das folgende Praxisbeispiel verdeutlicht.

PRAXISBEISPIEL: Innensicht stärken
Ein UX-Team eines großen IT-Dienstleistungsunternehmens war als eigener Bereich angesiedelt. Es war in vielen Projekten aktiv und war wesentlich am Erfolg einiger Projekte beteiligt. Trotzdem war es dauernd unter Rechtfertigungsdruck und wurde nicht als wertschöpfend wahrgenommen.

„UX macht keinen Umsatz, die kosten nur!"

Im Dienstleistungsbereich ist ein entscheidender KPI die Generierung von Umsatz und eine hohe Verrechenbarkeit. Die Projekte wurden aber in anderen Bereichen geführt und dementsprechend wurde auch der Umsatz daraus diesen Bereichen zugeschrieben.

Es ergab sich für die UX-Leaderin die Chance, die Leitung eines größeren Projektes mit erheblichem UX-Anteil zu übernehmen und ihrem Bereich zuzuschreiben. Dadurch stiegen zwar ihr Workload und ihre Verantwortung erheblich, aber eben auch die Möglichkeit, UX-Dienstleistungen als ein sichtbares Projekt für den eigenen Bereich aufzusetzen.

„Mit Projektverantwortung können wir Umsatz machen."

Dadurch wurde die Sichtbarkeit im finanziellen Reporting verbessert. Das UX-Team wurde durch die Übernahme von Verantwortung und Führung als wertschöpfend wahrgenommen. Dank der klaren Zuweisung des Umsatzes war das UX-Team bei den finanziellen Reviews nun auch ein Punkt, der regelmäßig zur Sprache kam.

Durch den erfolgreichen Abschluss des Projektes wurde bewiesen, dass UX-Profis durchaus fähig sind, Herausforderungen zu meistern, und dass Kunden einen nutzerzentrierten Ansatz durchaus verstehen, wenn er sinnvoll vermittelt und eingesetzt wird.

„Der sichtbare Beitrag zum Geschäftserfolg prägt die Sicht in der Firma auf UX."

Die Sichtbarkeit von UX kann nicht aus dem Hintergrund gesteigert werden. Um eine gute Visibilität zu erreichen, muss auch Verantwortung übernommen werden. Das hat auch unangenehme Aspekte, weil man für Dinge geradestehen muss, die man nur beschränkt beeinflussen kann.

Es ist wichtig, dass UX an den Stellen, wo finanzielle Entscheide getroffen werden, direkt sichtbar wird. Man braucht möglichst direkten Einfluss bei Budget- und Personalplanung. Diesen gewinnt man nur, wenn man an den Stellen Wert bringt, die in diesen Gremien anerkannt sind. Die makellose Durchführung von formativen Usabilityevaluationen gehört da eher nicht dazu, die Generierung von Umsatz üblicherweise schon.

2.4 UX-spezifische organisatorische Herausforderungen

Wer UX in einer Organisation etablieren will, kann auf eine stattliche Anzahl von Herausforderungen treffen. Einige sind einzigartig und treten genau in einer spezifischen Situation und Organisation zu, andere Herausforderungen sind in einer sehr ähnlichen Art und Weise für viele Organisationen gültig. Wir haben hier ein paar besonders typische Herausforderungen zusammengestellt.

Alle tragen zu den Erlebnissen der Nutzer bei
Wie in Abschn. 1.2 argumentiert, wird das Erlebnis, welches Nutzer mit Produkten und Services haben, von vielen Personen in und außerhalb der Firma geprägt. Selbst die Aspekte, welche von Mitarbeitern der Firma selbst gestaltet werden, sind auf viele Schultern in der Firma verteilt: Marketingkampagnen, Antworten des Kundendienstes, Services, Anleitungen, Webauftritt, Produktpositionierung, angebotene Funktionalität, die Gestaltung der

2.4 UX-spezifische organisatorische Herausforderungen

Abb. 2.3 Einflussfaktoren auf ein Produkt und seinen Erfolg

Nutzungsschnittstelle und der Inhalte und vieles mehr. Da praktisch alle Abteilungen einer Firma die Erlebnisse der Nutzer wesentlich beeinflussen, müssten die Eckpfeiler bezüglich UX konsequenterweise in der Geschäftsleitung verankert werden.

Dies steht nun im Widerspruch mit vielen typischen Ansprüchen und Verhaltensweisen der an einer Produktentwicklung beteiligten Personen. So reklamieren viele UX-Profis die „Hoheit über UX" für sich. Auch gibt es Versuche in Firmen, den UX-Teams Ziele basierend auf den UX-Metriken zu geben, anderen Organisationseinheiten jedoch andere Ziele. Beide Verhaltensweisen erzeugen Konflikte, welche einer erfolgreichen Produktentwicklung mehr Schaden als Nutzen bringen (Abb. 2.3).

Es ergeben sich ein paar wesentliche Fragestellungen:

- Welchen Einfluss hat, wie Nutzer die Produkte erleben und bewerten, auf den Produkterfolg?
- Welche Faktoren (UX-Treiber) tragen besonders stark zur Bewertung bei?
- Welchen Beitrag können und sollen UX-Profis leisten, sodass die Produkte und Dienstleistungen der Organisation eben genau bei diesen Faktoren punkten? Welchen Beitrag leisten andere und welche externe Personengruppen?

UX ist nicht UI

User Experience ist für viele zuerst eine inhaltsleere Wortkonstruktion und wird nach bestem Wissen mit Inhalten gefüllt. Konkret kann das bedeuten, dass man darauf schaut, was die, die „UX machen", tun. Und man sieht: Diese zeichnen toll aussehende Bilder der neuen Produkte. Man findet die Antwort: UX ist „Mach es schön".

Die Arbeitsweise vieler UX-Profis verstärkt diesen Eindruck. Das Visualisieren von Informationen, z. B. Skizzen der Nutzungsschnittstelle, ist ein wichtiges Kommunikationsmittel und in vielen Teilen auch deutlich effektiver als lange Texte, komplexe Diagramme und nicht festgehaltene Diskussionen. Damit unterstreichen die UX-Profis jedoch, dass sie eben die

Abb. 2.4 Neue Themen müssen ihren Platz in einer Firma erst finden

Nutzungsschnittstelle erarbeiten. Arbeiten sie dann noch mit hoher visueller Qualität und zeigen Bilder, die das fertige Produkt in vollem Glanz darstellen, verstärkt dies den Effekt zusätzlich.

So akzeptieren die an einer Entwicklung Beteiligten schnell die Kompetenz der UX-Profis zur visuellen Kommunikation und zur Ausarbeitung der Nutzungsschnittstelle. Die Zweifel bei anderen wichtigen Teilen werden jedoch nicht ausgeräumt: Wissen UX-Profis wirklich besser, was Nutzer benötigen, als die erfahrenen Leute, die bereits mehrere Produkte erfolgreich auf dem Markt platziert haben? Und was fachlich notwendig ist, sollten doch wohl eher die Fachexperten beurteilen (Abb. 2.4)?!

Hier liegt ein Knackpunkt für die Etablierung von UX in einer Firma:

- Gelingt der notwendige Dialog, um die unterschiedlichen Bedürfnisse der vielen Stakeholder genügend zu berücksichtigen, also auch die Bedürfnisse der Nutzer?
- Sind die Erfahrenen in der Firma bereit, sich auf neue Aspekte und Vorgehensweisen einzulassen? Sind diese Personen bereit, einen Teil der Aufgaben und der Entscheidungskompetenz an die Neuen abzugeben?
- Sind auch die UX-Profis dazu bereit, sich auf die bisher erfolgreichen Strukturen in der Organisation und der Reife der Organisation in Bezug auf UX einzulassen?

Für UX-Leader liegt hier ein wichtiges Handlungsfeld: Diesen Dialog fördern und stetig weiterentwickeln.

Übrigens sind viele Menschen fähig, eine Nutzungsschnittstelle zu entwerfen. Das ist wie beim Fußballspielen. Einen Ball kicken und Freude am Spiel haben, ist gar nicht so schwer. Doch ein hohes Niveau benötigt Talent, gute Ausbildung und viel Training. Und so gibt es viele Personen, die bei der Gestaltung von Nutzungsschnittstellen mitreden wollen und

2.4 UX-spezifische organisatorische Herausforderungen

sich auch kompetent dazu fühlen. Es ist ein wichtiger Aspekt des Dialogs, diese Personen zu führen, sie auch konstruktiv mit einzubeziehen und dadurch wirklich gute Lösungen zu entdecken.

Zu spät beachtet
Die eine Organisation stark prägenden Personen haben typischerweise großen Einfluss auf die Nutzererfahrung. Logischerweise ist es schwierig, im Einflussbereich dieser Personen zu wirken, wenn sie kein oder ein völlig falsches Verständnis davon haben, wie die User Experience gezielt beeinflusst werden kann. UX-Aktivitäten werden also zum falschen Zeitpunkt (sehr oft viel zu spät), mit dem falschen Fokus (sehr oft reduziert auf bunt bemalen) oder gar nicht durchgeführt. Die Organisation verschenkt so viel Potenzial, schürt Konflikte und nutzt die Kompetenzen der UX-Profis nur schlecht aus.

> *Zitat eines Projektleiters: „Wenn Auftraggeber zu uns kommen, haben sie schon eine recht klare Vorstellung der Software und wir können die grundsätzliche Lösung gar nicht mehr diskutieren. Wir setzen viele Funktionen um, für die es eigentlich so kein Bedürfnis gibt."*

Die vom Projektleiter angesprochene Situation entsteht für gewöhnlich aus strukturellen Gegebenheiten, die aus der Art und Weise der Zusammenarbeit der internen Abteilungen untereinander bzw. mit externen Entwicklungspartner stammen. So muss eine Fachabteilung in manchen Organisationen ein detailliertes Konzept erstellen, bevor sie überhaupt Kontakt mit der Entwicklungsabteilung oder einem externen Partner aufnehmen kann. Sind die UX-Profis nun eben beim externen Partner oder in der Entwicklungsabteilung beheimatet, sind also schon viele Pfeiler tief eingeschlagen worden und es kann unmöglich sein, diese umzusetzen (Abb. 2.5).

Aus Sicht eines UX-Leaders stellen sich auch hier wieder sehr spannende Fragen:

- Wer sind eigentlich die prägenden Personen in den verschiedenen Phasen? Was ist deren Verständnis von UX und vom Stellenwert von UX?

Abb. 2.5
Wasserfallstrukturen, explizit oder implizit

Abb. 2.6 Einflusssphären

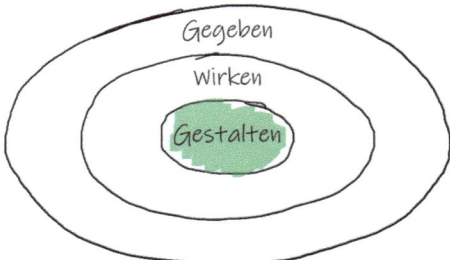

- In welchen Phasen kommen UX-Profis zum Einsatz? Ist UX in den anderen Phasen angemessen berücksichtigt und wenn nein, wie kann dies besser gemacht werden?
- Lassen sich ungeschickt eingeschlagene Eckpfeiler später einfach versetzen?
- Welche Dinge können UX-Leader und weitere UX-Profis gestalten, bei welchen indirekt auf eine Änderung einwirken und welche Dinge müssen sie als gegeben hinnehmen und sich damit arrangieren (Abb. 2.6)?

Zu viele Dinge auf einmal vorgenommen
Im Bestreben, noch mehr zu erreichen, der Verlockung möglicher Marktchancen und dem Druck, rationeller und effektiver zu arbeiten, nehmen sich Menschen und damit die Organisationen viel vor – viel zu viel. Organisationen sind genötigt, die im Verhältnis knappen Ressourcen sparsam und geschickt einzusetzen.

Dieser Konflikt wird dadurch verstärkt, dass die beteiligten Fachexperten – dazu gehören auch die UX-Profis – für gewöhnlich einen hohen Anspruch an die eigenen Ergebnisse haben: Nicht weniger als perfekt sollte es sein, etwas anderes lässt der Berufsstolz nur unter Protest zu.

Zu viele Vorhaben und Druck von vielen Seiten treffen auf Berufsstolz. Wie genau diese explosive Mischung wirkt, hängt nun stark von den Fähigkeiten einer Organisation und der Mitarbeiter ab. Reduktion auf das Wesentliche sowie Konfliktlösung sind wohl zwei der wichtigsten Fähigkeiten (Abb. 2.7).

Für UX-Leader ist dies in dreierlei Hinsicht besonders relevant.

1. Es gibt mehr Ideen und Vorhaben, als die Organisation bzw. die UX-Profis bewältigen können. Welche Vorhaben erhalten Unterstützung von UX-Profis und wie viel? Welche werden überhaupt durchgeführt? Wie können UX-Leader und UX-Profis in diesem Prozess mitreden?
2. Es gibt auch mehr Vorhaben zur Weiterentwicklung der UX-Kompetenz, als die Organisation und die UX-Profis stemmen können. Auch hier ist die Herausforderung, das Wesentliche zu erkennen und sich auf dieses zu konzentrieren.
3. Die UX-Profis selber investieren ihre Zeit auch nicht per se gezielt. Die Ansprüche an das Resultat der eigenen Arbeit entsprechen nicht einfach so der geforderten Qualität.

2.4 UX-spezifische organisatorische Herausforderungen

Abb. 2.7 Zu viel ist zu viel

Wie cool müssen die Funktionen sein, wie erstklassig das Design und wie glücklich die Nutzer? Wie können UX-Leader ihre Mitarbeiter entsprechend führen?

Die Herausforderung ist typischerweise, die Balance zu finden, also organisatorische Baustellen anzugehen und gleichzeitig Wirkung in den Entwicklungsteams zu erzeugen, wo auch der Anspruch an die UX besonders hoch ist.

Nutzer sind unendlich weit weg von der Entwicklung
Bei der Beschaffung oder Entwicklung von Softwaresystemen für den internen Gebrauch kann es sehr einfach sein, mit Nutzern in Kontakt zu kommen und diese konstruktiv einzubeziehen. Schon deutlich komplizierter ist es, handelt es sich um eine auf der ganzen Welt verteilte Firma oder sogar einen Konzern, welcher viele Firmen zusammenfasst. Noch einmal vertrackter ist die Situation, wenn ein Unternehmen die Produkte mittels Partner international an Firmen verkauft, die diese nun vom angelernten Personal bedienen lassen.

Geografische, sprachliche, kulturelle, organisatorische oder sogar regulative Barrieren behindern den Kontakt mit Nutzern. Auch eine große Diversität und Menge an Nutzern stellt Teams vor Herausforderungen. Und nicht zuletzt stellen sich Unverständnis für nutzerzentriertes Vorgehen, Überlastung und mehr in den Weg zu Nutzern. Alles in allem: Nutzer können für ein Entwicklungsteam unendlich weit weg sein (Abb. 2.8).

Doch egal, wie weit weg Nutzer sind. Nutzer nahe an die Entwicklung zu bringen, lohnt sich. UX-Leader können und sollen dies mitgestalten. In der Praxis werden auch verschiedene Muster angewandt. Nutzer in Projektteams integrieren, Communitys aufbauen, Messen und Events nutzen, Weiterbildungsveranstaltungen ins Leben rufen, lokale UX-Experten aufbauen und vieles mehr.

Existierende Organisation
Viele der erwähnten Konflikte und Herausforderungen entstehen ganz einfach dadurch, dass Organisationen eine Geschichte haben. Und diese Geschichte ist für gewöhnlich eine

Abb. 2.8 Der Ozean zwischen Entwicklung und Nutzer

Erfolgsgeschichte. Eine Firma, die auf dem Markt Produkte und Dienstleistungen erfolgreich anbietet, macht vieles richtig. Natürlich kann die aktuelle Situation mehr oder weniger rosig sein. Sicher ist auch Bedarf für Weiterentwicklung gegeben.

UX-Leader haben nun auch die Aufgabe, die bestehende Organisation in Bezug auf UX weiterzubringen, also die Nutzererfahrung mit Produkten und Dienstleistungen der Firma gezielter zu beeinflussen. Ein häufiger Schritt ist die Einstellung von UX-Profis.

Dies kann nun schnell viel Reibungswärme erzeugen. Viele Personen in einer Organisation beeinflussen, wie die Nutzenden ihre Produkte und Dienstleistungen erleben, und so ist viel Abstimmungsbedarf mit den UX-Profis notwendig. Zuständigkeiten, etablierte Vorgehen und strategische Entscheide werden von UX-Profis zur Diskussion gestellt.

UX-Leader sollten sich bewusst sein, dass dieser Prozess Zeit und Geduld mit den Menschen in der Organisation benötigt und nicht von heute auf morgen geschehen kann. Ebenso sollten sich die UX-Profis von der Idee lösen, dass sie allein für die perfekte User Experience sorgen können. Produkte und Dienstleistungen werden von vielen Menschen gemeinsam gestaltet.

Entsprechend sollten UX-Leader (siehe OSTO-Modell weiter unten) den sozialen und individuellen Prozessen in einer Organisation besondere Beachtung geben: Hier entstehen Verständnis, Motivation und Zusammenwirken auch in Bezug auf User Experience.

2.5 PRAXISBEISPIEL: „UX-Team näher an die Nutzer bringen"

Die UX-Profis waren in einem zentralen Team in der dezentralen Entwicklungsorganisation. Der Fokus lag auf Standardisierung und Beratung. Die Projekte mussten zwar offiziell das Designsystem verwenden, waren aber oft zu spät und wenig motiviert, sodass sich die Umsetzung für gewöhnlich auf das Anmalen beschränkte.

2.5 PRAXISBEISPIEL: „UX-Team näher an die Nutzer bringen" 37

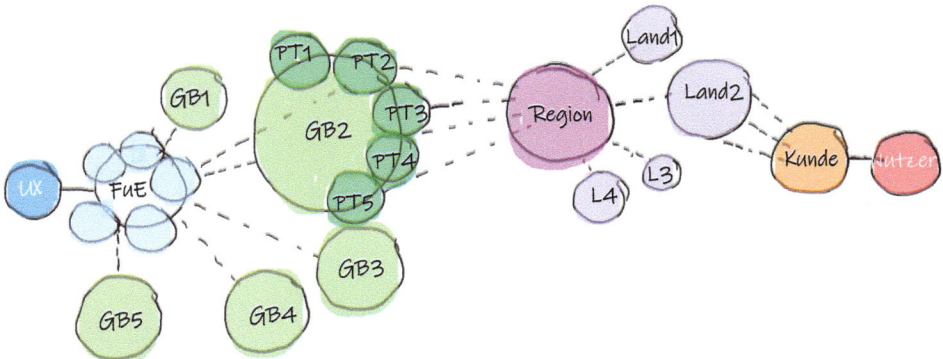

Abb. 2.9 UX als Stabsstelle von Forschung und Entwicklung

> „Unser zentrales UX-Team war unendlich weit von den Nutzern entfernt und erzielte nur wenig Wirkung."

Als UX-Team war man im B2B2B2B2B2B2C-Business. Der Wert von UX-Aktivitäten wurde in den Projektteams nicht gesehen und es war schwierig, mit Nutzern überhaupt in Kontakt zu kommen. Das musste besser werden.

Abb. 2.9 zeigt die komplexe Struktur der Organisation. Das UX-Team (UX) war Teil der Forschungs- und Entwicklungsabteilung (FuE), jedoch in Bezug auf Budget und Platzierung unabhängig. FuE wurden von unabhängig geführten Geschäftsbereichen (GB1 bis GB5) beauftragt, genauer gesagt von den Produktmanagern in den Produktteams (PT1 bis PT5) der jeweiligen Geschäftsbereiche. Die Vertriebsorganisation war wie üblich regional aufgeteilt.

> „Die Zusammenarbeit mit FuE war bestenfalls harzig. Es fehlte auf beiden Seiten an einem guten Verständnis für die Probleme des anderen."

In einem ersten Schritt wurde die Zusammenarbeit mit FuE verbessert. Die unabhängige Position außerhalb der Projektstrukturen war zwar für den Aufbau von ersten Standards notwendig. Für deren Umsetzung war sie nun aber hinderlich. Aus diesem Grund wurde das Team bis auf einen schlanken Kern auf die FuE-Abteilungen verteilt. Die UX-Profis waren neu vor Ort und wurden auch aus dem Projektbudget finanziert. Gerade die Änderung in der Finanzierung war sehr anstrengend, hat sich aber langfristig bewährt, weil sie die UX-Leute vor einigen Sparrunden gerettet hat, denen reine Stabsstellen zum Opfer gefallen sind.

Bereits dieser Schritt in Richtung Nutzer hat eine deutliche Verbesserung gebracht. Es wurde auch klar, dass die Entwickler eben auch als Nutzer der UX-Dienstleistungen zu sehen waren, was dann auch zu einer Vereinfachung der Standards führte (Abb. 2.10).

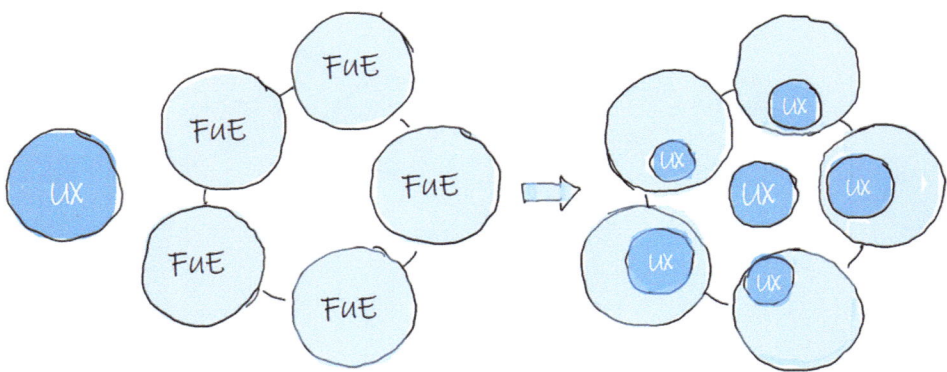

Abb. 2.10 UX in Forschung und Entwicklung integriert: kleine Änderung, große Wirkung

> „Um die Distanz zu Nutzern zu verringern, wurden die Produkteteams zu UX-Aktivitäten eingeladen."

Nun war der Abstand zu den Nutzern aber immer noch sehr groß und die Chance, zu den Benutzern zu kommen, war klein. Eine zweite Verbesserung konnte damit erreicht werden, dass interne Mitarbeiter mit Berufserfahrung in relevanten Gebieten dazu eingeladen wurden, an UX-Aktivitäten teilzunehmen. Der Berg kam also zum Propheten – und das überraschend gerne (Abb. 2.11).

> „Die UX-Profis arbeiten sich Schritt nach Schritt hinaus zu den Nutzern."

Die Änderung brachten einige Vorteile:

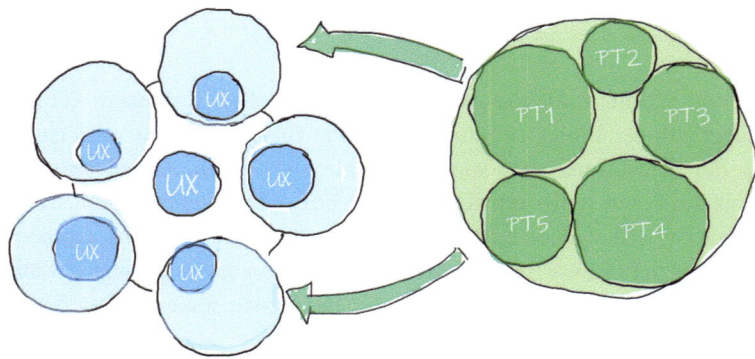

Abb. 2.11 Die Produktteams wurden aktiv dazu eingeladen, an UX-Aktivitäten teilzunehmen

2.5 PRAXISBEISPIEL: „UX-Team näher an die Nutzer bringen"

- UX-Profis konnten ihre Brückenfunktion zwischen FuE und Business besser wahrnehmen.
- Die Projekte fanden eine bessere Balance der Prioritäten durch gegenseitiges Verständnis. Dabei mussten auch UX-Profis ab und zu Abstriche machen.
- UX-Profis waren früher im Projekt und dadurch entstand eine stärkere Kunden- und Nutzerzentriertheit.
- Die Standardisierung konnte vereinfacht werden.
- Die Projektteams konnten durch die Integration der UX-Profis rascher entscheiden.
- Der Feedbackloop zurück in die Standards funktionierte besser.

Einige Punkte liefen allerdings nicht wunschgemäß:

- Die UX-Profis in den Projektteams wurden teilweise vom Projekt „aufgefressen" und als Maläffchen gesehen. Es brauchte teilweise eine „robuste" Einflussnahme der UX-Leader, um das zu ändern.
- Es hat sich gezeigt, dass auch die Produktteams nicht sehr nahe am Nutzer waren. Dadurch bestand latent die Gefahr, dass auch die UX-Profis weniger aktiv nach direktem Nutzerkontakt suchten.
- Das bessere Verständnis der Herausforderungen der Entwicklungsteams machte es schwierig, große Schritte in Bezug auf die Standardisierung zu machen. Das ist nicht zwingend ein Nachteil, aber es stand im Widerspruch zu den gegebenen Zielen.

Die UX-Profis arbeiteten sich also Schritt nach Schritt hinaus zu den Kunden und Nutzern.

3 Wenn der Berg nun nicht zum Propheten kommt

Die Wichtigkeit des Themas User Experience ist heute weitgehend unbestritten. Trotzdem fällt es UX-Verantwortlichen generell schwer, ihre Disziplin zu etablieren. Es benötigt viel Zeit und Geduld, um Akzeptanz zu schaffen, genügend Budget für UX-relevante Tätigkeiten bereitzustellen und diese auch zum passenden Zeitpunkt durchzuführen.

Eigentlich wäre dies doch ganz einfach: Die anderen müssten nur die UX-Profis zum richtigen Zeitpunkt einspannen und dann ginge alles wie von selbst. Was einfach klingt, ist in der Realität eine ziemliche Veränderung der Organisation. Die Beteiligten stehen vor grundsätzlichen Fragen, unter anderem:

- Gegeben, dass Fachvertreter bereits alles detailliert definiert haben, Nutzer unendlich weit entfernt sind und sich die Produkte auch ohne dieses UX gut verkaufen: Wo lohnt sich der Einsatz von UX-Profis?
- Gegeben die knappen Mittel, engen Terminpläne und hohen Ziele der Entwicklungsvorhaben: Wie können wir eine akzeptable UX möglichst schlank und ohne große Störungen erreichen?
- Gegeben die von der Organisation erlassenen Vorschriften bzgl. UX: Wie erfüllen wir die Vorgaben mit möglichst wenig Mehrkosten und Verzögerungen?
- Welche Aufgaben übernehmen dann die UX-Profis und bei welchen Entscheiden wirken diese mit?
- Am besten lassen wir uns von den UX-Profis kurz erklären, worauf wir achten müssen, und wir machen das selbst. Vielleicht können die UX-Profis dann zwischendurch noch kurz drüber schauen und etwas Feedback geben. Ein paar schöne Icons und Farben können wir auch noch brauchen.

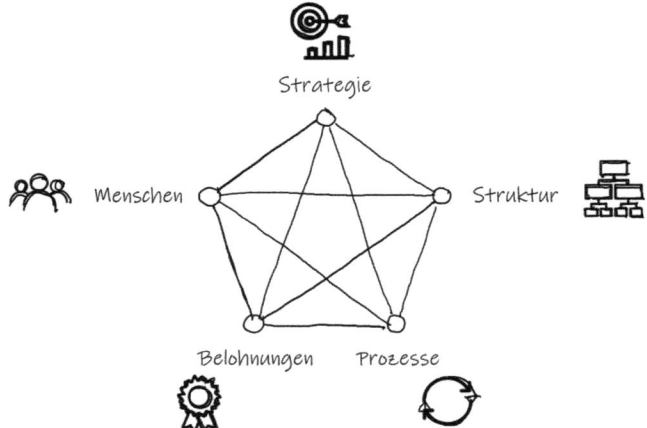

Abb. 3.1 Sternmodell von Galbraith

Um eine Disziplin wie UX in einer Organisation zu etablieren, genügt es eben nicht, Werbung für UX zu machen und UX-Profis einzustellen. Prozesse und Strukturen passen nicht, Zielvorstellungen und Werte klaffen auseinander und es fehlt fundamentales Verständnis. Alles Konflikte, die Jahre benötigen, um eine größere Organisation zu durchdringen.

Für UX-Leader heißt dies also, die aktuelle Realität in der Organisation zu verstehen und dort anzusetzen, wo eben auch ein großer Nutzen realisierbar ist. Es hilft, wenn es gelingt, die prägenden Eigenschaften einer Organisation zu entdecken. Solche Eigenschaften geben einen Rahmen, wie UX konkret ausgeführt werden kann. So lässt sich UX im Gesamtkontext der Firma betrachten. Die Verankerung von UX in einer Organisation kann so wesentlich zielgerichteter und effektiver vorangetrieben werden.

Dazu gibt es eine interessante Sichtweise auf eine Organisation, das Sternmodell von Jay Galbraith. Die Aussage ist recht einfach: Je besser es einer Organisation gelingt, Strategie, Prozesse, Struktur, Kultur und Menschen sowie Belohnungssysteme in Übereinstimmung zu bringen, desto höher die Produktivität und desto höher die erzielte Wirkung. Wir werden Ihnen weiter unten noch ein weiteres Modell vorstellen, welches eine dynamische Betrachtungsweise gewählt hat: Das OSTO-Modell betrachtet die Organisation als adaptives System und fokussiert deshalb stark auf die Rückkopplung (Abb. 3.1).

Eine Analyse entlang der 5 Zacken des Sternmodells zeigt, wie eine Organisation funktioniert und wie die verschiedenen Aspekte zusammenspielen. Aufschlussreich sind insbesondere Lücken, Diskrepanzen und Widersprüche. Diese führen in der Regel zu spannenden Konflikten. So kann eine Organisation Nutzerzentriertheit als Grundpfeiler in der Strategie propagieren. Doch benötigt das auch Mitarbeiter, die wissen, wie dies in der täglichen Arbeit umgesetzt werden muss, oder Zeit zum Erlernen. Werden die Entwicklungsteams jedoch bestraft, sollte ein Vorhaben durch den notwendigen Lernprozess verzögert werden, wird sich wenig Bereitschaft einstellen, nutzerzentriertes Handeln auch umzusetzen. Man könnte in den Prozessen knallharte Meilensteine einbauen, die Strukturen anpassen, und so Nutzerzentriertheit mit Macht einfordern. Der Effekt wird sein, dass die Teams und die eingesetzten UX-Profis frustriert ausbrennen.

3.1 Strategie

Strategie ist hier recht weit gefasst und meint die strategische Ebene einer Organisation: Sinngrund, Existenzgrund, mittel- und langfristige Ziele sowie die Strategie und Pläne, die Ziele zu erreichen. Positionieren auf dem Markt und Priorisieren der großen Vorhaben gehört genauso dazu wie die Frage, wie dies finanziert werden kann und wie Ressourcen grob eingesetzt werden.

> *Von einer UX-Beraterin über den Existenzgrund ihres IT-Dienstleistungsunternehmens: „Uns prägt unser Geschäftsmodell: Wir verdienen nur Geld, wenn wir die Stunden unserer Mitarbeiter verrechnen können. Jede nicht verrechenbare Stunde geht eins zu eins vom Unternehmenserfolg ab. Also müssen wir die Aufwände unserer UXler den Kunden weiterverrechnen. Keine Bestellung, keine UX – so einfach ist das. Also muss UX bereits bei der Akquise richtig aufgegleist werden und in der Offerte einkalkuliert sein. Unser Akquiseteam muss sich somit mit UX auskennen. Entsprechend haben wir diese in die UX-Grundlagen eingeführt, Bausteine für Angebote zusammengestellt und auch die notwendigen Geschichten aufbereitet und eingeübt."*

Für UX-Leader stellen sich viele spannende Fragen aus dieser Betrachtungsweise:

- Was prägt die wirtschaftliche Tätigkeit des Unternehmens? Welche Auswirkungen hat dies darauf, wie UX-Tätigkeiten ausgeführt werden können?
- Worauf bezieht sich die Firmenstrategie? Welche Stichworte lassen sich direkt mit UX-Aktivitäten erreichen?
- Wer hat die Strategie ausgetüftelt und wer hat deren Umsetzung als konkrete Zielsetzung? → siehe auch Belohnungssystem
- Welchen Stellenwert hat die User Experience im Kern für die wirtschaftliche Tätigkeit des Unternehmens oder den Sinngrund? Ist dieser Stellenwert erkannt und anerkannt?
- Welchen Beitrag leisten die UX-Profis zur Firmenstrategie? Welchen Beitrag müssen andere leisten, um dem Stellenwert von UX in der Firmenstrategie zu entsprechen?
- Gibt es ein Zielbild für die Weiterentwicklung der Organisation und eine Strategie inkl. realistischer Planung? Resultieren konkrete Maßnahmen und Projekte für die Weiterentwicklung und werden diese priorisiert? Gibt es Projekte, um die UX-Fähigkeit in der Organisation weiterzuentwickeln? Beziehungsweise wie und wo müssen diese platziert und aufgehängt werden?

- Wie entstehen die Zielbilder und Umsetzungspläne? Werden diese von oben nach unten befohlen oder in einer gemeinsamen Diskussion entwickelt?
- Stehen die Mitarbeiter hinter Vision und Strategie? Können, dürfen und wollen die Mitarbeiter mitwirken? Haben Mitarbeiter auch die Zeit, sich mit der strategischen Ebene und der Weiterentwicklung zu befassen, oder vereinnahmt sie der Alltagsjob? Welche Maßnahmen zur Weiterentwicklung der UX-Fähigkeit in der Firma sind unter diesen Umständen überhaupt realisierbar?
- Können Mitarbeiter erkennen und erleben, dass die getroffenen Maßnahmen Wirkung zeigen? Woran? Wie erkennen Mitarbeiter, dass die Organisation ihre Kompetenzen bzgl. der User Experience verbessert hat und sich die Anstrengung auch gelohnt hat?

Möchte eine Organisation einen angemessenen Stellenwert der User Experience erreichen, dann ist der Hebel dazu die strategische Ebene. Die UX-Kompetenz einer Organisation zu erhöhen, benötigt Entwicklungsmaßnahmen und somit Zeit, Geld und Energie der Mitarbeiter. Also müssen diese passend priorisiert in die gemeinsame Planung.

Dürfen wir Sie zum Spekulieren anregen? Sie können es sich noch kurz überlegen, währenddem Sie die folgende Aussage einer UX-Leaderin lesen, die Mühe mit der SAFe-Struktur in der Entwicklungsabteilung bekundet:

> *„Wir möchten die User Experience unserer bestehenden Produkte gezielt verbessern und haben eine ‚Landkarte' der Produkte erstellt. Diese zeigt auf, wie die Produkte zusammenpassen und wo das größte Potenzial für die Verbesserung ist. Eigentlich ein Superwerkzeug für die Entwicklung. Die Leute finden das auch megaspannend und wertvoll. Keiner nimmt sich jedoch der Landkarte an und treibt sie weiter."*

Die Idee hinter der erwähnten Landkarte ist, die UX-Kompetenz der Organisation zu erhöhen. Was könnte auf der strategischen Ebene fehlen, dass diese Landkarte, obwohl anscheinend wertvoll, nicht aufgegriffen wird?

PRAXISBEISPIEL: „Angleichung an Strategie"
Die UX-Abteilung wurde als zentrale Organisation etabliert. Der initiale Auftrag war auf die Vereinheitlichung von Produkten fokussiert: gemeinsames Look and Feel, Brand Recognition, Standardisierung der Arbeitsabläufe über verschiedene Produktgruppen hinweg.

> *„Die Leute sahen zu wenig Sinn hinter der Standardisierung. Aufwand und Nutzen erschienen in einem Missverhältnis zu stehen."*

Leider hatte die Vereinheitlichung wenig Akzeptanz und Wirkung. Es gab große Widerstände und der Sinn der Übung jenseits von „der Divisionsleiter will das so" wurde nicht gesehen. Auch wenn die Vorgaben umgesetzt wurden, war es schwierig, daraus Erfolgsstorys abzuleiten, die für die gesamte Firma relevant waren.

3.1 Strategie

„Es fehlten konkrete und verständliche Ziele in Bezug auf die User Experience."

Nachdem die Strategie und Produktlinien der Gesamtorganisation genauer betrachtet wurden, wurden einige strategische Entscheide gefällt und auch umgesetzt. Die Schwerpunkte der UX-Aktivitäten wurden auf Aspekte gelegt, die konkrete Probleme adressieren konnten und die mit der Gesamtstrategie übereinstimmen (Abb. 3.2).

Um diese Ausrichtung besser zu kommunizieren, wurden möglichst konkrete Themenbereiche identifiziert. So wurde aus „Wir verbessern die Usability" eine Strategie, die Trainingszeiten für Kunden und Servicetechniker zu senken (Abb. 3.3).

Durch diese Klärung der Prioritäten wurde die Akzeptanz in vielen Bereichen verbessert. Natürlich gab es immer noch kritische Stimmen, aber auch da waren die Diskussionen nun wesentlich produktiver.

Die Neuausrichtung hatte auch positive Auswirkungen auf die Standardisierung. Da die zugrunde liegende Absicht nun klar war, musste nicht mehr jedes Detail spezifiziert und auf Compliance geprüft werden. Das ließ Raum für einfachere, kostengünstigere Lösungen und Diskussionen zu Themen, die sich auch gelohnt haben.

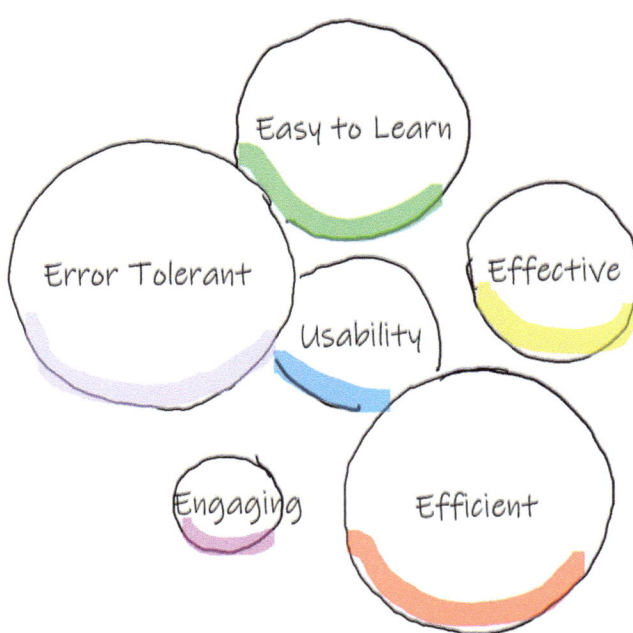

Abb. 3.2 Generelle Prioritäten der Usability nach Neuausrichtung

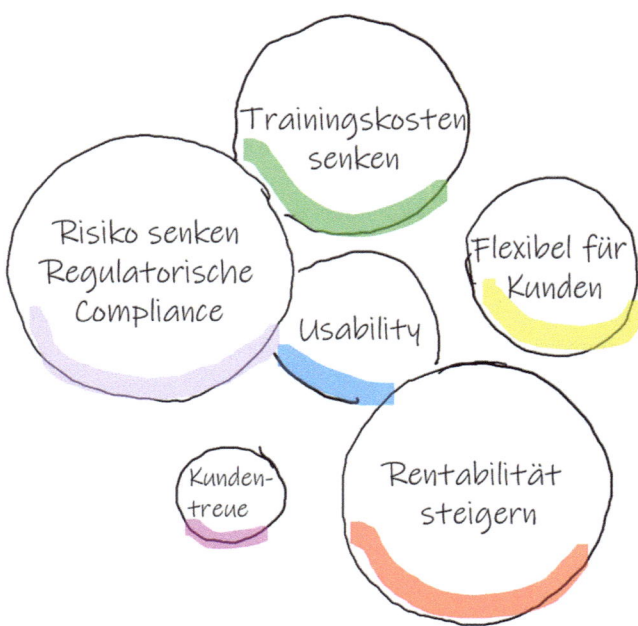

Abb. 3.3 Konkrete Prioritäten der Usability nach Neuausrichtung

3.2 Belohnung

Der Aspekt Belohnung bezieht sich auf Anreizsysteme und Vergütungsstrukturen. Doch denken Sie nicht zu eng. Natürlich gehören die typischen Modelle wie Gehalt, Boni und Aufstiegschancen dazu. Doch es geht viel weiter: Zum Beispiel möchten Menschen Anerkennung und Wertschätzung der eigenen Leistung durch andere erhalten. Belohnungscharakter haben auch subtilere Dinge: z. B. als eigenständige Persönlichkeit respektiert zu werden und nicht bloß eine menschliche Ressource zu sein. Personen fördern, passende Aufgaben finden, Vertrauen schenken, Danke sagen und vieles mehr gehört somit zum Belohnungssystem dazu.

> *Ein UX-Profi in einem Fintechunternehmen erzählt: „Ich habe gekündigt. Da stehen zwar überall große Sprüche von gemeinsamer Power und Expertise der Mitarbeiter als höchstes Gut und bla, bla, bla. Gehandelt wird aber ganz anders. Wir leisten immer mehr Überstunden und wozu? Ich pinsle bloß noch Mockups für Features, die so eh keiner will und auch nicht durchdacht sind. Aber dürfte ich mal meinen Job richtig machen und mit Nutzern sprechen und ein schlaues Konzept machen? Keine Chance, dafür fehle die Zeit und die Banker im Team wüssten sowieso besser, wie es ginge. So viel Schmerzensgeld, dass ich bleibe, können die mir gar nicht bezahlen."*

3.2 Belohnung

Anreizsysteme haben für gewöhnlich eine starke und vielfältige Wirkung auf die Menschen in der Organisation. Verhalten, Prioritäten, Werte, Identifikation mit der Organisation, persönliche Entfaltung und mehr werden beeinflusst. In der Theorie kann eine Organisation also mit dem Belohnungssystem die Strategieumsetzung fördern. Doch leider ist das alles nicht so simpel. Ungeschickt gesetzte Belohnung erzeugt Verhalten, das man eigentlich verhindern wollte. Stolpersteine gibt es jede Menge, hier sind einige:

- Kennzahlen für die Bewertung, welche von cleveren Kollegen geschickt ausgenutzt werden, um besser dazustehen,
- Vorgesetzte, die etwas anderes erzählen, als sie durch die eigenen Handlungen ausdrücken,
- Anreize, die den professionellen Werten der Mitarbeiter widersprechen bzw. nicht belohnen,
- nicht genügend Fairness, unklare bzw. unterschiedliche Bemessung von Mitarbeitern, überfordernde Anreize,
- Organisationseinheiten nach jeweils anderen, sich widersprechenden Kriterien belohnen.

Hat eine Firma Ziele, ist die Verlockung auch da, diese Ziele als Führungsinstrument zu nutzen. Die jährlichen Zielvereinbarungen sind dafür doch der geeignete Rahmen.

> *Kommentar einer Teamleiterin: „Der Einfluss von Zielen ist kurz nach der Vereinbarung ein anderer als kurz vor der Bewertung der Zielerreichung. Bei der Vereinbarung ist man voll motiviert, der Termin ist noch weit weg und man steigt voller Elan in die Aufgabe. Im Verlaufe der Zeit findet dann aber das statt, was man gemeinhin „das Leben" nennt. Dinge gehen nicht wie geplant, zusätzliche Anforderungen werden gestellt, Kollegen gehen ohne Vertretung in die verdiente Elternzeit, und, und, und. Das Einzige, was sich nicht ändert, ist die Zielvereinbarung. So ist dann kurz vor der Besprechung der Ziele von der ursprünglichen Motivation nicht mehr viel zu spüren, insbesondere da sie aus mehr oder weniger willkürlichen Terminen und sonstigen Zahlen besteht. Ziele sind nun unfaire Rahmenbedingungen, die sich zwischen mich und meinen wohlverdienten Bonus drängen wollen. Das Ergebnis dieser Transformation kennen wir: stures Beharren auf Zahlen, ausschweifende Erklärungen, wieso das Leben schwierig ist, und viele „und überhaupt". Kurz, das macht keinen Spaß und hat offenbar nichts gebracht."*

Was bei UX nicht so richtig gut funktioniert, ist die direkte Abhängigkeit von Zielerreichung und Belohnung. Im Gegensatz zu Akkordarbeitern oder Telefonverkäufern ist der Erfolg nicht leicht messbar. Noch schlimmer: Sogar scheitern kann ein Erfolg sein, aber das passt so gar nicht in ein übliches Belohnungssystem, das häufig auf Zeit, Qualität und Budget beruht. Auch Abhaklisten (hat 4 Kurse geleitet, 200 Screens gezeichnet und das Farbkonzept zeitgerecht abgeliefert) sind wenig zielführend.

Es wird auch nicht wesentlich einfacher, wenn die UX-Profis ihre Ziele selbst festlegen können. Gerade bei weniger erfahrenen oder weniger motivierten Mitarbeitern ist die Wirkung auf das Produkt dann geringer als möglich.

Metriken sind besonders gut geeignet, kontraproduktives Verhalten zu fördern. Gerade wenn die Mitarbeiter nicht wirklich verstehen, welche Faktoren zu diesen Metriken beitragen.

Bericht aus einer Großfirma: „Unser Customer Experience Team ist echt zu bedauern. Sie haben viele gute Ideen und liefern wertvolle Grundlagen. Diese werden aber von den Fachabteilungen, welche die Weiterentwicklung im Kern beauftragen, kaum aufgegriffen. Das Problem ist hausgemacht. Die Fachabteilungen haben deftige Ziele bzgl. des Umsatzes und der Marge und kein einziges Ziel bzgl. Customer Experience. Dies hat nur die CX-Abteilung. Kein Wunder, dass die beiden Abteilungen sich in den Haaren liegen und die Fachabteilungen schlussendlich einfach das bestellen, wo sie den Erfolg sehen. Alles kostet dann auch ein Mehrfaches als das, was die CX-Abteilung erarbeitet hat, und bringt kaum zusätzliche Vorteile."

Für UX-Leader ist das Belohnungssystem in mehrerer Hinsicht wichtig.

- Die **UX-Profis** im eigenen und in anderen Teams möchten Anerkennung, Aufstiegschancen, persönliche Entfaltung und Weiterentwicklung und sie möchten auch an Dingen bemessen werden, die ihrem Berufsethos entsprechen. Zwei typische Werte von UX-Profis sind tadelloses Design und etwas Gutes für Nutzer tun. Für UX-Leader heißt dies Teamleitung, Mitarbeiterführung und passende Karrierepfade für UX-Profis.
- Auch **UX-Leader** sind in Belohnungssysteme eingebunden. Es kann äußerst frustrierend sein, sich für hehre Anliegen wie nutzerzentriertes Vorgehen einzusetzen, wenn die Organisation dafür keine Anerkennung ausspricht oder sogar bestraft.
- Schließlich versuchen auch die **internen Stakeholder,** das zu tun, was die Organisation für sinnvoll erachtet und belohnt. Und sie werden entsprechend UX-Aktivitäten, welche in ihrer Wahrnehmung die Chancen auf Belohnung erhöhen, dankbar aufnehmen und die anderen torpedieren.

UX-Leader, die wissen, welche Leistungen bei ihren Mitarbeitern, bei sich selbst und bei ihren „Kunden" belohnt werden, können viel gezielter handeln. Sie können nämlich Win-win-win–win Situationen erzeugen: Bessere Produkte für die Kunden, Belohnung für interne Stakeholder, UX-Profis und sich selbst.

Bericht von einem UX-Leader bei eine Laborgerätehersteller: „… wir haben bemerkt, dass der verfügbare Platz in den Labors zu neige ging und dieser den Kunden eben besonders wichtig war. Auch den Entwicklungsteams war dies bewusst und als wir zeigen konnten, dass unsere UXler dazu wirklich signifikanten Mehrwert liefern können, wurde es plötzlich viel einfacher, in die Projektteams zu gelangen und unseren Beitrag zu leisten."

Folgende Fragen helfen bei der Orientierung in einer Organisation:

3.2 Belohnung

- Wer wird wofür belohnt? Dies erkennt man sehr gut anhand des Verhaltens unter Druck.
- Wie konsistent sind die Ziele und Belohnungen über organisatorische und soziale Hierarchien hinweg? Sind diese überhaupt bekannt?
- Wie wirkt das Belohnungssystem auf die Akteure in der Entwicklung?
- Wie können UX-Leader Einfluss nehmen, dass mehr Personen für Erfolge in Bezug auf User Experience belohnt werden?
- Wie können UX-Leader die UX-Entwicklungsmaßnahmen passend zum aktuellen Belohnungssystem gestalten?

Das Leben in einer Organisation wird bedeutend einfacher, wenn man Verbündete hat. Es stellt sich die Frage: Wer sollte eher Interesse daran haben, dass die für einen Kunden angepasste Software eine gute User Experience erzeugt. Diese Person müsste eher UX-Maßnahmen unterstützen: Accountmanager, welche die Kunden über lange Zeit betreuen, oder Projektleiter, welche die Projekte führen?

Rein aus Sicht des typischen Anreizsystems wären eher die Accountmanager bereit dazu. Denn gute User Experience von Produkten erzeugt typischerweise Freude an der Software und Lust auf mehr, also höhere Kundenzufriedenheit und mehr Umsatz mit dem Kunden. Für Projektleiter bedeuten UX-Maßnahmen – falls diese nicht bereits tägliches Brot sind – eher Störungen und Kosten, also Mühsal. Natürlich werden Sie in der Realität auch komplett andere Bilder sehen, beispielsweise wenn Accountmanager diese Wirkungsweise von UX-Aktivitäten nicht kennen, Projektleiter jedoch schon.

Für die Weiterentwicklung der UX-Kompetenz einer Organisation ist das Belohnungssystem also in vielerlei Hinsicht von hoher Bedeutung. Und das benötigt eine weitreichende und spannende Diskussion. Weitreichend, da viele in der Organisation auch wesentlich zur Qualität der Nutzungserlebnisse beitragen und somit für entsprechende Erfolge belohnt werden sollten. Spannend, weil es auch Aufwände und persönliche Energie benötigt, sich mit neuen Themen zu beschäftigen und vorwärtszukommen, und dies somit auf Kosten anderer Themen erfolgt, die ebenfalls wichtig sind.

Bericht eines UX-Teamleiters: „Bei unseren UXlern haben sich die Ausfälle wegen Stress und sogar einzelnen Burn-outs in der letzten Zeit drastisch gehäuft. Wir haben die UXler in die Entwicklungsteams verteilt und zwischen die Businessanalysten und die Entwickler gesetzt. Somit waren unsere Experten dann vor allem für das Erstellen von Mockups im Figma zuständig. Ein paar typische Faktoren haben dann einen sehr gefährlichen Cocktail ergeben: So war für den Projekterfolg die User Experience eigentlich eher weniger wichtig. Viel wichtiger war die Menge der abgelieferten Features. Und entsprechend war das ganze Team auf Erfüllung der Anforderungen getrimmt. Damit die Entwickler aber die Features erst angepackt haben, warteten sie auf den UI-Prototypen der UX Experten. Diese waren ihrerseits jedoch abhängig von den Ergebnissen der Businessanalysten. Zudem hatten die UXler den Anspruch an sich und das Team, für die Nutzer gute Software zu liefern und nicht bloß Funktionen anzumalen. Damit waren sie jedoch die Einzigen. Es entstand eine Überlastung der UXler gepaart mit Frustration darüber, dass sie ihre Arbeit nicht richtig machen konnten. Die Position zwischen BA und

Entwickler bremste das Team. Und da UXler auch vehement auf Nutzer und solche ‚unnütze Dinge' bestanden, isolierten sie sich immer mehr vom Team und wurden zu Sündenböcken. Das Ergebnis: Stress und Burn-out."

3.3 Struktur

Damit Hunderte oder Tausende von Personen gemeinsam etwas erreichen können, bilden Organisationen Einheiten und fügen diese in einer Struktur zusammen. Damit bricht eine Organisation die Gesamtaufgabe – irgendwas Sinnvolles auf dem Markt zu erreichen – in Teile auf. Die Einheiten erhalten einen mehr oder weniger eng umrissenen Auftrag und die Verantwortung, den Auftrag auszuführen.

Für gewöhnlich werden zu den Organisationseinheiten auch Führungspersonen benannt. Diese Führungspersonen übernehmen stellvertretend für die gesamte Einheit die Verantwortung, die gestellte Aufgabe auch zu lösen. Damit dies möglich ist, benötigen die Führungspersonen auch Entscheidungsbefugnisse und Gestaltungsfreiräume. Insbesondere bestimmen die Führungspersonen mit, welche Mitarbeiter für die Erledigung der Aufgabe eingesetzt werden und welche nicht. In den üblichen, hierarchischen Organisationen gehört dazu Einstellen, Befördern und Entlassen von Mitarbeitern. So statten Organisationen die Führungspersonen durchaus mit großer Macht aus.

Die Organisationseinheiten können nicht unabhängig voneinander tätig werden. Es benötigt Koordination. So treffen sich Repräsentanten aus den Einheiten, sprechen sich ab und vereinbaren das weitere Vorgehen. Oft wiederkehrende Lösungen standardisiert die Organisation mit dokumentierten Prozessen. Diese regeln nun die Nahtstellen zwischen den Einheiten und dokumentieren somit, wie die Organisation im Ganzen vorgeht. Auf diese Weise gelingt es Organisationen, auch sehr komplexe Aufgaben zu beherrschen und in kurzer Zeit zu erledigen.

Die gewählte Struktur wirkt auf vielfältige Weise. Die Struktur

- verteilt die Gesamtaufgabe einer Organisation auf die Einheiten: Die einzelnen Teilaufgaben werden einfacher.
- delegiert Verantwortung, Handlungsspielräume und Macht: Einheiten können recht unabhängig agieren.
- erzeugt ein System von Macht der Vorgesetzten über deren Untergebenen. Letztere sind vom Wohlwollen der Ersteren abhängig und passen ihr Verhalten entsprechend an.
- erzeugt Konflikte zwischen den Einheiten, denn es ist nie alles genau geregelt.
- entfremdet von der Gesamtaufgabe: Einheiten optimieren für ihre Teilaufgabe
- verengt den Wirkungsbereich: Aufgaben, die übergreifendes Handeln erfordern, kommen eher zu kurz und sind schwierig umzusetzen.

3.3 Struktur

- schafft soziale Räume für Mitarbeiter, erzeugt Nähe und Distanz: Es entstehen „Wir", „unsere Kollegen" und „die anderen", Grenzen und lokale Wertesysteme sowie Konflikte auf der Beziehungsebene.
- verführt Einheiten, die eigene Aufgabe über die Gesamtaufgabe zu stellen: Es entstehen Interessenskonflikte bei der Zuteilung der begrenzten Mittel.

Nun lässt sich die Gesamtaufgabe eines Unternehmens auf verschiedenste Art und Weise aufbrechen: Nach Märkten und Kundensegmenten (z. B. Privat- vs. Geschäftskunden), nach Produktkategorien (z. B. Biegemaschinen vs. Schneidmaschinen vs. Transporteinheiten), nach Business Capability (z. B. Vertrieb, Verkauf, Entwicklung, Rechnungswesen), nach Expertise (z. B. Entwicklung in C#, UX) und Weiteres. Für gewöhnlich wenden Firmen einen Mix an und fassen einige Business Capabilities in zentralisierten Diensten zusammen (z. B. HR, IT, Finanzen), andere richten sie an den Märkten aus und wieder andere den Produktkategorien (Abb. 3.4).

Führt eine Firma ein UX-Team ein, dann sammelt dieses Team für gewöhnlich die UX-Profis zusammen. Somit wird die Expertise rund um UX in einem Team zusammengezogen. Dieses Team übernimmt nun gerne – manchmal auch leichtfertigerweise – die Hoheit über UX in der Firma. Das kann explizit so gefordert, implizit erwartet oder von den UX-Profis so verstanden sein. Nur: Lässt die Struktur diese Hoheit überhaupt zu? Was ist Ihre Meinung?

Die Struktur beschränkt den Handlungsspielraum für UX-Profis. UX-Profis, welche einer IT-Einheit angeschlossen sind, werden zum Zug kommen, wenn auch die IT-Abteilung involviert wird. Das geschieht in vielen Firmen also erst, wenn die auftraggebende Fachabteilung bereits jede Menge Vorarbeit geleistet hat.

UX-Profis, welche einer marktorientierten Einheit angehören, sollte es viel leichter fallen, bereits in der Ideenfindung einbezogen zu werden. Allerdings fällt es diesen UX-Profis für gewöhnlich schwer, die Erkenntnisse mit den anderen marktorientierten

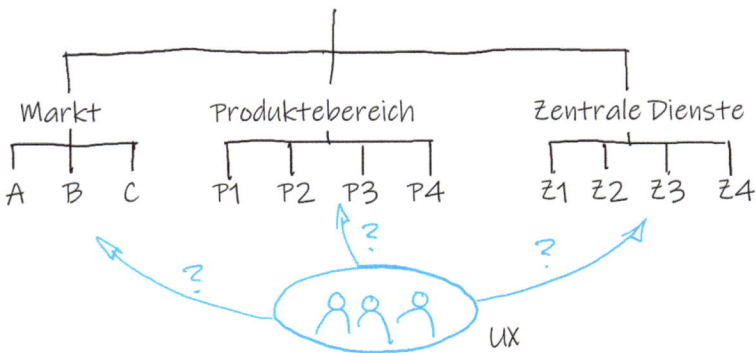

Abb. 3.4 Wo in der Struktur wäre der beste Platz für ein UX-Team?

Einheiten abzugleichen und gemeinsame Themen auch gemeinsam anzugehen. Ebenso werden diese UX-Profis nur wenig Zeit für die Entwicklung verwenden können, es stehen schließlich neue spannende Ideen an. Somit gehen auch viele wichtige Erkenntnisse auf dem Weg zur Entwicklung verloren.

Wo die UX-Profis angehängt werden, ist also durchaus essenziell. Ein wesentliches Kriterium dazu ist insbesondere die angepeilte Wirkung der UX-Profis. Soll die Nutzungsschnittstelle eines bestimmten Produktes optimiert werden, dann sind UX-Profis wohl im agilen Entwicklungsteam integriert am wirkungsvollsten. Sollen Produkte langfristig eine großartige Erfahrung für Nutzer bringen und ein aufeinander abgestimmtes Design haben, dann ist wohl Produktmanagement ein guter Aufhängepunkt. Geht es darum, all die verschiedenen Customer und User Journeys, zu welchen ein Unternehmen beiträgt, im Gesamten zu betrachten und zu optimieren und somit Verkaufsflächen, Onlineshop, Produktportfolio, Werbung etc. aufeinander abgestimmt zu gestalten, müssten diese Profis eigentlich in der Geschäftsleitung Einsitz nehmen – und tatsächlich gibt es Firmen, bei welchen die Topdesigner zum Geschäftsleitungsteam gehören.

Die Struktur beeinflusst auch die berufliche Karriere und Weiterentwicklung. Fasst eine Organisation UX-Profis in dedizierten Einheiten zusammen, können diese passende Standards entwickeln und sich gegenseitig fordern und fördern. UX-Profis werden zu immer besseren Spezialisten. UX-Profis in Entwicklungsteams sind in vielen auch fachfremden Tätigkeiten involviert, z. B. Businessanalyse, Projektleitung, Testen und entwickeln sich eher zu Generalisten.

Die Struktur schafft nicht nur Nähe zwischen Entwicklern, UX-Profis, Fachspezialisten und Managern, auch die Wege zu Nutzern werden kürzer oder länger. Es lohnt sich deshalb, das Organigramm zu verstehen und mal darauf zu blicken, welche Stellen zwischen Nutzern und der Entwicklung sind. Dies ist je nach Art eines Unternehmens völlig anders. Produkthersteller im B2B-Geschäft haben oft ein Strukturmuster in der folgenden Art (siehe Abb. 3.5): Entwicklung, Produktmanagement sowie internationaler Vertrieb sind beim Hauptsitz zusammengefasst. Lokale Vertriebspartner übernehmen den Verkauf vor Ort und schirmen Kunden und deren Nutzer von der Entwicklung ab. Um mit Nutzern in Kontakt zu kommen, müsste also eine Person aus der Entwicklung via Produktmanager und internationalen Vertrieb zu den lokalen Vertriebspartnern gelangen, um von diesen dann zu Kunden weitergeleitet werden, die nun erlauben, mit den eigentlichen Nutzern zu sprechen.

Ganz anders kann das Strukturmuster bei einem großen Dienstleistungsunternehmen aussehen, welches den lokalen Markt bedient. Ein typisches Schema hier ist eher das Folgende: Die Entwicklung ist in einer Organisationseinheit zusammengefasst. Die Geschäftsleitung hält diese und die Fachabteilungen zusammen. Nutzer der internen Applikationen sind in den Fachabteilungen untergebracht, teils direkt am Hauptsitz, oft aber auch regional verteilt in Filialen. Die Wege sind verhältnismäßig kurz und oft entwickelt sich auch ein informelles Netzwerk quer durch die Hierarchie. So können Nutzer oft unkompliziert und auch spontan hinzugezogen werden (Abb. 3.6).

3.3 Struktur

Abb. 3.5 Entwicklung und Produktmanagement mit Einbezug von UX

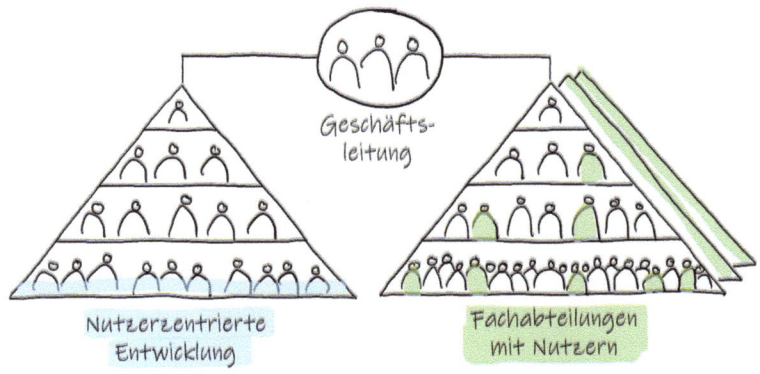

Abb. 3.6 Entwicklung getrennt von Fachabteilungen

Selbstverständlich wirkt die Struktur nicht in allen Firmen gleich stark, doch Wirkung ist da und geschieht in vielfältiger Weise.

Für UX-Leader ist die Struktur nicht unwesentlich. Es ergeben sich Fragestellungen mit Spannung:

- Welche formellen und informellen Strukturen gibt es? Wo sind die UX-Profis organisatorisch eingebettet? Welche hierarchischen Hebel ergeben sich dadurch?
- Was ist der Auftrag der umgebenden Organisationseinheiten und wie stark grenzt dieser Auftrag das Wirkungsgebiet der UX-Profis ein?
- Wie finanziert eine Organisation die UX-Profis? Welchen Einfluss hat dies auf deren Einsatz?
- Was ist der Auftrag an das UX-Team? Welche Entscheidungen können durchgesetzt werden und mit welchen Mitteln? Inwiefern prägt dies den Fokus und die Ziele der UX-Profis?

- Mit welchen anderen Organisationseinheiten arbeiten die UX-Profis zusammen und bei welchem Teil der Gestaltung von Journeys und Produkten dürfen oder sollen die UX-Profis mitwirken oder sogar die Führung übernehmen? Passt dies mit der Struktur zusammen?
- Wo nehmen die Anzahl Mitarbeiter ab oder zu? Wie sind generell die Machtverhältnisse? Wer oder was entscheidet über die Schaffung oder Abschaffung neuer Stellen?
- Welche Konflikte entstehen durch die Struktur?
- Wie nahe sind Nutzer am Entwicklungsteam? Wie können die organisatorischen Barrieren zwischen Entwicklungsteam und Nutzer möglichst kleingehalten werden? Benötigen Entwickler Minuten oder Monate, um mit Nutzern Kontakt aufzunehmen?

Ein UX-Profi in einer Beratungsfirma: „Meine Arbeit bezahlt direkt der Kunde. Meine Aufträge erhalte ich, wenn Kunden bei uns Mandate bestellen und die UX-Dienstleistung mitverkauft wurde. Akquisition, Verträge und auch Mandatsleitung machen unsere Kundenberater. Wer von denen keine Ahnung von UX hat, verkauft eher keine UX oder setzt uns komplett falsch ein. Wer gute Erfahrungen mit einer Person gemacht hat, versucht, die gleiche Person immer wieder zu holen, egal ob sie passt oder nicht."

Zum Vergleich dazu die Aussagen eines UX-Profis in einer Entwicklungsabteilung: „Wir haben bei uns Budget für zehn Vollzeitstellen. Zuständig für die Budgets ist die Geschäftsleitung, zu welcher die Entwicklungsleiterin gehört. Die Entwicklungsleiterin muss ihr Budget begründen können und aufzeigen, wie viele Personen sie für Neu- und Weiterentwicklung benötigt, was von unten nach oben gemeldet wird. Dem gegenüber stehen die verfügbaren finanziellen Mittel und irgendwo findet sich dann offenbar immer ein Kompromiss. Ist mehr Geld verfügbar, unterstützen uns externe UX-Profis, ist weniger vorhanden, werden diese wieder abgebaut."

Somit gibt es sicherlich ein paar gute Ideen für UX-Leader. Zum Beispiel lohnt es sich, ein auf UX-Belange zugeschnittenes „Weltbild" der Organisation zu erarbeiten und insbesondere folgende Fragestellungen abzubilden:

- Wie sind die organisatorischen Wege zu Nutzern?
- Wer entscheidet über welche UX-relevanten Belange?
- Wie weit sind diese Entscheide vom UX-Team entfernt?
- In welchen Themen investieren die Stakeholder zurzeit ihre Energie und ihre Leidenschaft? Wo gibt es entsprechende Anschlusspunkte für UX-Aktivitäten und UX-Profis?
- Wo ist Kenntnis bzgl. UX vorhanden? Wie weit weg sind die Wissensträger?

Dazu braucht es ständigen Kontakt mit den Stakeholdern. Dies können „offizielle" Sitzungen sein, gerade wenn es darum geht, Aussagen korrekt aufzunehmen und zu vereinbaren. Doch in vielen Situationen ist das Informelle in der Kaffeepause, in der Raucherecke oder beim Schwatz im Korridor viel ergiebiger.

3.4 Menschen

Die Menschen in einer Organisation spielen eine zentrale Rolle, auch in Zeiten von KI. Im Rahmen des Sternmodells sind hier die Fähigkeiten, Talente und individuellen Werte der Menschen in der Organisation gemeint. Personalentwicklung, Rekrutierung und Mitarbeiterbindung sind die Schlüsselthemen. Die Mitarbeiter sollten nicht nur die benötigten Fähigkeiten haben, sondern auch zur Unternehmenskultur und Unternehmensstrategie passen.

Dieses Thema ist dermaßen umfangreich, dass wir es in diesem Buch nicht vertieft betrachten. Damit Sie aber dennoch ein Gefühl dafür entwickeln können, um was es hier geht, haben wir Themen gesammelt und in einem bunten Strauß von Fragen zusammengestellt. Wir haben es uns verkniffen, vermeintlich richtige Antworten festzuhalten, da „richtig" und „falsch" je nach Kontext sehr unterschiedlich sein können. Wenn Sie für ein mexikanisches Drogenkartell arbeiten, ist das ein ganz anderer Kontext als in einer Medizintechnikfirma. Das hoffen wir zumindest.

Hier also ein bunter Strauß Fragen zum Aspekt Mensch.

- Wie sehr wird in Ihrer Firma auf gemeinsame Werte geachtet? Was passiert, wenn diese Werte nicht ernst genommen werden?
- Wie unterscheidet Ihre Firma zwischen Talent, Erfahrung und Wissen?
- Wer wird bei den Einstellungen von neuen Leuten einbezogen?
- Was bedeutet Personalentwicklung in Ihrem Kontext?
- Welche Maßnahmen trifft Ihre Firma zur Personalbindung? Wie wird mit der Auflösung einer Arbeitsbeziehung umgegangen, wie sieht die Mitarbeiter-Journey von Anfang bis Ende aus?
- Gibt es für Fachleute einen Karrierepfad, der nicht zwangsläufig in eine Managementposition mündet?
- Wo ist Know-how angesiedelt? Welche Personen tragen zur UX bei? Haben diese die notwendigen Fähigkeiten und Wissen?
- Wie ist die Teamstruktur in Bezug auf Erfahrung? Sind „Seniors" erfahrene Fachleute oder sind sie einfach etwas länger in der Firma oder haben sie bei der Einstellung besser verhandelt als andere? Wie sollte diese Erfahrungsstruktur in Bezug auf den Auftrag von UX aussehen?

3.5 Prozesse

Der Begriff Prozess wird sehr vieldeutig verwendet. In Zusammenhang mit dem Sternmodell sind in erster Linie die Geschäftsprozesse gemeint. Diese regeln, wie die beteiligten Akteure zusammenarbeiten, um die Anliegen der Kunden zu bewältigen. Organisationen standardisieren und automatisieren Geschäftsprozesse für Anliegen, die sehr häufig sehr ähnlich sind, und können die Anliegen entsprechend effizient und mit gleich bleibender Qualität behandeln. Dazu erstellen Organisationen Prozessmodelle und können damit die Dynamik in der Organisation gezielt optimieren.

> *Eine Prozessanalystin berichtet: „Bei unserem Kunden war die Situation recht vertrackt. Um ein Qualitätssiegel zu erhalten, mussten sie die vorhandenen Prozesse strukturiert festhalten. Damit das rasch vonstattengehen konnte, hat jede Gruppe ihre Prozesse festgehalten. Natürlich wurde diese Gelegenheit von einigen genutzt, um die Prozesse in ihrem Bereich zu optimieren. Du kannst dir das Ergebnis sicherlich vorstellen. Jede Gruppe hat nach anderen Kriterien optimiert und logo auch die Zusammenarbeit mit den anderen angepasst. Herausgekommen ist ein Flickenteppich erster Güte mit Konflikten am laufenden Band."*

Wohlgemerkt: Die dokumentierten und festgeschriebenen Prozesse bilden die tatsächlich ausgeführten Prozesse nur ungefähr ab. Mitarbeiter werden definierte Pfade verlassen, um einer spezifischen Situation gerecht zu werden, und viele Aktivitäten des täglichen Arbeitens sind gar nicht erst geregelt, sondern bestenfalls grob umrissen und den Mitarbeitern überlassen. Das ist auch wichtig, denn eine Standardisierung von Prozessen erzeugt eine Beschränkung des Handlungsspielraums der Mitarbeiter und somit auch deren Entfaltung.

> *Ein Agile Coach meint: „Natürlich muss die agile Steuerung einer Entwicklung funktionieren. Teams müssen eben die vereinbarten Prozesse auch gewissenhaft ausführen und abgemachte Regeln beachten. Doch die meisten Probleme in und um agile Entwicklung entstehen einfach dadurch, dass die Leute nicht richtig miteinander reden und sich nicht zuhören. Also: Die passenden Leute an einen Tisch holen, die richtigen Dinge diskutieren und gute Hilfsmittel für die Diskussion bereitstellen, das ist das Zaubermittel für produktive agile Teams. Hier helfe ich dem Team, solche Punkte der Zusammenarbeit zu identifizieren, produktiv zu gestalten und im und rund um das agile Team zu vereinbaren. Workflows, in welchen Zwischen- und Teilergebnisse von einer Stelle zur nächsten weitergereicht werden, sind für Routinearbeit geeignet, aber nicht für Softwareentwicklung."*

An diesem Bericht lässt sich erkennen: Was die Prozesse regeln, wirkt auf Produktivität, Qualität der Ergebnisse, Stimmung und Kultur, Konflikte, Entfaltung von Mitarbeitern und vieles mehr. Es lohnt sich für die Gestaltung von Prozessen und Aufgaben, solche Dinge auch zu berücksichtigen.

Ein wesentlicher Treiber von Prozessstandardisierung ist das Wachstum einer Organisation. Dinge, die in einem Team von drei Leuten noch völlig entspannt in der Kaffee-Ecke geregelt werden können, erfordern in einer Organisation von dreihundert Leuten etwas andere Abläufe. Dabei ist es interessant zu sehen, dass es oft „Wachstumsschübe" gibt, auch S-Kurven genannt. Nach einem solchen Schub ist es ratsam, die Prozesse neu zu bewerten. Ein kritischer Übergang ist dabei eine Anzahl von Mitarbeitern von ca. 12 bis 15. Wenn bei dieser Größe immer noch mit den Prozessen einer Dreipersonengruppe gearbeitet wird, sinkt die Produktivität dramatisch. Viele Kleinfirmen kämpfen mit diesem Übergang und kollabieren dann wieder, wenn die Prozesse zu dünn oder zu fett werden (Abb. 3.7).

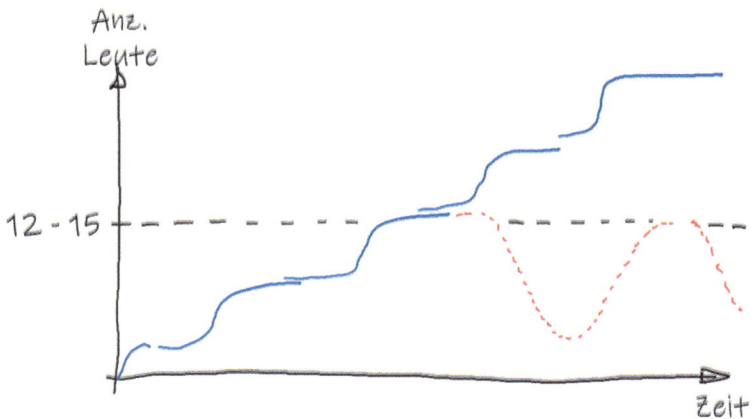

Abb. 3.7 Wachstumsschübe einer Organisation

Auch wenn die Prozessmodellierungsmethoden wie BPMN (Business Process Modelling Notation) dies suggerieren: Es ist nicht in jeder Situation zielführend, Prozesse als klar definierten Ablauf von Schritten zu definieren und deren Einhaltung zu fordern oder zu erwarten. Fließbandarbeit lässt sich so definieren. Bei diesen ist aber auch die Idee – so zumindest in der tayloristischen Auffassung –, viele gleiche Produkte mit möglichst konstanter Qualität und mit den günstigsten Arbeitskräften herzustellen.

Für die meisten Arbeitstätigkeiten trifft diese Optimierung jedoch gar nicht zu. Die Entwicklung von Produkten und Software z. B. hat wenig mit Fließbandarbeit zu tun. Hier gilt es, komplexe Sachverhalte zu verstehen und Optionen aus verschiedenen Blickwinkeln zu betrachten und abzuwägen. Kreativität und Expertise sind gefragt. Die Mitarbeiter, die dies tun, benötigen entsprechende Handlungsfreiheiten.

Aus Sicht von UX-Leadern ist die Prozesssicht nicht zu vernachlässigen: Die mit den Prozessen vereinbarten Regeln der Zusammenarbeit können die Mitarbeiter in täglichen Arbeiten auch einfordern. Somit stellen Prozesse wichtige Weichen und wir empfehlen UX-Leadern, diese Weichen auch zu stellen.

Allerdings mit einer Portion Vorsicht: Festgesetzte Prozesse erzeugen nicht immer die gewünschte Wirkung und haben durchaus auch sehr unerwünschte Nebenwirkungen.

Ein Usability Engineer berichtet: „Bei der Entwicklung von Medizingeräten gibt es spezielle Prozessvorgaben bzgl. Usability. Man könnte nun erwarten, dass dadurch nutzerzentriertes Vorgehen gefördert würde. Bei uns ist das auf jeden Fall nicht so gewesen. Anstatt dem medizinischen Personal den sicheren Umgang mit dem Medizingerät iterativ zu erleichtern, erstellte ich Dokumente und führte Studien durch. Einzelne Dinge, die ein wirklich signifikantes Risiko darstellen, wurden dann zwar schon verbessert. Das Potenzial von UX konnten wir jedoch nicht ausschöpfen.

Es scheint sich aber nun zu ändern. Wir konnten nämlich bei der Entwicklung des letzten Produktes glaubhaft zeigen – wir hatten eine gute Beziehung zum Projektleiter und er gab uns mehr freie Hand –, dass richtig eingesetztes, nutzerzentriertes Vorgehen mit deutlich weniger Geld ein auf dem Markt erfolgreicheres Produkt ergeben kann. Ein anderes Projektteam hat nun auch schon bereits angefragt, ob wir sie entsprechend unterstützen könnten."

Ein Bericht einer UX-Beraterin: „Die Kundin hat UX umfangreich in den Entwicklungsprozess eingebaut. Entwicklungsprojekte, welche die Vorgaben nicht berücksichtigen, werden durchaus auch zurückgepfiffen. Leider fehlt in der Entwicklung der UX-Kenntnisse, wie das wirklich gemacht werden müsste. Der Druck auf die Projektteams wurde nochmals höher. Als UXler in dieser Situation muss ich jetzt dafür sorgen, dass mein Projektteam die Vorgaben auch einhält, und selber auch das UI gestalten, habe es aber mit Leuten zu tun, die vom UX-Vorgehen nichts verstehen, und so klappt die Zusammenarbeit mehr schlecht als recht. Das habe ich jetzt ein halbes Jahr gemacht und dann meinem Chef mitgeteilt, ich muss raus. Der Stress ist einfach zu hoch. Generell hält es in diesem Umfeld keiner lange aus. Die Prozessvorgaben würden ja durchaus helfen, gute Produkte zu entwickeln. Allerdings müssten die Leute auch Zeit erhalten zu lernen, wie sie das geschickt anpacken müssen."

Prozesse im weiteren Sinne sind für die Arbeit sehr wichtig. Sie können aber auch überborden oder schlichtweg fehlen.

– Die folgende Frage als Anregung für Sie: Welches der vier UX-relevanten Dinge sollte am ehesten in den Prozessen geregelt sein?

- Wer was am Designsystem ändert und wie diese Änderung in der Firma verbreitet wird.
- Vorlagen für Personas und User Journeys.
- Leitfaden für die Durchführung von Tests mit Nutzern.
- Wann eine Person als UX-Profi gilt und welche Zuständigkeiten und Verantwortlichkeiten solche Personen haben.

Die Frage ist übrigens so absolut gar nicht zu beantworten. Es hängt eben davon ab, wie eine Organisation aufgestellt ist und wie wichtig etwas für die Organisation tatsächlich ist. Zum Beispiel kann es aus regulatorischer Sicht wichtig sein, dass gewisse Tätigkeiten nur von gut und belegbar ausgebildeten Experten durchgeführt werden. Dann lohnt es sich auch, genau dies zu benennen. Auch kann es sein, dass eine kleine Anzahl von Spezialisten die Produkte verwendet. Personas bieten in dieser Situation nur wenig Wert und es lohnt sich wohl nicht, diese zu verlangen. Oder es kann auch sein, dass die Mitarbeiter in der Organisation zwar oft mit Nutzern interagieren und Produkte testen, aber nur rudimentäre Kenntnisse der Methodik haben. Vielleicht ist hier eine Checkliste sinnvoll, damit auch der Schutz persönlicher Daten und ethische Grundsätze eingehalten werden?

Für UX-Leader bietet es sich geradezu an, bei der Prozessgestaltung mitzuwirken. Es lohnt sich unserer Meinung nach:

3.5 Prozesse

- die aktuellen Entwicklungsprozesse zu untersuchen (die gelebten und die dokumentierten) und für UX besonders relevante Tätigkeiten zu verorten. Wo gibt es Lücken, Doppelspurigkeit, Widersprüche?
- mit den Kollegen zu diskutieren, wie UX-Tätigkeiten am besten in Arbeitsabläufe integriert werden können. Natürlich sollten dazu die Fähigkeiten und der Wissensstand der Beteiligten berücksichtigt sein.
- den aktuellen Entwicklungsprozess Stück für Stück zu verbessern. Jede Verbesserung erzeugt dabei für die anderen einen greifbaren Nutzen.
- mit den Kollegen abzumachen, welche Tätigkeiten von UX-Profis ausgeführt werden, welchen von anderen, mit oder ohne Unterstützung durch UX-Profis.
- die Ergebnisse der Diskussion auch festzuschreiben und sich hier auf das Wesentlichste zu beschränken, damit eben auch Handlungsspielraum bleibt.
- nur festzuhalten, was auch wirklich jetzt realistisch durchführbar ist. Wunschvorstellungen und idealisierte Prozesse gehören bestenfalls in eine Vision.
- Zeit einzuplanen, damit die von einer Veränderung besonders stark betroffenen Personen diese auch erarbeiten und umsetzen können.

Agile Entwicklungsteams und agile Organisationen bieten recht spannende Gefäße für kontinuierliche Prozessentwicklung an. Unter den Namen Insect and Adapt und Retrospektive gibt es definierte Formate, wo Teams und agile Organisationen darüber nachdenken können, wie sie besser und effektiver zusammenarbeiten können. Die nützlichsten Verbesserungen landen für gewöhnlich im Backlog, werden somit eingeplant und auch rasch umgesetzt. Für gewöhnlich sind es die am stärksten von der Veränderung betroffenen Personen, welche die Umsetzung tatsächlich vorantreiben und durchführen.

Auch in Organisationen, die nicht auf einem solchen Standard basieren, gibt es Gefäße für Organisationsentwicklung, z. B. unter dem Begriff kontinuierlicher Verbesserungsprozess. Egal welchen Namen Organisationen den Gefäßen geben: UX-Leader sollten hier mitwirken.

PRAXISBEISPIEL: „Prozessanpassung durch Regularien"
2008 wurden die Anforderungen an den Usability-Engineering-Prozess, der bei der Entwicklung eines Medizinprodukts durchzuführen ist, in der EU in Form der IEC 62366 festgeschrieben. Die Umsetzung der Normen stieß auf passiven Widerstand in den Projekten, frei nach dem Motto „Bis jetzt ging es ja auch ohne". Der Mangel an Begeisterung war durchaus nachzuvollziehen, da die Regulierungsdichte in der Medizintechnik bereits sehr hoch und die Menge an Dokumentation, die ein Projektleiter zu liefern hatte, erdrückend war.

„Eine neue Norm? Danke, wir haben schon genug davon!"

Auch wenn die Begeisterung bescheiden war, war das UX-Team verpflichtet und auch motiviert, die Vorgaben umzusetzen. Es hat sich relativ rasch gezeigt, dass auch die Behörden wenig Fachkenntnis in der Anwendung der Norm hatten und aus der Richtung keine sinnvolle Unterstützung zu erwarten war. Aus diesem Grund wurde darauf geachtet, dass der vorgeschriebene Teil des Prozesses sehr schlank blieb und die verlangten Dokumente einen effektiven Nutzen für die Arbeit brachten. Man mag ja vermuten, dass das immer so sein sollte, aber wer sich schon mal durch die Masse an Projektdokumentation eines Analysegerätes gekämpft hat, weiß es besser.

„Eine Checkliste und eine Prüfung durch projektexterne UX-Profis erhöhte die Qualität spürbar. Einfach und wirkungsvoll!"

Um die Verbindlichkeit des Prozesses weiter zu erhöhen, wurden Checklisten erstellt, die auf Erfahrungen aus vorherigen Projekten basierten. Die Verantwortung wurde von UX-Profis aus jeweils anderen Bereichen übernommen. Dadurch konnten nach bester „Good Cop – Bad Cop"-Manier die Schwachpunkte durch externe Reviewer (Bad Cop) adressiert werden. Diese waren zwar oft schon bekannt, wurden aber als wenig relevant beiseitegeschoben. Die UX-Person im Team (Good Cop) steckte dafür die „Prügel" ein, die erhöhte Sichtbarkeit der Schwachstellen zwang nun die Projektleiter, diese anzugehen oder zumindest eine tragfähige Begründung zu liefern, wieso einige auf eine nächste Version verschoben wurden.

Durch die formelle Dokumentation wurden die festgestellten Mängel gleich behandelt wie Softwarebugs oder Messfehler.

Die Integration von Usability Engineering in die Prozesslandschaft hatte einen sehr positiven Effekt auf die Qualität und Compliance der Produkte. Dadurch, dass UX nicht mehr einfach freihändig nebenher betrieben werden konnte, musste es in der Projektplanung auch entsprechend vorgesehen werden.

„Prozesse um UX-Themen erweitern ist gut. Die Umsetzung benötigt dann auch Zeit und Budget in den Teams."

Diese Entwicklung brachte aber auch neue Herausforderungen mit sich.

- Es brauchte einige Zeit, bis die Projektleiter auch nur ansatzweise genügend UX-Mittel für die Projekte eingeplant hatten. Die langen Projektlaufzeiten (5–7 Jahre) und der Mangel an konkreten Erfahrungswerten führten zu einer flachen Lernkurve auf dem Gebiet.
- Um inhaltliche Probleme zu erkennen, mussten die Reviewer sehr tief im Thema drin sein. Das war ein erheblicher Aufwand und erforderte eine gute Zusammenarbeit mit dem Projektteam. Das lief mit externen Agenturen nicht immer optimal.

- Das Thema „Branding" verlor an Gewicht, da die damit verbundenen Werte nicht gerade weit oben in der Prioritätenliste beim Bugfixing standen. Eine falsche Logofarbe hat nun mal keinen Einfluss auf die Fehlerhäufigkeit in der Bedienung. Dem konnte aber durch eine massive Vereinfachung der Branding Guidelines gut entgegengewirkt werden.

Eine Orientierungshilfe zur Kultur 4

4.1 Zum Begriff Firmenkultur

Der Begriff Kultur ist wie viele Begriffe mit vielen Bedeutungen und Schattierungen verbunden. Die Wikipedia definiert Kultur folgendermaßen:

> *„Kultur bezeichnet im weitesten Sinne alle Erscheinungsformen menschlichen Daseins, die auf bestimmten Wertvorstellungen und erlernten Verhaltensweisen beruhen und die sich wiederum in der dauerhaften Erzeugung und Erhaltung von Werten ausdrücken – als Gegenbegriff zu der nicht vom Menschen geschaffenen und nicht veränderten Natur."*

Das heißt jetzt nicht, dass man auch in einer Kultur nicht ab und zu im Wald steht, aber das schweift vom Thema ab. Bei Collins findet sich eine ähnliche Definition:

> *„Culture consists of activities such as the arts and philosophy, which are considered to be important for the development of civilization and of people's minds."*

Im Kontext einer Organisation oder Firma wird der Kulturbegriff etwas konkreter gefasst: Merriam-Webster definiert eine Firmenkultur als

> *„The set of shared attitudes, values, goals, and practices that characterizes an institution or organization."*

Bei Collins findet sich dies so wieder:

> *„The culture of a particular organization or group consists of the habits of the people in it and the way they generally behave."*

Auch die Wikipedia greift auf:

> „… demnach bildet jede Organisation eine Kultur heraus, die das kollektive organisatorische Verhalten und Verhalten von Individuen in Organisationen bestimmt. Sie ergibt sich aus dem Zusammenspiel von Werten, Normen, Denkhaltungen und Paradigmen, welche die Mitarbeiter kollektiv teilen. Durch die Kultur wird das Zusammenleben in der Organisation sowie das Auftreten nach außen hin geprägt."

Kultur ist also ein sehr vielschichtiges Gebilde. So gibt es in unserer abendländischen Kultur viele Strömungen, die in der Gesellschaft durchaus auch widersprüchlich wirken und eine breite Wertebasis schaffen: Christentum, Aufklärung, Humanismus, Kapitalismus, Imperialismus, Nationalismus, Sozialismus, Fortschrittsglaube, Überflussgesellschaft, um nur wenige zu nennen, prägen das Denken und Handeln vieler Menschen. Das vermischt sich mit regionaler Prägung, da eben einzelne Länder und Regionen über die Jahrhunderte, getrieben durch politische, wirtschaftliche und soziale Strukturen, traumatische Ereignisse und mehr, eigene Werte entwickelt haben. So unterscheidet sich die angelsächsische Kultur von der deutschen; die bayerische von der österreichischen und der schweizerischen Kultur und mehr. Die historische Entwicklung hinterlässt nun einmal Spuren im sozialen Bewusstsein. Nun bewegen sich Menschen aus verschiedenen Gründen in unterschiedlichsten Kreisen mit eigenen Wertvorstellungen – unserer pluralistischen Gesellschaft sei Dank. Zudem sind wir als moderne Menschen den unablässigen Informationskampagnen und manipulativen Tricks politischer Systeme, Marketingabteilungen, Krimineller, verstörter Denker und mehr ausgeliefert. Geprägt von diesen vielen Einflüssen, den persönlichen Erlebnissen, Erziehung und Talenten entwickelt nun auch jeder Mensch eine persönliche Kombination dieser Überzeugungen und bildet diese auch immer weiter fort. Und da wir durchaus zum Doppeldenk – gemäß Georg Orwells Neusprech – fähig sind, ist unsere Kultur in gewissen Grenzen auch immer dem konkreten Umfeld angepasst.

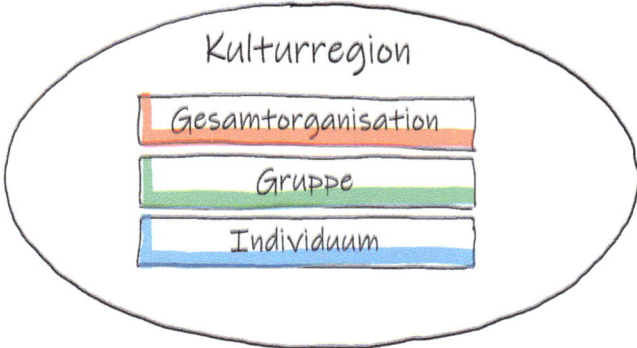

Abb. 4.1 Kulturgefüge

Auch Organisationen sind diesen Prozessen unterworfen und so ergibt sich auch hier ein Kulturgefüge: von der Organisation als Ganzes bis zu einzelnen Personen (Abb. 4.1).

Die Personen reagieren – behalten Sie Doppeldenk im Kopf – auf den Kontext und die konkrete Situation. Eine neue Rolle, ein Wechsel in ein anderes Team oder eine komplett andere Situation haben durchaus einen Einfluss darauf, was Personen für richtig und falsch halten. Auch die interne Kommunikation wirkt auf die einzelnen Personen, wenn auch nicht immer wie beabsichtigt. Letzteres beispielsweise dann, wenn Kommunikation und Handlungen eben widersprüchlich sind.

Eine Gruppe kann ein Team, eine Abteilung, eine Gilde und mehr sein. Auch Gruppen entwickeln eine eigene Kultur und Normen. Typischerweise ausgehend von den in einer Firma erarbeiteten Normen und den Überzeugungen der Teammitglieder. Dabei prägt nicht jede Person die Kultur gleich stark. Es gibt Personen, die durch ihre Rolle, ihr Ansehen oder auch ihre Persönlichkeit stärker wirken als andere. Wer also Leadership für ein Thema übernimmt, beispielsweise UX, wird für gewöhnlich die Kultur auch stärker beeinflussen als andere. Übrigens lohnt es sich in einer Gruppe, das Thema Normen und Werte explizit anzusprechen und miteinander Grundwerte und gewünschte Verhaltensweisen zu vereinbaren und später auch einzufordern.

In der Gesamtorganisation kristallisiert sich mit etwas Glück das „Wieso" einer Firma heraus. Auch hier prägen Personen mit hoher Sichtbarkeit, viel Macht und guter Vernetzung die Firmenkultur stärker als andere, da sie mehr Personen erreichen können. Die Schwierigkeit ist dann aber auch, konsequent zu bleiben und das, was als richtig und falsch gepredigt wird, auch durch die eigenen Handlungen zu verstärken.

Nicht jeder in einer Firma hat die gleiche Auffassung von richtig oder falsch. Ein Kulturgefüge in einer Organisation oder einer Gruppe ist deshalb typischerweise auch voller Konflikte. Unterschiedliche Überzeugungen prallen aufeinander. Da Überzeugungen tief in uns verankert sind, sind solche Konflikte typischerweise auch schwer aufzulösen und wirken entsprechend lange in einer Firma. Können Sie solche Konflikte in Ihrem Umfeld entdecken? In den meisten Firmen fällt dies nicht besonders schwer!

Wichtig zu wissen für UX-Profis: Die Überzeugung, dass Nutzer wichtige Stakeholder seien und in den Entwicklungsprozess eingebunden werden sollten, teilen andere Profis nicht unbedingt. Entsprechend gibt es hier einen typischen kulturellen Konflikt.

4.2 Firmenkultur wirkt auf Qualität

Eine Kultur erfüllt einen Zweck. In einer Kultur schlägt sich teilweise jahrtausendealtes Erfahrungswissen nieder und bildet somit ein Fundament, das eine komplexe Gesellschaft überhaupt lebensfähig macht. Kultur ist das Ergebnis eines langen Lernprozesses. Das gilt analog auch für Firmen und so sind die kulturellen Unterschiede zwischen Firmen tatsächlich groß. Denn jede Organisation befasst sich mit anderen Dingen, ist anderen

Zwängen ausgeliefert und hat eine andere Entwicklungs- und Erfolgsgeschichte hinter sich.

So ist die Firmenkultur einer Betreiberfirma eines Atomkraftwerks komplett anders als die eines Geräteherstellers oder eines Börsenhändlers. In einer Organisation, die in erster Linie Geld im schnelllebigen Börsenhandel verdient, sind rasche Auffassungsgabe, schnelle Entscheide und der Wunsch, einen noch lukrativeren Börsenhandel getätigt zu haben, wichtige Erfolgsfaktoren. Eine AKW-Betreiberin ist konfrontiert mit Tschernobyl, einem dynamischen und potenziell katastrophalen Prozess im Kernreaktor und ist erfolgreich, weil die Organisation genau diesen Prozess unaufgeregt, zuverlässig und nachvollziehbar kontrolliert. Ein Schweizer Gerätehersteller sucht nach Auswegen aus dem Kostendruck und ist beispielsweise erfolgreich, weil es gelingt, mit innovativen Produkten eine Nische zu besetzen und genau das zu bieten, was die Kunden erfolgreich macht. Sie möchten auf keinen Fall die Kultur eines Börsenhändlers im Atomreaktor und ebenso wenig wird kein Gerätehersteller mit der Kultur eines Atomkraftwerksbetreibers auf dem Markt bestehen.

In einer Betreiberfirma eines AKW ist zu erwarten, dass die Mitarbeiter ein starkes Bewusstsein über die große Gefahr entwickeln und sich dadurch gemeinsames Verhalten, Bewusstsein und Werte etablieren werden, die auf eine hohe Sicherheit abzielen. Ohne eine solche auf Sicherheit ausgerichtete Kultur ist der Betrieb eines AKWs äußerst bedenklich.

Das Kulturgefüge innerhalb einer Firma erzielt somit also starke Wirkung auf die Qualität der Produkte und Dienstleistungen der Firma. Aus der Erfahrung von vielen Produktentwicklungen würden wir sogar noch weitergehen und behaupten, hohe Qualität ist nur mit einer dazu passenden Kultur erreichbar. Die Kultur spannt sozusagen den Rahmen für die konsistent erreichbare Qualität auf.

Das ist nun für die User Experience sehr wesentlich, denn die User Experience ist aus Sicht der Firma ebenfalls ein Qualitätsaspekt. Wenn Sie Gäste eingeladen haben und sich bei den Vorbereitungen verschätzt hätten, könnten Sie die Tischdeko vereinfachen oder auch die dritte Vorspeise weglassen. Nicht aber, dass sich die Gäste bei Ihnen mehr oder weniger wohl fühlen. Die User Experience ist, und das ist typisch für Qualitätsmerkmale, nicht optional, kann also nicht weggelassen werden, sie ist einfach da. Die Gretchenfrage ist bloß: mit welcher Ausprägung?

Nun ist selbstverständlich User Experience nur eines von mehreren Qualitätsmerkmalen: So sind beispielsweise Sicherheit, Lebensdauer oder Rentabilität auch wichtig. Die Schwierigkeit ist nun, dass diese Qualitätsaspekte nicht unbedingt Hand in Hand gehen. Es kann somit sein, dass ein Entscheid zwar die User Experience verstärkt, aber die Rentabilität oder die Sicherheit dadurch reduziert wird. Eine Organisation muss also die verschiedenen Qualitäten gegeneinander abwägen.

Zu vielen namhaften Katastrophen trugen jeweils auch die Kulturen der beteiligten Organisationen entscheidend bei. Wer Katastrophen vermeiden möchte, fördert deshalb unter anderem offene Kommunikation und ein Umfeld, in welchem Mitarbeiter sich frei

Abb. 4.2 Unterschiedliche Qualitätsmerkmale konkurrieren. Wird eines stärker, kann durchaus ein anderes geschwächt werden

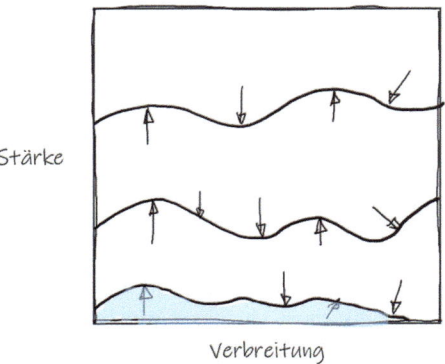

fühlen, kritische Vorfälle offen zu thematisieren, und sich nicht vor Repressalien fürchten. Warum würde diese Kultur generell bessere Resultate erzeugen und welche Hebel des Sternmodells (Strategie, Menschen, Belohnung, Struktur und Prozesse) müssten Sie dazu wie betätigen?

Ein schönes Beispiel dafür ist die Usabilitynorm (Gebrauchstauglichkeit) für Medizingeräte. Die Norm legt den Fokus auf die Sicherheit der Patienten. Patienten sollen durch Medizinprodukte nicht noch zusätzlich gesundheitlich belastet werden. Firmen, die sich nur an dieser Norm orientieren, verbessern die Nutzbarkeit da, wo eine relevante Gefährdung für Patienten entsteht. Das ist schon sehr gut so. Aber es ist halt noch weit weg von einer erfreuenden User Experience (Abb. 4.2).

Genau in diesem Konfliktfeld bewegen sich UX-Leader. Durchgängig hervorragende User Experience benötigt eben eine entsprechend starke Firmenkultur mit großer Verbreitung in der ganzen Organisation. Und diese von UX-Qualität geprägte Kultur konkurriert mit anderen wichtigen Qualitätsaspekten, die eben andere kulturelle Ausprägungen erzeugen. UX in einer Firma einzuführen, ist also im Kern, eine Kulturveränderung herbeiführen. Überall dort, wo die existierenden kulturellen Werte gar nicht zu denen für eine außergewöhnliche User Experience passen wollen, entstehen dann auch tiefgreifende Konflikte.

4.3 Firmenkultur erfassen

Auch wenn eine Firmenkultur sehr vielseitig ist, entwickelt eine Firma auch Merkmale, die besonders ausgeprägt und durchdringend sind. Trotzdem wird ein Papier auf Unternehmensebene die Firmenkultur selten so richtig überzeugend abbilden. Zu oft haben solche Papiere auch einen kommunikativen Zweck. Beispielsweise sollen sie Mitarbeitern gewünschte Werte vermitteln oder Talente vom Arbeitgeber überzeugen. Ob die Personen dann in einer Übereinstimmung mit dieser Kultur handeln, steht dann auf einem anderen

Blatt geschrieben. So ist es heute gang und gäbe, dass Firmen „grüne" Werte in ihrer Firmenkultur postulieren, und dies durchaus mit Überzeugung. Doch entspricht dies auch der Firmenkultur? Wenn beispielsweise zwei Lieferanten zur Auswahl stehen: Wählt nun die Firma den Lieferanten mit dem „grüneren" Leistungsausweis oder den mit dem günstigeren Preis? Und werden die Mitarbeiter im Einkauf auch dafür belohnt, dass sie so entscheiden, oder verlieren sie dabei? Übernimmt die Firma überhaupt Anstrengungen zu definieren, was „grüner" konkret bedeutet?

Die vorherrschende Kultur vergleichbar zu beschreiben, ist somit schwierig, auch wenn alle in der Firma ein Gefühl dafür haben. Wir bieten Ihnen hier auch keine ausgeklügelte Methodik dazu an. Doch möchten wir hier wieder auf dem Sternmodell aufbauen. Das beschreibt zwar nicht die Kultur an sich, sondern es bietet einen Überblick über wesentliche Faktoren, die die Kultur in einer Firma prägen. Daraus ergibt sich zwar keine lineare Gleichung, aber es hilft dabei, Entscheide, Verhalten und unausgesprochene Regeln zu verstehen. Natürlich wird auch dieses Modell nicht vor Confirmation Bias, Ausnahmen und dem unwiderstehlichen Drang der UX-Leute, alles wenn möglich anders zu nennen, verschont. Doch die Kultur hinterlässt in all diesen Aspekten deutliche Spuren, die Sie nur aufzugreifen brauchen. Sie geben teilweise recht deutliche Hinweise auf Werte, Normen, Denkhaltungen und Paradigmen in einer Firma.

Schauen Sie beispielsweise auf das Anreizsystem. Dieses zeigt, welche Dinge einer Firma wichtig sind und somit gefördert werden. Was steckt in den Zielvereinbarungen? Wofür werden Mitarbeiter von den Chefs gelobt und umgekehrt, wofür loben Mitarbeiter ihre Chefs? Wofür gibt es finanzielle Anreize und wie werden diese auf die Personen und Gruppen in der Organisation verteilt? Welche Ereignisse feiert eine Firma und welche nicht? Sie sehen, hier finden Sie eine Fülle von Fingerzeigen über die Werte in einer Firma.

Das Belohnungssystem ist nicht zuletzt auch das Resultat der wirtschaftlichen Tätigkeit, also des Geschäftsmodells einer Firma oder – in den Worten des Sternmodells – der Strategie. Denn die Dinge, die eine Firma auf dem Markt erfolgreich machen – zumindest im Moment – werden auch eher belohnt. Hier lohnt sich auch ein Blick in die Geschichte der Organisation, schließlich passt sich das Geschäftsmodell immer wieder den sich ändernden Marktgegebenheiten an. Erfolgs- und Krisenjahre stechen dabei wohl besonders hervor. Denn was eine Firma in einem Jahr besonders erfolgreich machte, versucht eine Organisation zu wiederholen, genauso wie Dinge, die eine Firma erfolgreich durch eine Krise brachten.

Sie können auch tief in die Aufgabenprozesse blicken und beobachten, wie Entscheidungen gefällt und welche Aspekte dabei berücksichtigt werden. Wird also beispielsweise beim Entscheid, welche Priorität eine Funktionalität eines Softwareprodukt für die Entwicklung hat, auch der Wert für die Nutzer berücksichtigt? Wer denkt darüber nach? Auf welcher Basis?

Auch soziale Prozesse sind lehrreich. So auch, was vom Management zur Belegschaft und wieder zurück kommuniziert wird, wie dies bei den Mitarbeitern aufgenommen wird und wie und ob dieses Ergebnis wieder zurück zu den Managern fließt.

Nun darf auch die Struktur einer Organisation bei dieser Aufzählung nicht fehlen: Diese bietet reichlich Spuren zur Unternehmenskultur. So entwickelt jede Gruppe eine stückweise eigene Kultur und hat auch eine gemeinsame Geschichte. Ebenso spannend ist es zu schauen, wie sich die Personen aus einer Firmenfusion oder -akquise in der Organisation wiederfinden und ob und wie sich die unterschiedlichen Kulturen verschmolzen haben oder eben nicht.

Es ist nun tendenziell so, dass Strategie und Belohnung die Kultur eher beeinflussen, während die Struktur und die Prozesse die Kultur eher abbilden. Die Menschen sind, wie immer, ein Sonderfall, da sie einerseits die Kultur überhaupt erst ermöglichen, zumindest bis zur Machtübernahme der KI im Jahr 2029 (oder 3029, so einig sind wir uns hier nicht). Andererseits hat die Kultur auch einen sehr starken Einfluss darauf, welche Menschen überhaupt in eine Organisation kommen.

Ein Beispiel. Lautet die Strategie „Viel verkaufen" und sieht das Belohnungssystem einen Grundlohn am Existenzminimum mit lukrativer, individueller Verkaufsprovision vor, dann ist es wohl nicht gewagt zu behaupten, dass Kollaboration und offener Informationsaustausch eher weniger beliebt sein werden. Strukturen und Prozesse, die auf Kollaboration fußen, also beispielsweise agile Arbeitsweisen, dürften Konflikte erzeugen und auch schlechter funktionieren als anderswo. Natürlich wird das alles auch die Art Menschen anziehen, die so etwas mögen.

Somit ergibt sich ein Rahmen, um Spuren der Firmenkultur zu erfassen. Zu den Betrachtungswinkeln aus dem Sternmodell gesellt sich auch der Betrachtungshorizont: einzelne Personen, die verschiedenen Teams, Gilden, Abteilungen, die Firma als Ganzes und schließlich der pluralistische kulturelle Kontext, in welchem sich die Firma bewegt (Abb. 4.3).

Wie auch immer Sie die kulturellen Aspekte einer Firma unter die Lupe nehmen, Sie werden eine Fülle von Rahmenbedingungen und unbearbeiteten Konflikten entdecken. Für UX-Leader ist das eine sprudelnde Quelle der Erkenntnis. Auch darüber, wo in einer Organisation nutzerzentriertes Handeln angekommen ist und wo nicht, was dies erschwert und welche Handlungsoptionen in einer Firma eher mehr Erfolg versprechen als andere.

4.4 Zusammenspiel von Werten und Verhalten

Werte nehmen Einfluss auf das gezeigte Verhalten von Menschen. Und so sind die Verhaltensweisen der Mitarbeiter das beobachtbare Element der Firmenkultur. Darin lassen sich schönfärberische und selbstbetrügerische Aussagen zur Kultur erkennen, die auf den in mühevoller Gruppenarbeit erstellten Visionsplakaten oft zu finden sind.

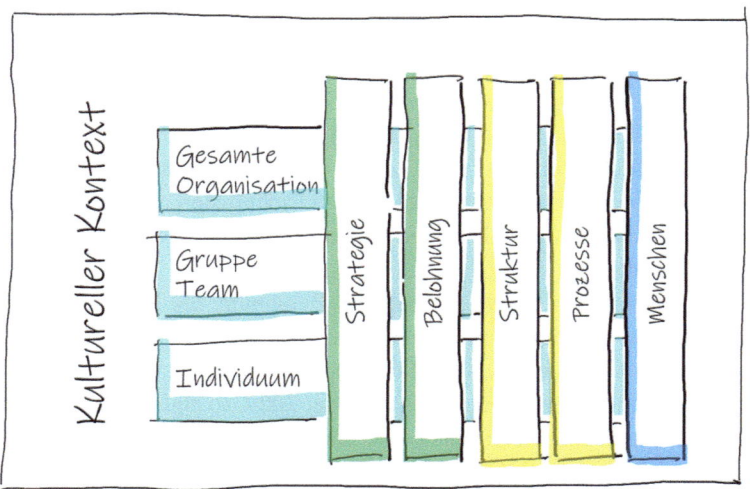

Abb. 4.3 Die Elemente des Sternmodells wirken auf allen Ebenen des Kulturgefüges

Verhalten, sei dies eine verbale Äußerung, physische Aktionen, eine Gestik oder auch etwas ganz anderes, wird auch zur Kommunikation mit anderen, die eben dieses Verhalten beobachten, interpretieren und vielleicht davon betroffen sind. Dazu gehört auch, dass sich diese anderen ein Bild der Beweggründe und Werte der Person machen und mit den eigenen Werten abgleichen. Das wirkt nun auf die Beziehungen zwischen den anderen und der Person. Und nicht zuletzt reagieren die anderen auch und passen ihr Verhalten und durchaus auch ihre Überzeugungen an, was wiederum auf weitere Personen ausstrahlt.

Alles in allem prägen solche Dinge, was die Personen von der Kultur wahrnehmen und was ihnen deshalb wichtig ist (Abb. 4.4).

Leader sind diesen Effekten anders ausgesetzt als Berufseinsteiger. Die Stimmen der Leader haben in einer Organisation für gewöhnlich mehr Gewicht und haben eher Vorbildfunktion. Bei Einsteigern geht man eher davon aus, dass diese die vorherrschende Kultur noch erlernen müssen und man diese sozusagen noch zu erziehen habe. Dazu lohnen sich wohl ein oder zwei Beispiele. Hier ein erstes:

(1) Ein Verkaufsleiter lobte den unermüdlichen Einsatz des Teams beim Erstellen der Offerte und dass diese auch alle Extrameilen gegangen seien, und so hätte man auch den Zuschlag bekommen.

Was bewirkt dieses Verhalten des Verkaufsleiters auf die Werte in der Firma? Beachten Sie, dass ein Lob eben Handlungsweisen und damit auch die gelebten Werte stärkt. Wer lobt, sollte also besser das hervorheben, was besonders wichtig ist. Der Verkaufsleiter hat mit seinem Lob somit seinen Wert kundgetan, dass harte Arbeit der Weg zum Erfolg

4.4 Zusammenspiel von Werten und Verhalten

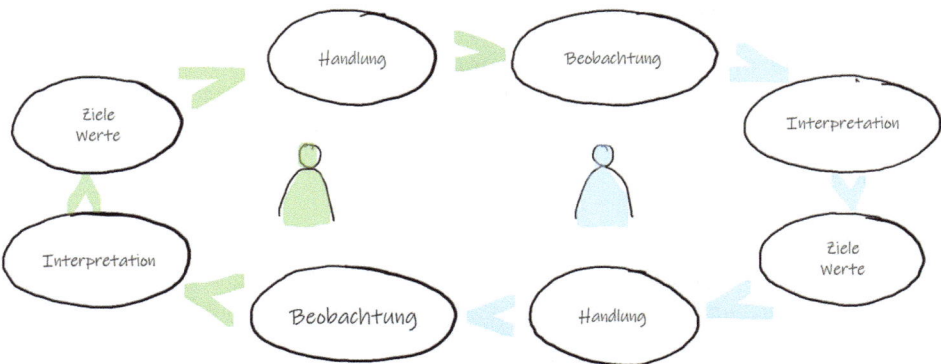

Abb. 4.4 Zusammenspiel von Werten und Verhalten

sei und dass man dies fürderhin tunlichst kopieren sollte. Das nehmen die Mitarbeiter nun auf und reagieren. Der Verkaufsleiter hätte auch etwas anderes loben können: „Super wie ihr dies gemacht habt: Wir sind die ollen Ladenhüter endlich losgeworden und haben den Kunden so richtig abgezockt. Darauf stoßen wir an!" Oder wie wäre es damit: „Wir haben mit unseren UI-Mockups voll überzeugt. Der Kunde war begeistert von unserem Lösungskonzept. Das müssen wir wiederholen!" Bitte spekulieren Sie selbst, welche Verhaltensweisen von den verschiedenen Aussagen gefördert werden.

Ein zweites Beispiel:

(2) In der Diskussion, wieso das Team die versprochenen Funktionen nicht liefern konnte, kritisieren die Softwareentwickler: „Wir können nicht richtig arbeiten, wenn die UI-Skizzen fehlen."

Die Softwareentwickler haben mit dieser Kritik einiges über sich offengelegt. Beispielsweise ist die Aussage eine Schuldzuweisung an die Person, die die UI-Skizzen macht. Zudem weisen sie die Verantwortlichkeit für UI-Skizzen von sich, das sei nicht ihre Aufgabe. Die Frage ist nun, wie die Leader auf dieses Verhalten reagieren. Lassen sie die Kritik so stehen, unterstützen sie sie vielleicht sogar durch ihre Reaktion oder steuern sie gegen? Es geht hier um einiges: Ist es okay, auf andere zu zeigen? Ist es wichtig, dass jeder im Team Verantwortung übernimmt, oder ist doch eine solide Hackordnung gefragt? Kurz und gut, es geht darum, Werte zu verteidigen.

Wenn die verschiedenen Handlungen nicht recht zusammenpassen, dann wird es besonders interessant, wie der folgende Bericht zeigt:

Bericht eines altgedienten Mitarbeiters eines Busunternehmens: „Unsere Chefetage spricht schon lange von der Mitbestimmung der Mitarbeiter und dass jeder selbst Verantwortung übernehmen und unternehmerisch handeln solle. Und so durften wir Feedback zur neuen

Organisationsstruktur geben. Das wurde aber einfach ignoriert und die da oben haben den Käse weitergezogen, den sie sich selbst ausgedacht haben. Oder dann sollten wir uns wegen dem Fahrradunterstellplatz Gedanken machen, wo doch immer so ein Chaos herrscht, und einen Vorschlag unterbreiten. Das ging denen da oben aber wohl zu lange und so haben die dann irgendwann eine ihrer Weisungen durchgegeben. Mach deinen Job und halt's Maul, wenn du nicht gefragt wirst. So sehe ich das und so sage ich das auch denen, die bei uns neu anfangen."

Ihnen sind wahrscheinlich in diesem Beispiel die Diskrepanz und die dadurch entstandenen Konflikte zwischen den kommunizierten Werten „Mitbestimmung" und „Verantwortung übernehmen" und den Handlungen der Geschäftsleitung aufgefallen. Eigentlich war der Geschäftsleitung Mitbestimmung tatsächlich wichtig. Sie war überzeugt, dass die Mitarbeiter wichtige Beiträge leisten können und dies auch die Firma stärken würde. Doch diese Überzeugung wich eher der Resignation.

Dabei hätte der Schluss auch ganz anders ausfallen können. Denn tatsächlich ist es nicht ein wirklich einfacher Prozess, dass sich fünfzig Personen auf eine gemeinsame Lösung bzgl. Chaos beim Fahrradunterstand einigen können. Diese müsste zudem auch die implizit gestellten Anforderungen der Geschäftsleitung berücksichtigen. Es grenzt an ein Wunder, dass sich die Belegschaft nicht untereinander zerstritten hat. Man dürfte erwarten, dass der Ärger über irgendwo quer im Durchgang hingeworfene Fahrräder sowieso schon groß war und diese Gelegenheit eher dazu benutzt werden würde, sich mal Luft zu verschaffen. Vielleicht ist der Schritt direkt von „Der Chef bestimmt, ohne euch zu fragen" zu „Ihr bestimmt, ohne den Chef fragen zu müssen" etwas sehr groß. Die da oben haben wohl die da unten etwas überfordert und alle waren frustriert.

4.5 Kultur, die UX fördert

Etablierung von UX – zumindest, wenn ein hoher Standard benötigt wird – bedingt für gewöhnlich auch einen kulturellen Wandel. Und so lohnt es sich, Hebel anzusetzen, die auch kulturellen Wandel fördern. Also Strategie und Belohnung. Dazu müssten aber auch die Menschen begleitet werden. Denn etwas zu fordern, was die Personen nicht leisten können, ist wenig hilfreich. Mit dieser Voraussetzung und etwas Zeit sollten sich dann Prozesse und Strukturen den neuen Erkenntnissen anpassen.

Übrigens trifft dies auch auf die immer noch sehr aktuelle agile Transformation in vielen Firmen zu. Die Transformationsprojekte beschränken sich gewöhnlich darauf, Struktur und Prozesse anzupassen und Mitarbeiter auf diese zu schulen. Eigentlich müsste jedoch eine agile Kultur etabliert werden. Doch weiß niemand so recht, was die agile Kultur ist, auch wenn das agile Manifest als kultureller Anker Hinweise darauf gäbe. Somit ist es auch schwer, ein entsprechendes Belohnungssystem zu etablieren und eine passende Strategie festzulegen. Und so werden Manager mit dem Wertversprechen Time-to-Market gelockt. Nur: Ergibt der sture Blick auf Time-to-Market agile Teams?

4.5 Kultur die UX fördert

Wie auch immer: Es bleibt die Frage: Welche Eigenschaften einer Kultur fördern gute UX? Wir haben dazu nun Werte aufgegriffen, die es aus unserer Sicht einer Firma erleichtern würden, die User Experience geschickt zu beeinflussen. Interessanterweise verhalten sich auch UX-Profis selbst nicht immer diesen Werten entsprechend.

Nutzerzentriertheit: Nutzerzentriertheit basiert auf der Prämisse, dass ein gutes Geschäft auf einem für Nutzer (und Kunden) wertstiftenden Produkt oder Service basiert. Kurz und knapp in Englisch ausgedrückt: „Business follows value."

- **Nutzerfokus** – oder wie ein geflügeltes Wort von Google es auf den Punkt brachte: „Focus on users, and everything else follows." Wobei „everything else" insbesondere das wertstiftende Produkt und somit das gute Geschäft und daraus folgend der finanzielle Erfolg ist. Dazu gehört natürlich auch, dass Nutzer, deren Leben, Arbeit und Träume höher gewichtet werden als die eigene Meinung – oder die einer Tante, einer fünfjährigen Tochter, eines nicht weiter spezifizierten Fabrikarbeiters oder die mittels einer Protopersona verschleierten Stereotyps.
- **Empathie** – ausgedrückt mit dem geflügelten Wort „I'm not like the user". Es ist die Fehlannahme von Entwicklern, UX-Designern, Führungskräften, und vielen mehr, die denken, dass ihre Erfahrung oder Meinung die User Experience der tatsächlichen Nutzer repräsentieren würde. Das Credo sollte vielmehr sein, sich in Nutzer hineinzuversetzen.
- **Kontext** – schon wieder auf der Google Webseite gefunden: „Focus on users, their work, live and dreams." Das hat nun wieder damit zu tun, dass wir Produkte nicht im Elfenbeinturm einsetzen, sondern eben in einem komplexen Kontext aus sozialen, physischen und psychologischen Realitäten und diese mitbestimmen, ob die Produkte auch passen.
- **Verantwortungsvolle UX** – Tolle Services und Produkte für Nutzer schaffen und nicht Nutzer überlisten. Auch wenn Überlisten voll salonfähig zu sein scheint, wenn man sich Onlineshops und aktuelle Computerspiele anschaut. Auch UX-Profis tun dies gerne, sei es mit der Überzeugung, etwas Gutes zu tun oder weil es jemand anderes fordert.

Unternehmerisches Denken: Die besten Ideen bringen nichts, wenn Einnahmen und Ausgaben nicht ausbalanciert sind oder nicht genügend liquide Mittel verfügbar sind. Ebenso sind Unternehmen einer ganzen Reihe von Stakeholdern verpflichtet, wie beispielsweise Investoren, Partnern, Kunden und Nutzern, Mitarbeitern und deren Angehörigen, der Gesellschaft und auch künftigen Generationen.

- **Ganzheitlicher Blick:** Die Produkte müssen aus vielen Perspektiven betrachtet gut sein, das bedeutet, dass auch die Mitarbeiter, inklusive der UX-Profis, eben über ihr Fachgebiet hinaussehen und im Sinne des Unternehmens denken und handeln.

- **Pragmatik:** Kaum eine Organisation hat genügend Mittel, um Perfektion zu erreichen, das gilt auch für die User Experience. UX-Profis suchen deshalb nach Ansätzen, die mit den verfügbaren Mitteln auch realisierbar sind.

Auf Augenhöhe: Damit ein ganzheitlicher Blick überhaupt möglich ist, müssen sich auch die verschiedenen Experten zusammenraufen. Gegenseitiger Respekt und Anerkennung, man begegnet sich also auf Augenhöhe, ist eine die Basis für fruchtbare Zusammenarbeit.

- **Interdisziplinarität:** Ohne Zusammenarbeit der Profis in einer Firma sind gute Lösungen eigentlich undenkbar. Nicht jeder für sich allein, sondern gemeinsam. Aus der Kombination unterschiedlicher Perspektiven können neue und bessere Ansätze entstehen.
- **Konflikte nutzen:** Die verschiedenen Perspektiven lassen sich nicht einfach so in Übereinstimmung bringen. Entsprechend sind viele Konflikte vorprogrammiert. Es ist zu einfach, die eigene Perspektive vehement zu verteidigen und einzufordern. Vielmehr bieten sich aus Konflikten Potenzial für neue Lösungen, wenn die Bereitschaft da ist, auch auf die anderen und deren Perspektive einzugehen.
- **Gegenseitige Wertschätzung:** Die Basis ist also die Wertschätzung der anderen und ihrer Expertise. Etwas, das übrigens bei Konflikten sehr schnell verloren geht.

Experimentierfreudigkeit: Firmen bestehen langfristig auf dem Markt, weil sie immer wieder neue Ansätze finden und sich dadurch einen Wettbewerbsvorteil verschaffen. Das können neuartige Produkte, effizientere Prozesse, bessere Verkaufsstrategien und mehr sein. Neue Ansätze benötigen die Bereitschaft, Dinge auszuprobieren und auch vielversprechend klingende Ansätze zu verwerfen.

- **Grenzen ausloten:** In ausgetretenen Pfaden finden sich wenig neue Ansätze. Also müssen experimentierfreudige Personen auch gezogene Grenzen durchbrechen wollen. Aus UX-Sicht ist dies der Drang, wirklich wesentliche Probleme und Chancen für Nutzer und noch bessere Ansätze zu entdecken und Nutzer und Organisation damit herauszufordern, oder wie es Henry Ford ausgedrückt haben soll: „Hätte ich Kunden [und Stakeholder] nach ihren Wünschen gefragt, hätten sie ein schnelleres Pferd verlangt."
- **Lernkultur anstatt Fehlerkultur:** Ausprobieren und Ausloten von Grenzen führen in einer Lernkultur zu Erkenntnis und einem besseren Verständnis darüber, was zurzeit möglich ist und was nicht. In einer Fehlerkultur sind Ideen und Personen gescheitert und werden verworfen. Das Erste bringt eine Organisation weiter, das Zweite blockiert.
- **Freiheit der Ideen:** Ideen werden bei neuen Erkenntnissen verändert oder sogar verworfen. Je stärker Personen Eigentum an einer Idee geltend machen, desto schlechter gelingt dies. Ideen sollen frei sein. Es ist sowieso das Zusammenspiel vieler Personen, welche die Idee erst ermöglichte, selbst wenn eine Person diese äußerte.

4.5 Kultur die UX fördert

- **Sketching und Prototyping als Innovationsmethode:** Ob eine Idee für Nutzer funktioniert bzw. warum nicht, sieht man in vielen Fällen erst, ist diese in einem Produkt realisiert. Einfache Mockups ermöglichen, die Welt morgen zu skizzieren und zu testen. Bill Buxton brachte dies auf den Punkt: „Um die Welt von morgen zu verstehen, musst du gestern darin gelebt haben."

Bericht eines Entwicklers in einem agilen Team zu ihrer Lernkultur: „Wir pflegen bei uns ein einfaches Prinzip für Verbesserungen: Wenn jemand aus dem Team einen Vorschlag macht, von dem er oder sie überzeugt ist, und keiner ein offensichtlich klares Problem feststellen kann, probieren wir es zuerst einmal aus und lernen daraus. Gibt es keine Verbesserung, dann ist das zwar schade, doch gewinnen wir daraus auch Erfahrung."

Pflege des Handwerks: Kein Berufsfeld, das sich nicht weiterentwickelt, und kein Profi, der nicht spezielle Fähigkeiten erwirbt. UX-Profis legen Wert darauf, ihre Fähigkeit zu vertiefen, auf den neuesten Stand zu bringen und aufkommende Trends aufzugreifen.

- **Auge für Details:** Auch Details haben entscheidenden Einfluss auf die User Experience. UX-Profis entwickeln und schärfen den Blick auf die Details und helfen mit, diese stimmig auszuarbeiten.
- **Einfach und neuartig:** Einfach, reduziert und so neu, dass andere überrascht werden. Um diesen Anforderungen gewachsen zu sein, lassen sich UX-Profis von den Besten des Feldes und deren Produkten inspirieren.
- **Neuerungen aufgreifen:** Den eigenen Prozess, die Zusammenarbeit mit anderen, die eingesetzten Werkzeuge und mehr kritisch überdenken und anpassen. UX-Profis greifen Neuerung auf und können so mehr erreichen.

Fundierte Entscheidungen: Für gewöhnlich hat man die Qual der Wahl zwischen vielen vielversprechenden Optionen. Das ist auch bei Entscheiden zu der User Experience so. UX-Profis wirken darauf hin, dass Entscheider auch eine solide Grundlage erhalten.

- **Fakten schaffen:** Eine solide Datenbasis hilft beim Entscheiden und UX-Profis helfen mit, Fakten über die User Experience zu schaffen.
- **User Experience erleben:** Die Praxis zeigt, dass die meisten von uns die Qualität einer User Experience abstrakt nicht verstehen können und es deshalb schwerfällt, Prioritäten zu setzen. Erst durch das Erleben wird diese greifbar. UX-Profis sorgen also dafür, dass Personen eben die Erfahrungen von Nutzern miterleben können.

Verantwortung für UX: Eine Organisation kann den UX-Profis die Verantwortung für UX übertragen. Doch damit ist noch lange nicht für gute UX gesorgt. Wenn die anderen alle in eine andere Richtung ziehen, geschieht wenig Gutes.

- **Alle übernehmen UX-Verantwortung:** Es erscheint notwendig, dass viele Personen in ihrem Gebiet für UX eintreten. Eine Organisation muss darauf hinarbeiten, dass dies auch geschehen kann und geschieht.
- **Möglichkeit, Fähigkeit und Wille:** Die Personen müssen die Verantwortung auch wahrnehmen können. Das ist ohne Ausbildung, Begeisterung, Belohnung und den notwendigen Freiraum kaum möglich.

4.6 Anschlussfähige UX-Kultur?

Eine Kultur, die UX fördert, ist jedoch nicht einfach so in einer Firma vorhanden. Klar ist: Die Etablierung einer nutzerzentrierten Herangehensweise ist Organisationsentwicklung. Wer sich damit beschäftigt, zieht die betroffenen Menschen mit ein und passt Struktur und Prozesse gemeinsam an. Klingt einfach, ist es aber nicht. Denn in diesem Prozess stoßen die Mitstreiter ihre Köpfe nur allzu oft an etablierten Verhaltensweisen und Überzeugungen an.

Diese individuelle Prägung lässt sich nur langsam, wenn überhaupt, ändern. Und wenn es hektisch ist, tritt die fest verdrahtete Natur zum Vorschein und Personen fallen auf die tief verwurzelten Verhaltensmuster zurück. Das ist weder ein Zeichen von mangelnder Intelligenz noch von Boshaftigkeit. Veränderungsprozesse sind bloß nicht abgeschlossen. Man müsste etwas zurückstehen können und die eigenen Verhaltensweisen und Überzeugungen identifizieren und verstehen.

Es ist also keinesfalls ein Zeichen von Feigheit oder Versagen, wenn sich UX-Profis, anstatt ihre Überzeugungen der Organisation überstülpen zu wollen, sich existierenden Verhaltensweisen anpassen. Der für eine Kulturveränderung notwendige Dialog – und darum handelt es sich im Kern – ist nur möglich, wenn sich die Personen gegenseitig ernst nehmen und die Überzeugungen der anderen verstehen und respektieren lernen.

Das Ergebnis sollte eine Firmenkultur sein, die erfolgreiche Geschäftstätigkeit, innovative und verlässliche Technologie und Nutzerzentriertheit zusammenbringt. Natürlich Schritt für Schritt. Nur so bleibt eine Kulturveränderung anschlussfähig. Revolutionäre Ansätze werden großmehrheitlich scheitern, weil sie viel Reibungswiderstand erzeugen und sich deshalb inhaltlich nichts bewegt oder sich viele Mitarbeiter aus der Firma herausbewegen.

Für UX-Leader sind dieser Veränderungsprozesse essenziell. Es geht darum

- zu erkennen, welche Überzeugungen in einer Firma vorherrschen, welche förderlich für UX sind und welche hinderlich.
- zu verstehen, wieso diese Überzeugungen für die Firma so wertvoll sind.
- den Dialog über diese Überzeugungen zu führen, mit der Organisation und auch den UX-Profis.

- sich in Geduld zu üben und beharrlich nach Wegen und Aha-Erlebnissen suchen, um eben auch Werte zu etablieren, die für UX besonders förderlich sind.

Organisationen sind adaptive Systeme 5

Das OSTO-Modell (Rieckmann 1990) aus dem Fachgebiet der Organisationsentwicklung zeigt die Dynamik einer Organisation auf. Eine Organisation ist ein selbstreflexives, offenes System. Dabei bedeutet selbstreflexiv, dass die Organisation über Rückkopplung den eigenen Erfolg fortlaufend überprüft und sich entsprechend optimiert – sich also immer weiterentwickelt. Die Organisation steht also mit ihrem Umfeld im Austausch und reagiert auf Veränderungen im Markt. Ebenso verändern sich der Arbeitsmarkt und damit die Möglichkeiten, neue Mitarbeiter zu finden. Die technologische Entwicklung bietet neue Potenziale in der Produktentwicklung und auch gesellschaftliche oder politische Veränderungen können die Organisation beeinflussen. So ist die Organisation immer in Bewegung, um alle diese Einflüsse in Balance zu halten.

5.1 Das OSTO-Modell

Das OSTO-Modell sieht eine Organisation zuallererst als verarbeitendes System: Es verarbeitet Input, z. B. Wünsche von Kunden, Informationen über Märkte und Trends, Rohmaterialien, Fachwissen, finanzielle Mittel und mehr, und stellt einen Output (Erzeugnisse) bereit, also Dienstleistungen und Produkte (siehe 5.1).

Prozesse. Um diese Erzeugnisse herzustellen, sind innerhalb der Organisation drei Arten von Prozessen am Werk:

- Aufgabenprozesse: Dazu gehören insbesondere die Prozesse, die eben für die Erbringung der Dienstleistungen und für die Entwicklung und Herstellung der Produkte sorgen.

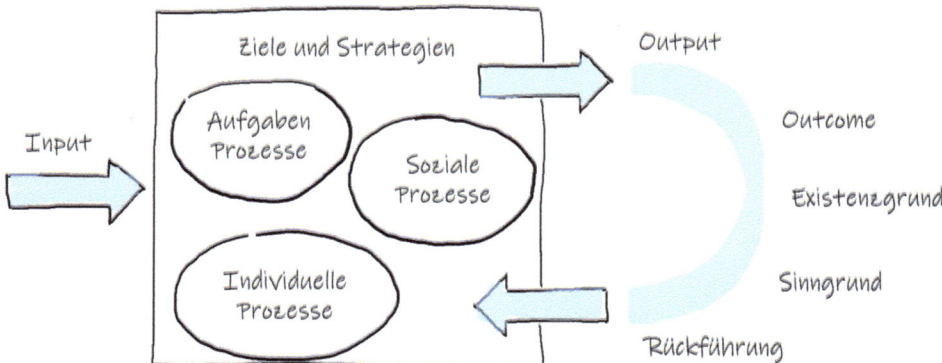

Abb. 5.1 OSTO-Model – systemische Betrachtung einer Organisation als selbstreflexives, offenes System

- Individuelle Prozesse: Die Organisation besteht aus Menschen und jede einzelne Person in einer Organisation durchläuft individuelle Prozesse, unter anderem Persönlichkeitsentwicklung, intrinsische Motivation oder individuelles Lernen.
- Soziale Prozesse: Eine Organisation ist auch ein sozialer Ort und entsprechend finden soziale Prozesse statt, wie unter anderem die Bildung von Teams oder die Lösung von Konflikten.

Die Wirkung individueller und sozialer Prozesse wird gerne unterschätzt. Soziale Prozesse fördern unter anderem eine gemeinsame Sprache und Kultur, stärken Teamgeist und Zusammenarbeit. Individuelle Prozesse erweitern Fähigkeiten, erzeugen Erfahrung von Selbstwirksamkeit und stärken somit die Widerstandskraft der Kollegen. Alle diese Dinge führen auch dazu – so die gute Botschaft für finanzorientierte Manager –, dass Mitarbeiter mehr Wirkung in den Aufgabenprozessen erzeugen können. 1 + 1 ist mit solchen Katalysatoren plötzlich dann eben 10 und nicht 2 oder sogar nur 0,5.

Um Nutzern eine hervorragende Erfahrung zu bieten, müssen viele Personen passende Fähigkeiten entwickeln und gemeinsam in die gleiche Richtung ziehen. Entsprechend hohe Aufmerksamkeit sollten die sozialen und individuellen Prozesse deshalb bei Firmen haben, denen eine hohe User Experience wichtig ist.

Ziele und Strategie. Nun gibt es unermesslich viele mögliche Betätigungsfelder für eine Organisation. Mit Zielen und einer Strategie grenzt die Organisation ein möglichst lohnendes Betätigungsfeld ab.

Output. Damit setzt sich die Organisation Schranken, die es den Menschen in der Organisation überhaupt erst möglich machen, gemeinsam einen Output zu erzeugen.

Outcome. Wie wir bereits im Einführungskapitel zum Thema UX aufgezeigt haben, erzeugen Produkte auch Veränderungen im Kontext. Direkt spürbar sind die durch

Verkauf, Vermietung, Abonnements und mehr entstehenden, numerisch erfassbaren Ergebnisse (Outcome). Das sind finanzieller Erfolg, Markenwert, Kunden- und Nutzerbasis wie auch die für gewöhnlich schwieriger erfassbare Wirkung auf Gesellschaft und Umwelt.

Existenzgrund. Eine Organisation, die mit ihren Produkten und Dienstleistungen auch langfristig gute finanzielle Ergebnisse erzielt, macht gewisse Dinge besonders gut. Es gibt offenbar einen Existenzgrund, eine wirtschaftliche Daseinsberechtigung eines Unternehmens, die dies ermöglicht. Das Verständnis darüber, welche Faktoren besonders stark zum finanziellen Erfolg beitragen, ist eine Voraussetzung, um auf strategischer Ebene gute Entscheide zu treffen.

Sinngrund. Der Einfluss auf Gesellschaft und Umwelt kann einen Sinngrund für die Mitarbeiter erzeugen. Die Menschen im Unternehmen sehen in ihrer Arbeit und den Leistungen des Unternehmens eine Sinnhaftigkeit. Sie fühlen sich wohl, identifizieren sich mit der Organisation und tragen das auch nach außen: zu Kunden, Lieferanten und in die Gesellschaft. Ein passender Sinngrund führt zu nachhaltiger, intrinsischer Motivation.

Auch bei UX-Profis finden sich viele Menschen, denen die Sinnhaftigkeit ihres Tuns wichtig ist. Etwas „Gutes" für Nutzer, die Gesellschaft oder die Umwelt tun. Ebenso sind UX-Profis im Allgemeinen überzeugt, dass eine gute User Experience einen Grundstein für den künftigen finanziellen Erfolg darstellt, also ein Teil des Existenzgrundes der Firma sei. Ein gutes Salär sorgt bei solchen Menschen nicht für hohe Motivation. Fehlen solche Werte innerhalb einer Firma, entstehen vielmehr Konflikte.

Rückführung. Erzeugnisse, Ergebnisse, Existenzgrund und Sinngrund wirken zurück nach innen. Firmen überwachen die Qualität der Erzeugnisse und der damit erzielten Ergebnisse. Mit dieser Rückführung lässt sich die Organisation gezielt entwickeln.

Die erzielte User Experience lässt sich ohne Nutzer nicht wirklich erfassen. Ohne Rückführung von Erkenntnissen aus der Nutzung der Produkte und Dienstleistungen ist es deshalb kaum möglich, die User Experience in eine gewünschte Richtung zu beeinflussen. Firmen, bei welchen die User Experience ihrer Produkte und Dienstleistungen ein wesentliches Erfolgskriterium darstellt oder sogar Teil des Existenzgrundes ist, tun also gut daran, in diese Rückführung zu investieren, nicht nur, um Produkte und Dienstleistungen zu verbessern. Die Rückführung zeigt das Potenzial für die organisatorische Weiterentwicklung auf. So lassen sich Maßnahmen treffen, die wirken und diese Wirkung anhand der Rückführung auch feststellen.

Aussage einer internen UXlerin: „Zwischendurch ist das schon zum Haareausreißen. Da macht man sorgfältiges User Research und bringt die Erkenntnisse zurück in die Organisation. Da hören auch alle aufmerksam zu, stellen durchaus kluge Fragen und nicken. Beim nächsten Produkt ist aber nichts davon aufgenommen worden. Stattdessen hat das Produktmanagement die üblichen Features mit den gleichen Schwächen spezifiziert, den Knopf am Gerät noch etwas schlechter gemacht und als große Verbesserung einen auf Facebook heiß diskutierten Wunsch einiger Spezialisten aufgenommen, zu dem unser Research eigentlich gezeigt hat, dass dies die große Masse der Nutzer weder braucht noch will. Ich habe mich schon gefragt, ob ich mich mal nicht selbst als Nutzer ausgeben sollte und die wichtigsten Ergebnisse unserer Forschung so rausposaunen sollte."

– Pause für eigenen Gedanken? Falls ja, hier eine Anregung: In den meisten Firmen, in welchen wir tätig sind, kommen Mitarbeiter kaum zu strukturiertem Feedback von Kunden und Nutzern. Alle haben irgendwelche Kanäle, beispielsweise Bekannte, Internet, Zeitungen und mehr. Nun zelebrieren Firmen den eigenen finanziellen Erfolg. Warum nicht auch Lob und Tadel der tatsächlichen und gewollten Kunden? Schließlich sind doch die Kunden der Grund für den finanziellen Erfolg! Der Firmenchef könnte also mal so was vorlesen: „Unsere Kunden schätzen mehr denn je den geringen Stromverbrauch unserer aktuellen Geräte. Völlig baff sind sie auch vom geringen Einarbeitungsaufwand für Techniker und Kunden und dass sie ca. 60 % weniger Anfragen im Kundendienst hätten. Besonders begeistert zeigten sich unsere Pilotkunden vom unserem neuen Partnermodell. Getrübt wird das Bild über die durch das Gerät überwachte Fläche. Hier gäbe es mit XY und ABC nun sehr starke Produkte für große Lagerhäuser. Aus diesen Faktoren lassen sich auch gut die finanziellen Ergebnisse erklären …" Wie verändert eine solche Kommunikation die Wahrnehmung in der Firma?

5.2 So können Sie das OSTO-Modell verwenden

Das OSTO-Modell bietet Ihnen eine Struktur, um auf eine Organisation zu blicken. Diese können Sie beispielsweise zur Analyse verwenden. Hier ein mögliches Arbeitsblatt, welches eher die statische Sicht darstellt. Aufgespannt auf einer Pinnwand lassen sich die aus Sicht des OSTO-Modells wichtigen Zusammenhänge visualisieren.

Ausgefüllt wurde das Arbeitsblatt von UX-Profis eines IT-Dienstleisters. Die Ausgangslage, wie sie die UX-Profis formuliert haben, war: „Es läuft schon ganz gut bei uns, was können wir besser machen?" (Abb. 5.2).

Auf dem ausgefüllten Arbeitsblatt ist der Sinngrund nur mit Fragezeichen markiert. Die Teilnehmer meinten dazu, dies sei bei ihnen individuell wohl eher sehr unterschiedlich. Auch sind Ziele und Strategie offenbar für die UX-Profis ungreifbar und haben keine Bedeutung für die tägliche Arbeit. Die Motivation ziehen die UX-Profis aus dem wahrgenommenen Existenzgrund der Firma, also hohe Kompetenz und erfolgreiche Kunden. Die UX-Profis sehen sehr viel Potenzial darin, interdisziplinärer in den Entwicklungsteams zu wirken und nicht nur für UI-Design zuständig zu sein. Auch sind die UX-Profis überrascht, wie wenig Rückmeldung eigentlich von den Kunden über den Effekt von UX zurückkommt.

Die UX-Profis haben sich deshalb in einer zweiten Runde zwei Themen genauer angenommen: „Interdisziplinarität fördern" und „Kundenfeedback gewinnen". Sie versuchten nun herausfinden, wie gut individuelle Prozesse, soziale Prozesse, Aufgabenprozesse und die Rückführung bereits auf diese Themen wirken und wo es Potenzial geben könnte (Abb. 5.3).

5.2 So können Sie das OSTO-Modell verwenden

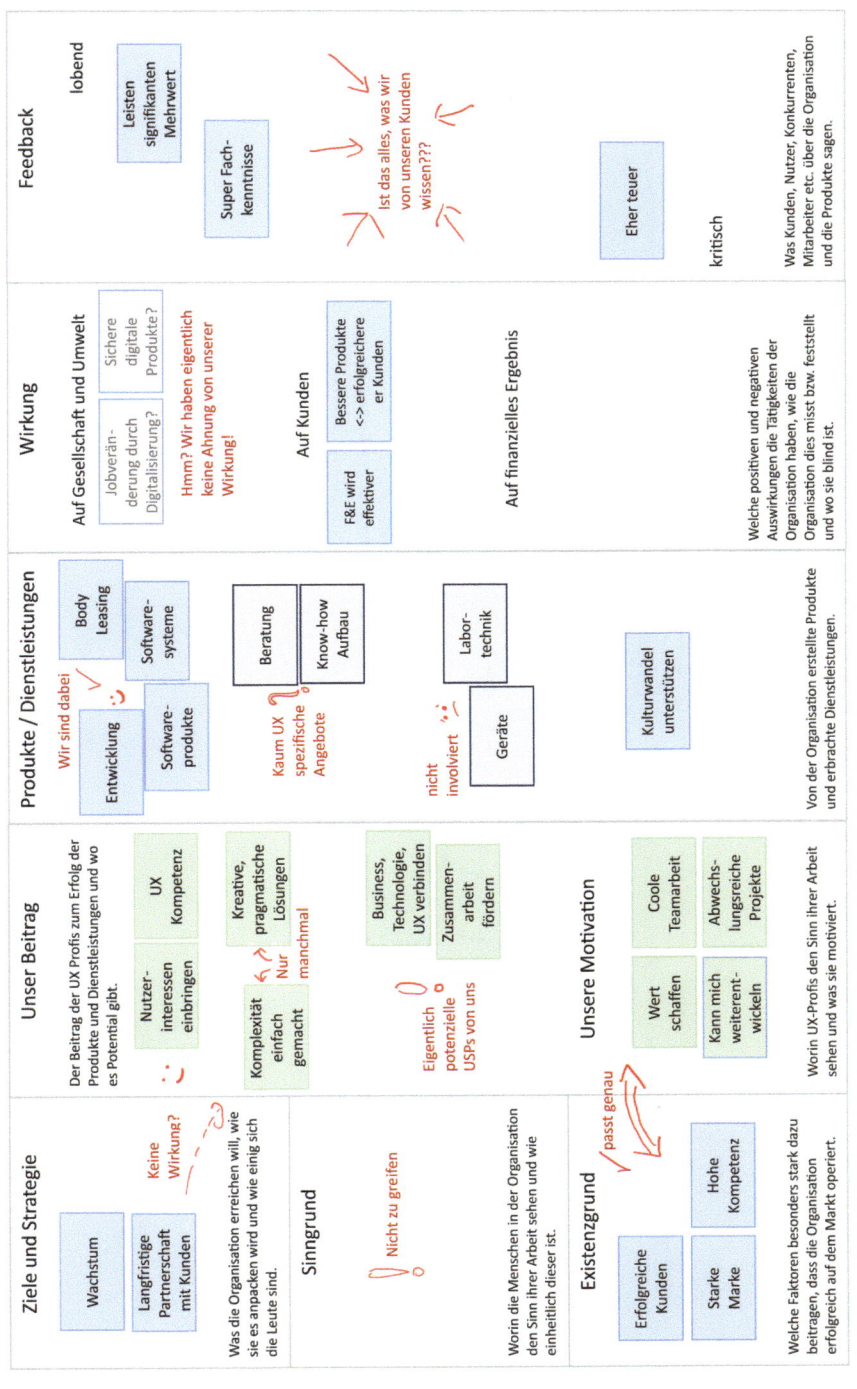

Abb. 5.2 Arbeitsblatt OSTO-Modell

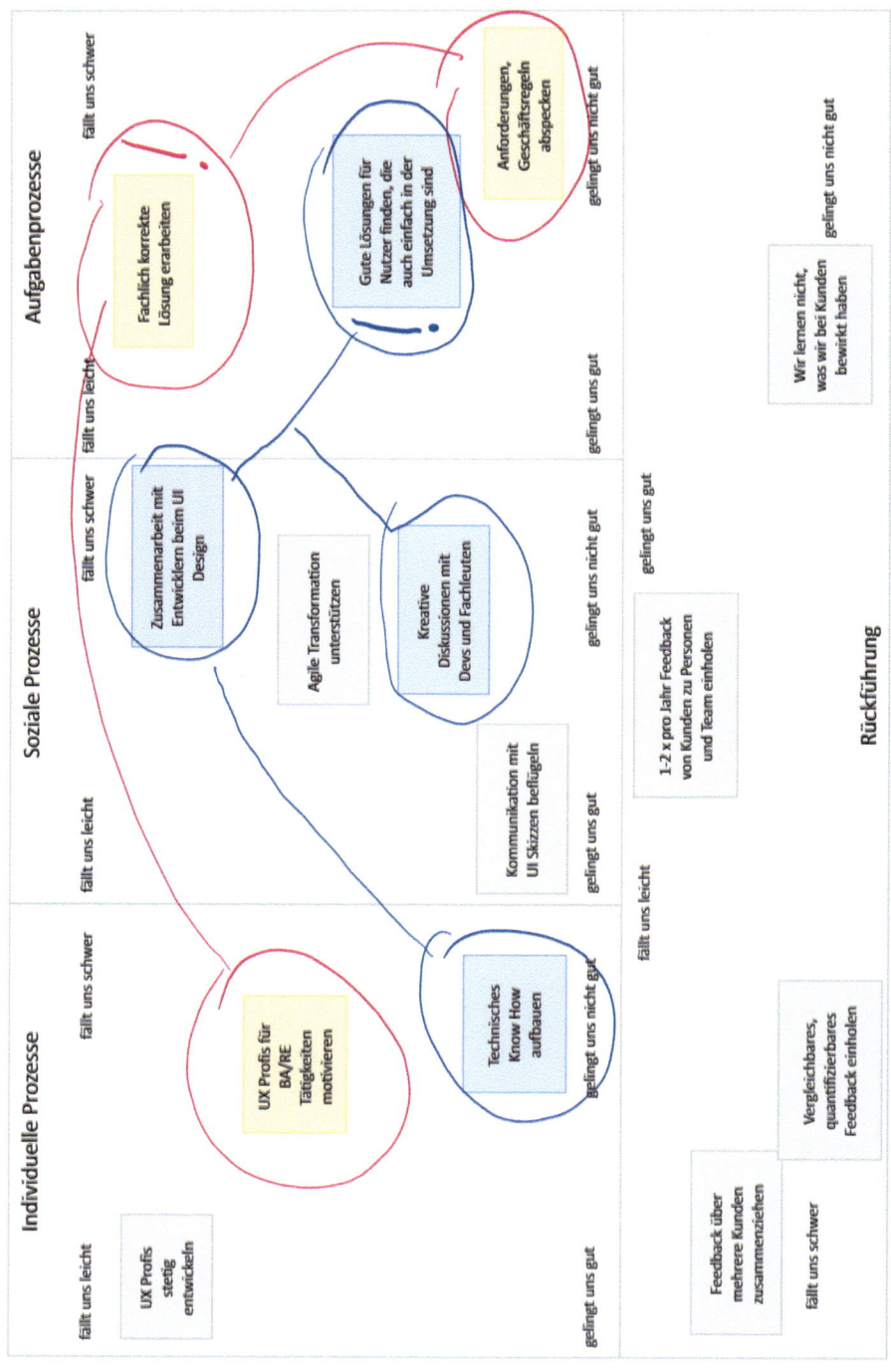

Abb. 5.3 Arbeitsblatt „Prozesse im OSTO-Modell"

Auch hier wurden ein paar Themen für die UX-Profis augenfällig. So gelingt es den UX-Profis, Diskussionen mit UI-Skizzen schnell zu beflügeln, was auch von den Projektteams als besondere Stärke geschätzt wird, die UX-Profis aber genau in die Nische der UI-Pinsler drückt. Die UX-Profis tun sich jedoch schwer, mit Entwicklern zusammenzuarbeiten, gerade wenn es darum geht, kreativer zu werden und neue Ansätze auszuhecken und einfach umzusetzende Lösungen zu entwerfen. Auch wird oft die fachliche Korrektheit der Mockups kritisiert und hier stellen sie fest, dass es ihnen schwerfällt, sich für die dafür notwendigen Tätigkeiten aus der Businessanalyse zu motivieren. Vielleicht weil die notwendigen Grundlagen fehlen und deshalb auch das Vertrauen fehlt, dies zu können?

Durch den neuen Blickwinkel, den das OSTO-Modell bietet, lassen sich bisher unentdeckte Ansätze finden. Wir finden besonders die Themen Sinngrund, Existenzgrund und Rückführung aufschlussreich, da sie von anderen Modellen kaum betrachtet werden.

So ist schon die Identifikation des Sinngrundes erleuchtend. Gibt es überhaupt einen? Worin sehen die Mitarbeiter eigentlich den Sinn ihrer Arbeit? Und ist das für alle derselbe? Was propagiert eigentlich die Firmenvision? Was sagen Markt, Umwelt und Gesellschaft zum gewünschten und tatsächlichen Sinn?

Eine Bestandsaufnahme nach dem OSTO-Modell gibt UX-Leadern also einen Überblick über wichtige Parameter in der Firma und welchen Beitrag UX-Profis dazu leisten. Sie entdecken dabei vermutlich auch Lücken, Widersprüche und Konflikte, also Potenzial.

UX-relevante Prozesse 6

Im Abschn. 3.5 haben wir bereits einiges über die Bedeutung von Geschäftsprozessen zusammengetragen und mit den anderen vier Aspekten des Sternmodells in Verbindung gebracht. Auch im Kap. 5 über das OSTO-Modell spielen Prozesse eine wichtige Rolle. In diesem Kapitel geht es nun darum, etwas tiefer in das Thema einzutauchen und die für UX besonders relevanten Prozesse aufzuzeigen. Die konkrete Ausgestaltung der Prozesse ist dann sehr spezifisch für eine Organisation. Entsprechend geben wir hier nur Hinweise, auf was eine Organisation achten kann, und konzentrieren uns auf die UX-Prozesslandkarte.

Um der Landkarte eine Struktur zu geben, sind die drei Ebenen der Organisationsgestaltung aus Abschn. 2.2 gut geeignet: operativ, institutionalisierend und strategisch (Abb. 6.1).

6.1 Die operative Ebene

Auf der operativen Ebene integriert eine Organisation die Aktivitäten aus dem User-Centered Design. So können die Entwicklungsteams Ergebnisse mit hoher Qualität gestalten und bauen. Das sind folgende Aktivitäten:

- Planung von UX-Aktivitäten,
- Durchführen von Nutzerforschung und Datenanalyse,
- Spezifikation von Nutzungsanforderungen,
- Prototyping und Design,
- UX-Evaluation und Qualitätssicherung (qualitativ und quantitativ),
- Dokumentation von UX-Aktivitäten und Ergebnissen für Regulierungsbehörden.

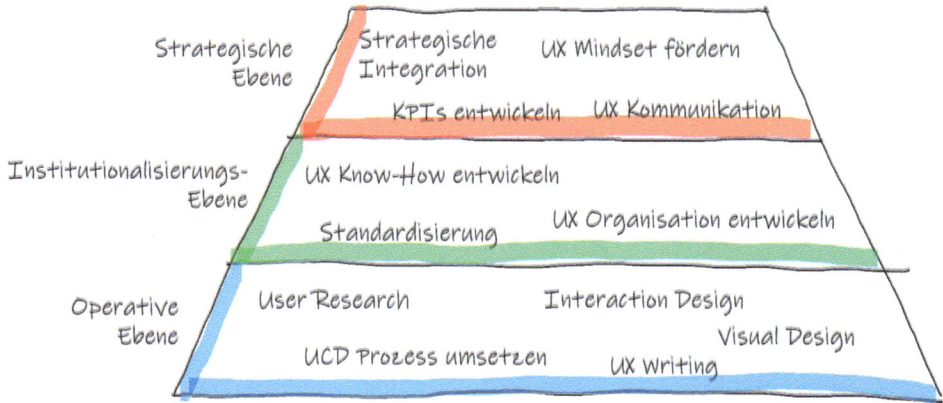

Abb. 6.1 UX-Prozesslandschaft angeordnet gemäß dem 3-Ebenen-Modell

Dabei gilt es zu beachten, dass die Organisation UX-Aktivitäten nicht isoliert betrachtet, sondern in die Entwicklung als Gesamtes einbettet (vergleichen Sie dazu den Abschn. 1.4 zur nutzerzentrierten Entwicklung). Also

- in allen Lebensabschnitten eines Produktes (Exploration, Konzeption, Realisierung und Betrieb, sowie Pensionierung),
- auf allen Ebenen (Story, Konzept, Bausteine, Details),
- mit kurzen und effektiven Feedbackzyklen zwischen Organisation und den Nutzern.

Die konkreten Rollen, Ergebnisse und Abläufe sind natürlich für jede Organisation unterschiedlich. Entsprechend lohnt es sich, eine solche Integration von UX-Aktivitäten auch mit den beteiligten Rollen, also mit Produktmanager, Product Owner, Fachspezialisten, Entwicklern, UX-Profis und mehr zu diskutieren und abzustimmen.

Auch Schnittstellen zu anderen Abteilungen wie Strategie, Innovation, Marketing, Fachabteilungen, IT, Verkauf und Vertrieb, Kundendienst und mehr gibt es anzuschauen. Diskussionsbedarf gibt es für gewöhnlich genügend, wie Corporate Design, Customer Experience, Zugang zu Nutzern und Kunden, Branding, Produktvermarktung und Schulungen, um nur einige zu nennen.

6.2 Die Ebene Institutionalisierung

Die institutionalisierende Ebene umfasst die Tätigkeiten der Standardisierung von UX, Weiterentwicklung der Organisation und Entwicklung des UX-Wissens im Unternehmen. Das Ziel ist es, UX systematisch und durchgängig in einer Organisation zu betreiben.

6.2 Die Ebene Institutionalisierung

Eine Organisation soll den Schwung aus den Dingen, die auf der operativen Ebene gut gelingen und einfach fallen, mitnehmen und dadurch auch noch schwierigere Themen, die eben nicht gut gelingen und viel Energie kosten, nach und nach beherrschen.

Zur Standardisierung gehören:

- Gemeinsame Prozesse ausarbeiten, standardisieren, ausrollen und weiterentwickeln. Dazu gehören selbstverständlich auch Hilfsmittel, wie Vorlagen, Beispiele, Checklisten und mehr.
- Werkzeuge und Räumlichkeiten für UX aufbauen und betreiben: also beispielsweise ein Usabilitylabor, eine Prototypenwerkstatt, Software für Research, Design und Analytics.
- Eigene Hilfsmittel aufbauen, wie beispielsweise Designsysteme, Research Repository, UX-Methodensammlungen und mehr.
- Zugang zu Nutzern vereinfachen, z. B. mit der Pflege einer Nutzerliste, Aufbau einer Nutzercommunity oder mit einfachem Zugang zu Vermittlungsagenturen.

Zur Entwicklung des UX-Know-hows gehören:

- Kommunikation, also UX in der Organisation bekannt machen. Insbesondere Kosten, Nutzen, Stellenwert, Herangehensweise und mehr diskutieren.
- Nutzerzentriertes Verhalten und disziplinenübergreifende Zusammenarbeit fördern, z. B. Erfolge und Verhalten bezüglich guter UX belohnen.
- Weiterbildung und Austausch bezüglich der UX fördern, beispielsweise durch interne Kurse oder durch eine UX-Community.
- Rekrutieren und Entwickeln von UX-Profis, dazu gehören auch passende Jobprofile und Karrieremöglichkeiten für UX-Profis und Umsteiger.
- Ebenso gehören UX-Kenntnisse auch in die Profile und Karrierepfade von anderen Profis.

Organisation entwickeln

- Nutzerzentrierte Tätigkeiten in die verschiedenen Prozesse integrieren (Entwicklung, Produktmanagement, Risikomanagement und mehr), geforderte Ergebnisse erweitern und UX-bezogene Rollen ergänzen,
- gegebenenfalls neue Prozesse etablieren (beispielsweise Datenanalyse),
- Organisationsstruktur gestalten und UX-Profis in die Struktur aufnehmen,
- interne UX-Dienstleistungen (sofern sinnvoll) etablieren und weiterentwickeln,
- Kontakt zu Nutzern stärken, sodass schnell zuverlässiges Feedback erhalten werden kann,
- Kapazitäts- und Einsatzplanung für UX-Profis.

6.3 Die strategische Ebene

Auf der strategischen Ebene der Werte und Kultur stehen strategische und kulturfördernde Aufgaben an:

- UX mit Unternehmensstrategie verbinden,
- UX-Metriken definieren, einführen und betreiben,
- UX-Mindset fördern und UX-Kultur weiterentwickeln, insbesondere auch nutzerzentrierte Haltung, Feedbackkultur und interdisziplinäres Arbeiten.

Ohne stetige Kommunikation im Management wird dies kaum möglich sein. Eine gut kommunizierte UX-Strategie ist dazu ein unbezahlbares Hilfsmittel. Sie verbindet die UX-Werte mit den Unternehmenszielen und bildet die Grundlage für die langfristige Entwicklung des Themas UX im Unternehmen. Im Werkzeugkoffer weiter unten finden Sie dazu den UX-Strategie Canvas in 10.9.

PRAXISBEISPIEL: Kooperative Prozessentwicklung

In einem Finanzdienstleistungsunternehmen wurden die UX-Profis in die Abteilung integriert, wo alle kundengerichteten Services entwickelt werden. Hier arbeiten etwas mehr als 400 Mitarbeitende in interdisziplinären Projektteams zusammen. Die UX-Profis sind als UX-Spokes in die Teams integriert. Im UX-Hub (Abschn. 7.2.7) werden die Standardisierung und auch die Organisationsentwicklung sowie die strategische Integration von UX vorangetrieben.

„Im UX-Hub wird die Standardisierung vorangetrieben."

Um die Zusammenarbeit in den Projektteams zu fördern, wurden mehrere Workshops mit den Teams durchgeführt. Dabei wurde die Designkollaboration partizipativ mit den Designern, den Frontendentwicklern und den Fachspezialisten erarbeitet und optimiert.

„Wir erarbeiten dies partizipativ, also mit den Betroffenen zusammen."

In den Workshops definierten die Teilnehmer die wichtigsten Ergebnisse und legten insbesondere fest, welche Rolle jeweils die Verantwortung übernehmen und wer an der Erarbeitung beteiligt werden soll. Dies wurde auch im sogenannten Playbook zum Entwicklungsprozess dokumentiert. Die Teilnehmer klärten auch bestehende Knackpunkte. Das waren beispielsweise die Übergabe des Designs vom Designer zu der Frontendentwicklung, die Qualitätssicherung bezüglich User Experience mittels Nutzertests und die Zusammenarbeit mit dem Team, welches den UI-Baukasten verantwortet.

6.3 Die strategische Ebene

Nebst der Dokumentation entstanden auch Schulungen zur Designkollaboration mit den entsprechenden Werkzeugen.

„Der Schlüssel ist der Austausch zwischen einem Hub und den Spokes."

Damit die Prozesse mit dem UX-Hub gut funktionieren, muss der Austausch zwischen den Spokes und dem Hub regelmäßig stattfinden. Dabei wird die Arbeitsweise reflektiert, werden Probleme frühzeitig erkannt und auch ein gemeinsames Zusammengehörigkeitsgefühl gefördert. Die UX-Profis sind so – in den Spokes – nah bei den Produkten und gleichzeitig auch eingebettet in die UX-Community.

PRAXISBEISPIEL: ResearchOps bei einem IT-Unternehmen

Interview mit einem Research-Manager bei einem großen, internationalen Konzern, der Softwareprodukte entwickelt und vertreibt. Fairerweise müssen wir zugeben, dass das Interview nicht ganz so stattgefunden hat. Wenn Sie schon ein Interview transkribiert haben, wissen Sie vermutlich, dass normale Menschen kaum so schön zusammenhängende Sätze und Argumente bilden. Vielmehr fasst es ein Gespräch von Christian und dem Researchmanager in der Interviewform zusammen.

Christian: „Wie habt ihr das Research organisiert?"

Researchmanager: „Unser Team – bestehend aus 5 UX-Researchern – startete mit dem Inhouse-Agency-Modell, vergleichen Sie dazu die zentrale UX-Fachstelle im Abschn. 7.2. Das bedeutet, wir sind nicht Teil eines spezifischen Teams, sondern führen für verschiedene dezentrale Produktteams Forschungsprojekte durch. Die Teams kommen auf uns zu, wenn sie einen Bedarf für Nutzerforschung haben. Die Forschung ist für die Teams kostenlos. Eine interne Weiterverrechnung der Kosten wäre eine große Hürde und würde die Teams davon abhalten, Research zu beauftragen."

Christian: „Welche Prozesse habt ihr aufgebaut?"

Researchmanager: „Wir brauchen einen robusten Prozess. Dieser muss einfach sein für die Produktteams und wenig Aufwand generieren. Am Anfang steht ein einfaches Bestellformular mit den wichtigsten Informationen für das Forschungsprojekt. Da mussten wir herausfinden, welche Informationen notwendig sind – nicht zu viel und nicht zu wenig.

Der Prozess danach ist auf einen Monat angelegt und besteht aus folgenden Schritten: Das Bestellformular kommt rein, dann bucht das Team einen Termin für ein Kickoff-Gespräch. Da erklären wir den Prozess und nehmen die notwendigen Informationen auf. Dann wird Nutzerforschung durchgeführt und ein Bericht erstellt. In einem Abschlussgespräch mit dem Projektteam diskutieren wir dann die Ergebnisse und übergeben den Bericht.

Wir haben übrigens drei Varianten des Prozesses: Full, Guided und Self Service. Wir variieren die Arbeitsanteile des Forschungsteams und des Produktteams sowie den Automatisierungsgrad. Die Wahl der Variante ist abhängig von den Erfahrungen der Produktteams oder der unternehmerischen Priorität des Vorhabens.

Die Entwicklung dieser Prozesse benötigte ca. zwei Jahre. Und laufend kommen neue Teams dazu, die den Prozess kennenlernen müssen. Aktuell können wir gegen 70 Forschungsaufträge pro Jahr realisieren, was von den Produktteams sehr positiv wahrgenommen wird."

Christian: „Wie sorgt ihr für die Qualität der Prozesse? Welches sind die Erfolgsfaktoren dieser Prozesse?"

Researchmanager: „Ein gutes Maß für den Erfolg ist die Anzahl der beantworteten Forschungsfragen. Wir verwenden auch den Net Promoter Score (NPS), der aktuell bei 99 % liegt. Alle Teams kommen wieder und bestellen erneut. Die Forschungsergebnisse geben den Teams einen Kompass mit, an dem sie erkennen können, ob ihre Entwicklung in die richtige Richtung geht. Die Flughöhe und der Detaillierungsgrad der Ergebnisse wurde im Laufe der Zeit so angepasst, dass nicht zu viele Details, jedoch eine aussagekräftige Zusammenfassung angeboten wird. Auch eine ansprechende Visualisierung der Ergebnisse ist wichtig."

Christian: „Wie optimiert ihr die Prozesse?"

Researchmanager: „Die Automatisierung wird weiter vorangetrieben. Alles, was wir zweimal in die Hand nehmen, wollen wir automatisieren. So werden die Prozesse schlanker und effizienter. Zudem setzen wir vermehrt AI-Tools ein. Um mehr Aufträge durchführen zu können, skalieren wir mit zusätzlichen UX-Researchern, die unserem Team angegliedert und von den Projektteams finanziert werden. In Zukunft ist auch vorstellbar, dass UX-Researcher dezentral in den Produktteams eingesetzt werden. Die Teams sind interessiert am Thema Research und erhalten auch Schulungen dazu."

Christian: „Was plant ihr für die Zukunft?"

Researchmanager: „Wir wollen mehr Know-how in die Produktteams bringen und vermehrt die Self-Service-Variante anbieten. Es sollen aber weiterhin alle drei Varianten angeboten werden. Es ist unser Ziel, dass wir keine Anfragen ablehnen müssen."

Organisationsstrukturen 7

7.1 Grundstrukturen

Sobald UX-Spezialisten in Organisationen Einzug halten, beginnt auch die Diskussion, wo diese in die Organisation eingegliedert werden sollen. Es steht eine überschaubare Menge von Gefäßtypen für die Aufbauorganisation zur Auswahl. Diese lassen sich auch kombinieren (Tab. 7.1).

Für einzelne Entwicklungsaufgaben (Produkte, Dienstleistungen, Organisation, Strategie und mehr) arbeiten für gewöhnlich mehrere Personen zusammen. Somit besteht auch hier der Bedarf einer Struktur. Hier sind typische Muster dafür (Tab. 7.2):

UX-Profis sind nicht nur in der Aufbauorganisation verortet. UX-Profis sind auch in der Ablauforganisation unterschiedlich positioniert und auch hier gibt es einige typische Muster (Tab. 7.3):

7.2 UX-Profis in der Aufbauorganisation

Die verschiedenen Muster der Aufbauorganisation haben durchaus Wirkung auf die Durchschlagskraft der UX-Profis in der Organisation. Welche der folgenden Muster sind für Ihre Organisation besonders wertvoll?

UX-Community

Um das Interesse und auch das Wissen zum Thema UX zu fördern, kann eine Organisation eine UX-Community aufbauen. Diese richtet sich an interessierte Personen aus der ganzen Organisation und aus allen Etagen. Die Community bietet die Möglichkeiten, quer über

Tab 7.1 Muster für Organisationsstrukturen

Einzelkämpfer	Eine Person ist als ausgewiesene UX-Fachkraft irgendwo in der Organisation aufgehängt. Eine Organisation kann auch mehrere UX-Einzelkämpfer haben. Agile Teams und Organisationen bevorzugen diese Form
Community	UX-Interessierte aus verschiedenen Abteilungen einer Organisation treffen sich mehr oder weniger regelmäßig und informell und tauschen sich über UX-bezogene Themen aus
Gilde	UX-Profis, nicht wie in der Community auch Interessierte, treffen sich mehr oder weniger regelmäßig, vertiefen ihre UX-Kompetenzen, lernen voneinander und miteinander, erarbeiten gemeinsame Standards, Werkzeuge und mehr
UX-Fachstelle	UX-Profis bilden zusammen eine Fachstelle und bieten anderen Teams interne Dienstleistungen auf Auftragsbasis an: Beratung, Studien, Tests und mehr. Dies können ein zentrales UX-Team, eine UX-Abteilung oder auch mehrere verteilte UX-Teams (regional oder organisatorisch) sein. Bei Letzteren bieten die UX-Teams dann typischerweise auch unterschiedliche UX-Dienstleistungen an
Matrix	UX-Profis sind in einem UX-Team und in der Entwicklungsorganisation beheimatet. Die Führung bzgl. Projekte liegt in der Entwicklungsorganisation, die Fachführung (UX) und die persönliche Entwicklung werden vom UX-Team verantwortet
UX Hub	Ein UX-Hub unterstützt und leitet mehrere Teams, sogenannte Spokes, fachlich und ist für die übergreifenden UX-Themen und den Austausch und Abgleich zwischen den Teams zuständig
Verteilte UX-Kompetenz	UX-Kompetenz ist in der Organisation breit gefächert und bis hinauf in die Chefetage vorhanden. UX-Kenntnisse werden von der Organisation, wie andere Themen auch, bei allen Mitarbeitern gefördert

Tab 7.2 Strukturmuster für Entwicklungsvorhaben

Personenbezogen	Ein Vorhaben wird von einer Person vorwärtsgetrieben. Diese geht bei Bedarf auf andere zur Unterstützung zu
Standardprozess	Ein Entwicklungsvorhaben wird gemäß standardisierten Prozessen von einer Organisationseinheit zur nächsten weitergegeben, bis das Vorhaben abgeschlossen ist. Jede Einheit trägt ihren Teil zum gesamten Vorhaben bei
Projekt	Die Organisation bevollmächtigt ein interdisziplinäres Projektteam mit einem Vorhaben. Nach Abschluss löst sich das Team wieder auf
Produktteam	Eine Organisationseinheit übernimmt die Verantwortung über den ganzen Lebenszyklus einer Dienstleistung oder eines Produkts. Ein Großteil der Personen, die dafür notwendig sind, ist im Produktteam zusammengezogen
Start-up	Ein Start-up baut ein Businessmodell und die dazu notwendige Organisation von Grund auf. Ein solches Start-up ist insbesondere befreit von den Zwängen einer großen Organisation

7.2 UX-Profis in der Aufbauorganisation

Tab 7.3 Muster der Zusammenarbeit

Auf Zuruf	Projekte und Teams ziehen UX-Spezialisten bei Bedarf für spezifische Themen und Aufträge hinzu. UX-Fachstellen arbeiten für gewöhnlich so
Multi Track	UX-Profis sind in einem, meist nach agilen Mustern geführten, Team. Sie arbeiten parallel zur eigentlichen Entwicklung. Sie führen die UX-Aktivitäten leicht vorgelagert aus und übergeben ihre Ergebnisse an die Entwickler zur Umsetzung weiter
Interdisziplinäres Team	UX-Spezialisten sind in das Team eingebunden und helfen mit, das Produkt als Gesamtes weiterzubringen. Auch wenn viele UX-Aktivitäten wohl von den UX-Spezialisten im Team definiert werden, können doch verschiedene Personen diese ausführen. Umgekehrt übernehmen auch UX-Profis fachfremde Aufgaben
Anker	Ein UX-Profi ist fest in das Team eingebunden und holt sich für knackige Aufgaben das Wissen und die kreative Durchschlagskraft von UX-Kollegen aus der „Agentur"
Strategische Profis	Agile Entwicklungsorganisationen, wie beispielsweise SAFe, definieren mehrere Hierarchiestufen für die agile Entwicklung und es ist naheliegend, dass auch UX-Profis den Stufen entsprechende Positionen einnehmen, z. B. als Product Owner oder auch als UX-Verantwortlicher

alle Organisationseinheiten Erfahrungen zu teilen, spezifische Themen zu diskutieren und gemeinsam zu lernen.

Zweck hängt von der Reife ab Je nach Reife des Unternehmens kann eine Community unterschiedlichste Funktionen übernehmen. In einer wenig reifen Organisation mit UX-Einzelkämpfern ist eine Community vielleicht eher eine Selbsthilfegruppe der verschiedenen Interessenten und hilft, UX bekannt zu machen. In einer reifen Firma kann eine Community auch eine Kommunikationsplattform darstellen, um beispielsweise Neuerungen in der Zusammenarbeit zu präsentieren, zu diskutieren und zu kommunizieren. UX-Profis führen also via Community gezielt Themen ein und fördern nutzerzentriertes Denken im Unternehmen.

Mögliche Zwecke sind also unter anderen:

- Bewusstsein für UX schärfen,
- nutzerzentriertes Denken fördern,
- Netzwerk stärken,
- Wissen verbreiten, gemeinsames Lernen,
- Austausch und Hilfe zur Selbsthilfe,
- Kommunikation von Neuerungen in die Breite.

Teilnahme ist freiwillig Die Teilnahme in einer Community ist gewöhnlich freiwillig und somit muss diese auch ein attraktives Programm bieten. Es kann sinnvoll sein, die Community durch ein Kernteam leiten zu lassen.

Fazit Eine UX-Community ist ein bewährtes Mittel für die direkte Kommunikation mit an UX interessierten Personen quer durch die Firma. Ohne attraktive Themen und Personen, die sich um die Community bemühen, wird jedoch eher wenig passieren.

UX-Gilde

Eine UX-Gilde ist für gewöhnlich ebenfalls eine Community, doch richtet sich die Gilde nicht an alle an UX-interessierte Personen, sondern an die UX-Profis selbst. Die Gilde bietet den in einer Organisation verteilten UX-Profis die Möglichkeit, sich fachlich auszutauschen und weiterzuentwickeln sowie gemeinsame Standards zu etablieren (Abb. 7.1).

UX im verteilten System weiterbringen Eine Gilde kann die weitere Institutionalisierung von UX im Unternehmen vorantreiben, indem die Mitglieder z. B. die Standardisierung weiterbringen, das UX-Wissen im Unternehmen fördern oder die strategische Integration vorantreiben.

Fachliche Entwicklung Gerade wenn es außerhalb der Gilde kaum UX-Teams, sondern viele verteilte Einzelkämpfer gibt, ist die Gilde auch ein Ort für den fachlichen Austausch unter den UX-Profis untereinander: Themen sind also neue Techniken, Inspiration und Erkenntnisse aus der Arbeit in den Entwicklungsteams, Trends auf dem Markt, neue Werkzeuge, aber auch gemeinsames Ausprobieren und Unterstützung in der Projektarbeit.

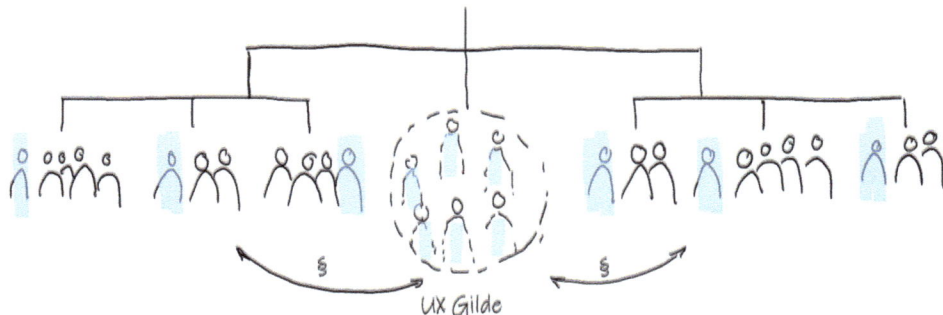

Abb. 7.1 UX-Gilde in einer Organisation

7.2 UX-Profis in der Aufbauorganisation

Gilde ist oft zweitrangig Die Mitarbeit in einer Gilde wird in Organisationen oft als zweitrangig bewertet. Mitarbeit in der Entwicklung geht für gewöhnlich vor. Besonders ausgeprägt ist dies bei Firmen, die ihren Umsatz mit den verkauften Stunden der Mitarbeiter erzielen. Jede Stunde in einer Gilde bedeutet direkt entgangene Einnahmen. Dies beschränkt die Handlungsfähigkeit einer Gilde sehr stark. Insbesondere Tätigkeiten, die auch größeren Aufwand und regelmäßige Aufmerksamkeit benötigen, sind kaum durchführbar und leiden unter vielen personellen Wechseln.

Finanzierung der Gilde Damit eine Gilde Wirkung erzielen kann, müssen die Arbeiten auch finanziert und in der Organisation priorisiert werden. Ohne Managementposition wird dies eher schwierig werden.

Fazit Eine Gilde kann ein sehr gutes Mittel sein, um die in einer Organisation verstreuten UX-Profis zu sammeln und das Thema UX weiterzubringen. Die Gilde muss aber mit Budget bzw. genügend Priorität ausgestattet sein, damit diese Arbeit auch möglich ist.

Zentrale UX-Fachstelle

Ein zentrales UX-Team bietet UX-Dienstleistungen für die Produktentwicklungen im gesamten Unternehmen an. Es besteht aus Spezialisten mit den benötigten UX-Kompetenzen. Diese Spezialisten werden in den Projekten oder Produktentwicklungen punktuell eingesetzt. Das UX-Management rekrutiert die Teammitglieder, entwickelt das Team und steuert das Dienstleistungsportfolio. Die UX-Dienstleistungen werden nach Bedarf nachgefragt: Beratung, Aufträge für User Research, Design, Anpassung von Designsystemen etc. (Abb. 7.2).

UX-Fachstellen können UX-Profis an Entwicklungsteams ausleihen. Damit ergibt sich eine Matrixorganisation. Eine UX-Fachstelle kann durchaus wachsen und sich zu einer

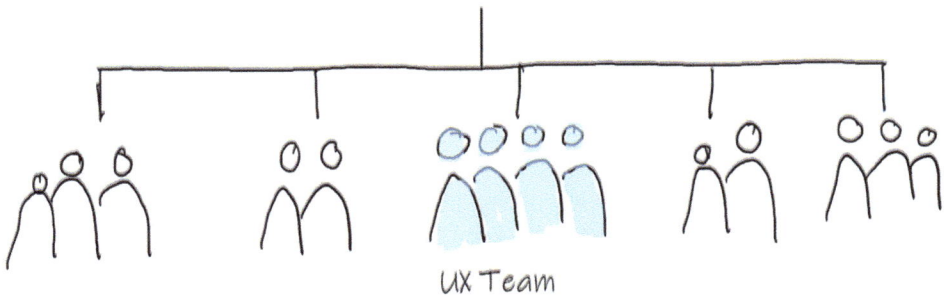

Abb. 7.2 Zentrale UX-Fachstelle

UX-Fachabteilung mit Hunderten Mitarbeitern weiterentwickeln. Die Herausforderungen für solche Fachstellen entstehen in erster Linie aus der Distanz zu den Entwicklungsteams.

Soziale und individuelle Prozesse. Eine UX-Fachstelle kann die sozialen und individuellen Prozesse gut steuern, denn die Leute sitzen schön kuschelig zusammen in einem gemeinsamen Team. Man hat eine Heimat, arbeitet eng mit Gleichgesinnten zusammen und kann sich persönlich und fachlich weiterbringen. Teamleiter können die Rollen, Aufgaben und Weiterbildungen gezielt auf die einzelnen UX-Profis ausrichten und mit der hohen UX-Kompetenz im Team ist auch genügend Wissen dazu da.

Entwicklung der UX-Methodik Die große Nähe der UX-Profis zueinander erlaubt auch, die UX-Methoden gemeinsam zu entwickeln und zu erproben. Es gelingt sehr gut, gemeinsame Standards zu entwickeln, um Aufträge effizient abzuwickeln. Ebenso können die UX-Profis auch gut auf Neuerung im Fachbereich UX reagieren und diese in das Team einbringen. Das Thema UX kann sich also innerhalb des Teams sehr schnell entwickeln. Dazu hilft, dass eine UX-Fachstelle auch über die ganze Arbeitszeit der Teammitglieder bestimmt und somit Projektarbeit und UX-Entwicklung in Balance halten kann.

Vertreter im Management Eine UX-Fachstelle kommt zudem mit Managementpositionen und besitzt somit Personen, die die Fachstelle und das Thema UX in der Hierarchie vertreten und die sich um die angebotenen Dienstleistungen und die internen Kunden kümmern.

Externe UX-Profis Ein solches UX-Team kann auch vernünftig einfach qualitativ gute, externe Mitarbeiter aufnehmen, um Spitzen zu brechen.

Ausführung von UX-Arbeitspaketen UX-Experten einer Fachstelle sind nicht in den Steuerungsprozess der Entwicklung eingebunden. Dies ist hauptsächlich die Aufgabe der Produktmanager oder Projektleiter. Gerade bei weniger reifen Organisationen, wo der Vorteil einer guten User Experience und nutzerzentriertes Vorgehen wenig bekannt sind, gibt es für die UX-Profis kaum Möglichkeiten, vorausschauend zu wirken. So kommen UX-Aufträge zum falschen Zeitpunkt – für gewöhnlich zu spät – und notwendige Vorarbeiten sind nicht gemacht worden. Also führen die UX-Profis Nutzertests durch, deren Resultate in der Schublade landen müssen, weil das auftraggebende Team kein Budget mehr für Verbesserungen hat. Ähnlich ergeht es dem bereits früh erstellten UX-Konzept, welches ohne genaue Kenntnis der Nutzer und deren Bedürfnisse erstellt werden musste und welches vom Entwicklungsteam mangels Wissens gar nicht richtig umgesetzt werden kann.

Die Konsequenz: Das reaktive Wirken von UX-Teams führt in weniger reifen Organisationen zu vielen Spannungen und Konflikten. Die späten Nutzertests führen beispielsweise zu Projektverzögerungen und Mehraufwand. UX-Profis werden als Störung wahrgenommen. Das nicht zu Nutzern passende und nicht richtig umsetzbare UX-Konzept erzeugt viel Kopfzerbrechen in der Entwicklung und die Wahrnehmung, dass UX-Profis alles schön aussehen ließen, jedoch das Ergebnis weder funktioniere noch wirklich brauchbar sei und sowieso zu viel koste.

Einsatz- und Kapazitätsplanung Die Distanz zu den Produktteams erschwert auch Einsatz- und Kapazitätsplanung. Ein UX-Team als spezialisierte, interne Dienstleistungsstelle wird von der Nachfrage fremdgesteuert. Und so ist entweder zu viel zu tun oder zu wenig. Entweder kann man die Anfragen nicht zeitgerecht bedienen oder man rennt der Arbeit nach. Gerade bei geringer Reife schätzen die verantwortlichen Führungskräfte bzw. Produktmanager ihren Bedarf nach UX-Dienstleistungen auch falsch ein. UX-Leader müssen also den Bedarf selbst abschätzen können und brauchen entsprechende Informationen über aktuelle und anstehende Vorhaben. Gleichzeitig sind auch die UX-Profis gefragt. Diese müssen Klärungsarbeit und Beratung leisten. Auftraggeber sollen den Nutzen von UX und die für sie passende nutzerzentrierte Arbeitsweise verstehen und einplanen können. Nur so kann es gelingen, UX-Profis zum richtigen Zeitpunkt einzuplanen und anzufragen und Plan B, Plan C und Plan D zu entwerfen.

Bürokratische Beauftragung Da die UX-Fachstelle als Dienstleistungserbringerin Aufträge ausführt, müssen die bestellenden Teams natürlich auch Aufträge formulieren. Genug früh und genau, damit die Fachstelle eben auch die nötigen personellen Ressourcen bereitstellen kann. Stehen dann zu viele Anfragen an, muss die Fachstelle zudem aushandeln, welche berücksichtigt werden und welche nicht. Hier liegt ein weiterer kleiner Teufel mit spitzen Hörnern im Detail. Je weiter im Voraus Aufträge eingegeben werden, desto größer ist die Wahrscheinlichkeit, dass die Aufträge verschoben oder angepasst werden müssen. Dann muss die Fachstelle die Aufträge erneut verhandeln und umplanen. Unter Umständen sind dann auch die extern eingekauften Mitarbeiter zu früh oder zu spät da. Die Beauftragung der UX-Fachstelle erzeugt also für alle Beteiligten viel nutzlosen Aufwand. Dieser Aufwand nimmt übrigens überproportional mit der Auslastung der Fachstelle zu. Die hohe Schule ist also: Dienstleistungen unbürokratisch und auch kurzfristig anbieten können. Und das geht nur, wenn die UX-Fachstelle eine leichte Überkapazität hat, sehr gut über die potenziellen Auftraggeber und deren Fortschritte in der Entwicklung informiert ist und die Bestellung der Dienstleistung laufend vereinfacht.

Budgetierung und Verrechnung Als Firma möchte man wissen, wie viel eine Entwicklung tatsächlich kosten wird. Ergo muss ein Entwicklungsbudget UX-Dienstleistungen einkalkulieren. Bei jährlichen Budgetrunden müsste die Planung für das Folgejahr ca. 1,5 Jahre im Voraus gestartet werden. Das kann sehr anspruchsvoll sein und entsprechend könnte ein Team einen der folgenden Ansätze befolgen. Erstens könnte ein Team UX-Aktivitäten nicht budgetieren. Die Fachstelle erhält dann keine Aufträge oder nur unter Zwang und Stress auf allen Seiten. Zweitens kann ein Team einfach eine Pauschale einplanen. Die Fachstelle erhält dann Aufträge, die zum Budget passen. Drittens könnte ein Team auch die Aufträge ein Jahr im Voraus zusammenstellen und von der Fachstelle bepreisen lassen.

Plananpassungen Egal wie UX-Aktivitäten budgetiert wurden: Der Plan, der anderthalb Jahre oder länger im Voraus gemacht wurde, wird nicht aufgehen. Das Entwicklungsteam wird umplanen. Dabei stellt sich dann auch unweigerlich die Frage, wie das Budget nun tatsächlich genutzt werden soll. Schließlich könnte man anstelle eines Tests mit Nutzern auch ein Feature bauen. UX-Mittel werden zweckentfremdet: ein beliebtes Mittel bei hohem Druck!

UX gratis anbieten Bei all diesen Herausforderungen kann eine findige UX-Fachstelle mit der Organisation verhandeln und die Dienstleistungen gratis anbieten. Für Entwicklungsteams wird alles nun sehr viel einfacher. Dummerweise erscheint nun die Fachstelle nur noch in der Rubrik Kosten im Unternehmen. Und so muss diese den Nutzen immer wieder rechtfertigen.

Elfenbeintürme oder nutzerzentriert? UX-Fachstellen sind recht weit von den Bedürfnissen der Entwicklungsteams entfernt. Das Risiko ist entsprechend groß, dass die von einer Fachstelle entwickelten Hilfsmittel, wie beispielsweise Designsysteme, Prozesse und mehr, für die Organisation nur beschränkten Nutzen erzeugen. Nutzer- und kundenzentriertes Vorgehen ist hier für eine UX-Fachstelle Pflicht, aber leider nicht wirklich selbstverständlich.

Reife und Spezialisierung der Fachstelle Je reifer eine Organisation, desto spezialisierter werden wohl die von einer Fachstelle angebotenen Dienstleistungen. In einer weniger reifen Organisation wird eine UX-Fachstelle alle UX-Dienstleistungen anbieten. Doch mit der Reife wächst auch der Anspruch an die Qualität der Dienstleistungen. So wird Produktmanagement eine Vielzahl von Metriken überwachen und nicht nur gelegentlich erheben. Das eher informell geführte Designsystem entwickelt sich zu einer hochgeschätzten Ressource mit Komponenten für UI-Prototypen und die Entwicklung. Anstatt Nutzer über das persönliche Netzwerk oder einen Rekrutierungsdienst für Tests zu erreichen, lohnt es sich plötzlich, eine eigene Usercommunity zu unterhalten, die einfach für Nutzertests eingebunden werden kann. Alle solche Aufgaben werden ab einem gewissen Qualitätsniveau ein dediziertes Team benötigen und wenn die Organisation noch eine gewisse Größe hat, können diese Teams dann auch schnell wachsen.

Spezialisierung führt zu Spezialisten Mit dieser Spezialisierung der UX-Fachstellen spezialisieren sich auch die UX-Profis, die in einer solchen Fachstelle mitarbeiten. Damit erreichen die Profis nun eine große Tiefe, können aber auch viel weniger flexibel eingesetzt werden. Eine Organisation mit spezialisierten Fachstellen sollte also die Entwicklung der UX-Profis nicht außer Acht lassen und dieser Spezialisierung entgegenwirken.

Fazit Eine UX-Fachstelle kann sehr effiziente UX-Dienstleistungen auf hohem Niveau für interne Kunden erbringen. Bei tiefer Reife wird dies zwar etliche Störungen erzeugen, ermöglicht es hingegen, eine gute methodische Basis zu etablieren. Bei hoher Reife kann eine richtig spezialisierte Fachstelle großen Mehrwert liefern. Die Fachstelle sollte insbesondere in die Beauftragung investieren. Das Ziel: schnell, kurzfristig, unbürokratisch.

PRAXISBEISPIEL: Zentrales UX-Team in einem großen Dienstleistungsunternehmen

Für ein großes Dienstleistungsunternehmen wird im Laufe der fortschreitenden Digitalisierung auch der digitale Kanal zu den Kunden immer wichtiger. Die Firma startet zahlreiche IT-Projekte, um ihren Kunden Dienstleistungen im Web und mittels Apps anzubieten. Da entsteht schnell ein gewisser Wildwuchs und das Management sieht den Bedarf, diese neuen Applikationen „nutzerfreundlich" und mit einer guten User Experience zu gestalten.

„Eine UX-Spezialistin, unterstützt von mehreren Agenturen, soll es richten."

Das Unternehmen stellt eine UX-Spezialistin als zentrale Schaltstelle für die UX-Aktivitäten ein. Diese arbeitet mit UX-Agenturen zusammen und bringt dadurch externe UX-Designer in die Projekte. Schnell wächst der Bedarf: von anfangs 35 Projekten auf 60 und dann auf über 90 Projekte pro Jahr. Nach einiger Zeit wird offensichtlich, dass die externe Ressourcenbeschaffung für so viele Projekte nicht wirtschaftlich ist, und man beginnt, ein internes Team von UX-Profis aufzubauen. Das Team ist im Bereich Kommunikation angesiedelt und bekommt Aufträge aus allen fünf Geschäftsbereichen. Nach kurzer Zeit besteht das UX-Team bereits aus acht UX-Profis, die meist gleichzeitig in mehreren Projekten arbeiten.

„Ein zentrales UX-Team entsteht. Dies baut rasch UX-Kenntnisse auf."

Die Stärke des UX-Teams ist der rasche Aufbau von Wissen über UX und die Definition eines einheitlichen UCD-Prozesses. Durch offene Workshops mit den Geschäftsbereichen wird das UX-Thema breit bekannt und die Nachfrage nach den UX-Dienstleistungen steigt schnell an.

Auch die Standardisierung, die Weiterbildung sowie enge fachliche Abstimmung etabliert sich sehr gut im Team. Die zentrale Planung der Kapazitäten und Steuerung der UX-Ressourcen über alle laufenden Projekte hinweg erfolgt zentral durch die UX-Leaderin.

„Schlechte Planbarkeit bleibt eine große Herausforderung."

Als Nachteil zeigt sich mit der Zeit die schlechte Planbarkeit, weil die zukünftige Nachfrage kaum abzuschätzen ist. Meist kommen zu viele Anfragen und das Team muss mit externen Agenturen arbeiten, um genügend Kapazitäten zu schaffen. Auch die Distanz zu den Produktmanagern in den Geschäftsbereichen ist groß und es ist nicht bekannt, wann und wo welche neuen Produktideen umgesetzt werden sollen. Das Team kann also nur reaktiv auf die Anfragen eingehen und kann keine eigene Planung umsetzen.

Der administrative Aufwand steigt und steigt, da alle Aufwände an die Geschäftsbereiche verrechnet werden müssen. Somit benötigt jeder Einsatz von UX-Ressourcen einen umfangreichen Angebotsprozess. Obwohl dieser mit der Zeit standardisiert und vereinfacht wird, bleibt doch ein beträchtlicher Mehraufwand beim UX-Team. Zudem sind die Diskussionen mit den internen Auftraggebern – je nach Reifegrad des Bereichs – aufwendig und manchmal auch frustrierend.

Dennoch steigt die Nachfrage nach UX-Leistungen stetig an und das Team wächst auf 12 interne und 12 externe UX-Profis. Eine Dezentralisierung der UX-Organisation wird ins Gespräch gebracht, aber vom Management nicht aufgenommen.

„Die Distanz zu den Projektteams ist (zu?) groß."

Das zentrale UX-Team stößt an Grenzen, da die Distanz zu den Projektteams groß ist. UX-Dienstleistungen werden nur auf Anfrage genutzt – also reaktiv. Es gibt keine gestaltenden Einflüsse auf die Entstehung neuer Produkte. Gerade da wären aber die Erkenntnisse aus Nutzerforschung und das Wissen über Nutzer besonders nützlich. Damit dies möglich ist, muss die Organisation näher an die Produktteams herankommen und dies erfordert eine dezentrale Struktur. In diesem Unternehmen gelang es jedoch nicht, das Thema UX im oberen Management zu verankern und dessen Potenzial für Innovation und Unternehmensentwicklung sichtbar zu machen.

„Eine UX-Fachstelle ist ein guter Startpunkt, stößt aber bei Wachstum rasch an Grenzen."

Das zentrale UX-Team ist ein guter Startpunkt, um UX-Kenntnis aufzubauen und in die Geschäftsbereiche zu bringen. Die gute Vernetzung mit den Geschäftsbereichen erzeugt dann auch eine große Nachfrage nach UX-Dienstleistungen. Wenn es dem UX-Management gelingt, die Nachfrage zeitnah zu befriedigen, können UX-Aktivitäten erfolgreich in die Projekte gebracht werden.

Wichtig ist aber, frühzeitig zu erkennen, wann die zentrale Struktur an ihre Grenzen kommt, und dann unmittelbar eine Dezentralisierung einzuleiten, um weiter skalieren zu können.

7.2 UX-Profis in der Aufbauorganisation

Einzelkämpfer im Entwicklungsteam

Die Distanz der UX-Fachstellen zu Entwicklungsabteilungen sorgt für einige Herausforderungen. Die Alternativen sind verteilte Ansätze: UX-Spezialisten werden in die Teams integriert (Abb. 7.3).

Agile Teams und Entwicklungsorganisationen streben danach, alle für eine Entwicklung notwendigen Fähigkeiten im Team zusammenzuziehen. Somit besteht hier der Wunsch, auch die UX-Profis in das Team aufzunehmen und als Teil der Entwicklungsorganisation zu führen. UX-Spezialisten werden so auf die Teams verteilt und zu Einzelkämpfern.

Bedürfnisse der Entwicklung UX-Profis sind voll in die Entwicklungsorganisation eingebunden und können für die Tätigkeiten eingesetzt werden, für die sie am meisten benötigt werden. Auch die sozialen und persönlichen Prozesse finden in der Entwicklungsorganisation statt. Somit sind Weiterbildung, Karriere, Kultur und vieles mehr von der Entwicklungsorganisation definiert und UX-Profis, sofern sie sich in einer solchen Kultur wohlfühlen, können viel bewirken.

Finanzierung durch das Entwicklungsteam Das Entwicklungsteam bezahlt die UX-Profis und somit ist dies auf ganz natürliche Weise erledigt. Es benötigt kein Prozentschneiden, keine bürokratischen Bestellprozesse und Abrechnungen. Und da das Team auch die UX-Profis bezahlt, ist die Motivation hoch, diese auch gewinnbringend einzusetzen. Somit eigentlich eine ganz gute Voraussetzung für die UX-Profis.

UX-Ziele und UX-Verständnis Diese Integration in das Team kann aber auch zu einer Falle werden. Ist UX für die Organisation oder die starken Personen im Team unwichtig, fehlt das Verständnis für UX-Aktivitäten und dominieren somit andere Ziele, werden UX-Profis auch völlig falsch eingesetzt. Sie malen dann beispielsweise für Nutzer unpassende Features im Corporate Design an und setzen das Designsystem in Hochglanzbildern um. Sie erhalten keine Möglichkeit, sich um die User Experience als solche zu kümmern.

Abb. 7.3 Einzelkämpfer in der Organisation

Gleichgesinnte und kreative Durchschlagskraft UX-Profis, insbesondere wenn sie einen starken Hintergrund im Design besitzen, sind in ihrer Denkweise und Herangehensweise für gewöhnlich sehr unterschiedlich zu beispielsweise den Ingenieuren im Team. Solche Unterschiede können für ein offenes Team sehr befruchtend sein. Auf sich allein gestellt tun sich jedoch viele UX-Profis schwer, ihre Herangehensweise in das Team zu bringen und die Entwickler mitzuziehen. Es fehlt der Erfahrungsaustausch mit Gleichgesinnten. Ebenso sind viele UX-Aktivitäten sehr kreativ. Ein kleines, schlagkräftiges Team kann bei solchen Tätigkeiten Ansätze entdecken, die Einzelpersonen entgehen. Sind im Entwicklungsteam keine passenden Denker, fehlt es dann an kreativer Durchschlagskraft.

Weiterentwicklung von UX in der Organisation Absorbiert in die Entwicklung, erhalten UX-Profis für gewöhnlich wenig Gelegenheit, UX auch in der Organisation weiterzuentwickeln. Auch fehlen den UX-Profis typischerweise die Hebel, um UX in der Organisation zu etablieren. Sie sind dazu auf übergeordnete Stellen und Personen angewiesen. Bei Organisation mit einer Reife tiefer als vier oder fünf haben diese typischerweise zu wenig Verständnis von UX und erlassen Vorgaben, die UX-Aktivitäten mehr behindern, statt zu fördern.

Fazit Je reifer eine Organisation ist, desto besser können Einzelkämpfer in den Entwicklungsteams wirken. Dabei ist es wichtig, dass diese UX-Profis sich mit Gleichgesinnten aus anderen Teams austauschen und diese für knifflige Fragestellungen hinzuziehen können. Somit müssten UX-Profis untereinander vernetzt sein, z. B. mit einer UX-Gilde, und Freiraum erhalten, andere zu coachen oder sogar zeitweise zu unterstützen.

UX-Profis in der Matrix

Eine Matrixorganisation soll die Interessen der Disziplinen – in diesem Fall User Experience – und die der Entwicklungsteams gleichzeitig erfüllen. UX-Profis gehören einem UX-Team an und sind gleichzeitig Teil eines oder sogar mehrerer Entwicklungsteams.

So bestehen für gewöhnlich zwei Hierarchien gleichzeitig – die eine steuert die Entwicklung und die andere die Fachdisziplin UX (Abb. 7.4).

Auch in dieser Organisationsform kann ein UX-Team zu einer UX-Abteilung mit mehreren Teams wachsen.

Profitieren vom UX-Team In der Matrixorganisation existieren viele Vorteile eines UX-Teams, wie sie auch die UX-Fachstelle kennt: UX-Profis haben Austausch mit Gleichgesinnten, können Unterstützung für knifflige Situationen erhalten und sich fachlich weiterbringen. Die Organisation kann UX-Profis gezielt fördern. Ebenso kann ein solches UX-Team in der Organisation wirken: Das Team kann Kurse, Informationsveranstaltungen, Communitys, Mitarbeit bei strategischen Themen, Standardisierung von Prozessen

7.2 UX-Profis in der Aufbauorganisation

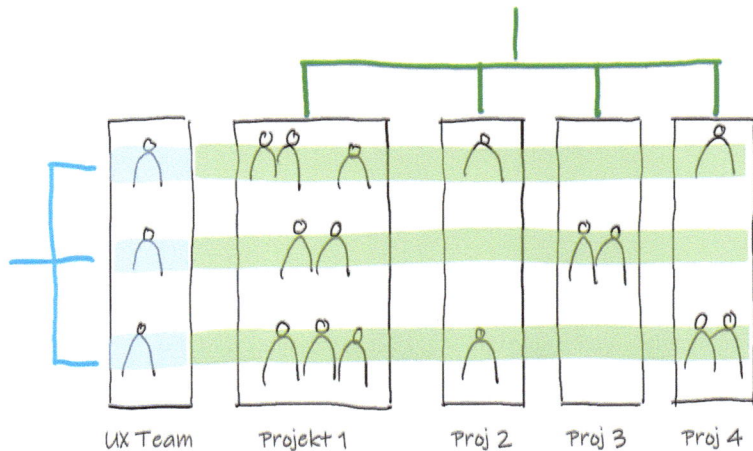

Abb. 7.4 UX-Profis in der Matrix

und Werkzeugen und vieles mehr vorantreiben. Und schließlich hat das Team auch Vertreter im Management.

Nähe zu der Entwicklung Die Aufgabenprozesse funktionieren in Matrixorganisationen meist gut, da UX-Profis direkt in der Entwicklung sind und so die Bedürfnisse im Team früh erkennen und darauf reagieren können. UX-Profis liefern Ergebnisse, die auch hohen Nutzen bringen.

Body Leasing sorgt für Breite Die UX-Profis werden in einer Matrixorganisation zu einem Teilpensum an die Projekte „verkauft". Sie sind somit längerfristig Mitglied eines Entwicklungsteams und können Impulse geben und das Team in Bezug auf UX weiterbringen. Dabei lernt nicht nur das Team, auch die UX-Profis: Sie können neue Dinge ausprobieren, setzen sich mit Planung, Steuerung und Teamentwicklung auseinander, finden neue Möglichkeiten, Nutzer zu involvieren, und vieles mehr. UX-Profis werden weniger zu Spezialisten, sondern eher zu Generalisten und je breiter sie aufgestellt sind, desto mehr Wirkung können sie erzielen (Abb. 7.5).

In einer Matrixorganisation werden UX-Profis wegen ihrer spezifischen UX-Kompetenz zu einem Team zugeteilt, erzielen jedoch die Wirkung durch die Breite ihres Erfahrungsschatzes. Im Gegensatz dazu sind UX-Profis in einer UX-Fachstelle wegen ihrer thematischen Tiefe erfolgreich.

Einfachere Einsatzplanung In einer Matrixorganisation sind die „Mandate" der UX-Profis oft über Monate oder Jahre fixiert. Sie werden, wie alle anderen Teammitglieder, bei der

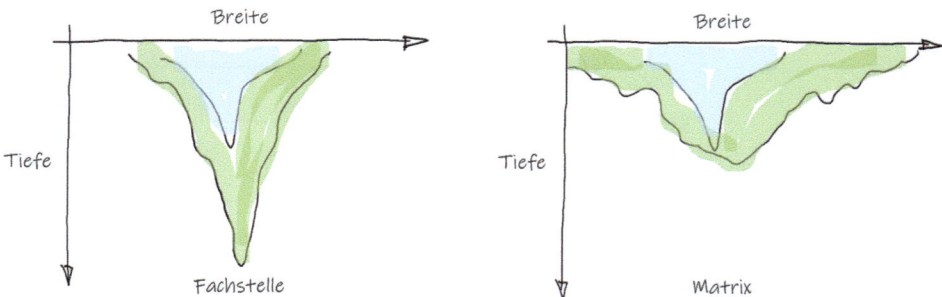

Abb. 7.5 Eindringtiefe oder Breite im Fachgebiet: Fachstelle vs. Matrix

Planung eines Vorhabens bereits bestellt. Somit werden Kapazitäts- und Einsatzplanung sehr viel einfacher als bei einer Fachstelle.

Falsch eingesetzte UX-Profis Eine Organisation mit tiefer Reife wird Mühe haben, die UX-Profis richtig einzusetzen. Denn wie bei der Fachstelle haben auch hier die „Auftraggeber" für gewöhnlich zu wenig Verständnis, welche UX-Fähigkeiten in ihrem Team notwendig sind, wie viel Aufwand dies erzeugt und wie sie die UX-Profis richtig einsetzen. So müssen die UX-Teams bei der Zuteilung zu den einzelnen Entwicklungsteams sehr genau hinschauen: Wie gut können die Teams „UX"? Sind sie auch offen, zu lernen und Experimente zu machen? Wie hoch ist der Druck im Team? Entsprechend sind andere Profile der UX-Profis gefragt. Und aufgepasst: Gewisse Teams scheinen erleichtert, teilt man „Fremde" als potenzielle Sündenböcke zu!

Entwicklungsteam > Organisationsentwicklung? Wenn großer Druck in den Entwicklungsteams herrscht, werden auch UX-Profis gerne vereinnahmt und es bleibt keine Zeit für die Organisationsentwicklung. Die Matrixorganisation könnte das im Prinzip verhindern, indem UX-Profis nicht mit ihrer kompletten Kapazität an die Entwicklungsteams verkauft werden. In der Praxis ist dies jedoch in vielen Organisationen kaum oder gar nicht durchsetzbar. Denn die Entwicklungsprojekte sorgen kurz- und mittelfristig für den Erfolg einer Firma, Organisationsentwicklung ist jedoch für gewöhnlich eher längerfristig spürbar.

Entwicklungsteam > persönliche Entwicklung? Auch die fachliche Entwicklung von UX-Profis kann recht schwierig werden. So ist es unter hohem Druck praktisch unmöglich, UX-Profis mit wenig Erfahrung in Projekte zu vermitteln, diese würden aufgefressen. Auch die individuelle Weiterentwicklung und der Teamspirit der UX-Profis sind schwieriger zu fördern. Somit fühlen sich die UX-Leute oft weniger zusammengehörig als beispielsweise in einer Fachstelle.

7.2 UX-Profis in der Aufbauorganisation

Fazit Eine Matrixorganisation verspricht das Beste von zwei Welten: Nähe zur Entwicklung und Nähe zu UX-Kollegen. Gelingt es der UX-Teamleitung, die UX-Profis den Entwicklungsteams zuzuteilen, bei denen sie auch Wirkung erzielen können und nicht verbrannt werden, kann eine Matrixorganisation bereits bei tiefer Reife große Wirkung erzielen.

UX-Hub

Zentrale UX-Abteilungen sind nicht in allen Firmen sinnvoll. Agile Organisationen bringen beispielsweise die UX-Profis in den Einheiten als Einzelkämpfer oder in kleinen UX-Teams unter. Viele Firmen agieren auch global und es ist durchaus sinnvoll, die UX-Spezialisten regional zu verteilen. Das erleichtert beispielsweise den Zugang zu den ebenfalls auf der ganzen Welt verteilten Nutzern mit unterschiedlicher Sprache und Kultur.

Bei verteilten Organisationen gelingt es den UX-Profis, UX in ihrer lokalen Umgebung weiterzubringen. Übergreifende Themen sind aber sehr schwierig umzusetzen. Es kann sich also lohnen, einen UX-Hub zu etablieren (Abb. 7.6).

Im Hub wird die fachliche Führung von UX zentralisiert. Die Personen im Hub treiben Themen wie Standardisierung, Design- und Research Ops, Methodenentwicklung, Know-how-Entwicklung und Organisationsentwicklung voran. Die sogenannten Spokes, also meist kleine, weitgehend autonome UX-Teams, sind in die Produktentwicklung, Marketing, Fachabteilungen und mehr integriert. In den Spokes läuft das „operative" UX-Geschäft.

Ähnlich zu einer Matrixorganisation kann eine Organisation mit diesem Modell also UX-Profis sehr nahe in die Projektteams bringen, hat aber trotzdem Kapazität, um das Thema UX weiterzuentwickeln.

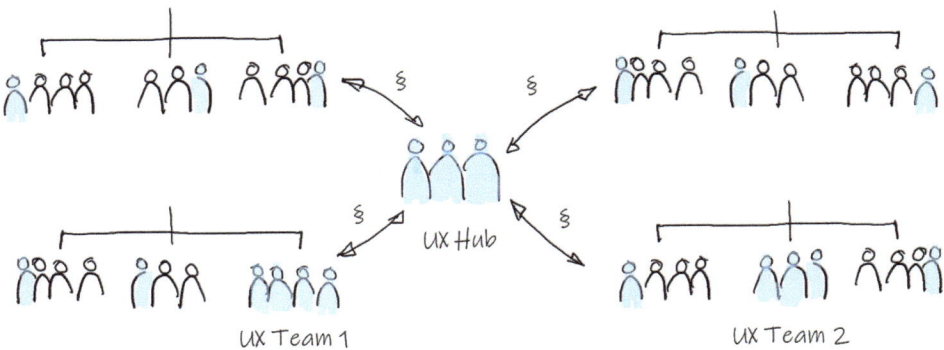

Abb. 7.6 Organisation mit UX-Hub und Spokes

Institutionalisierung von UX Ein Hub soll bei dezentralen Organisationen also die übergreifenden Themen, insbesondere auf der institutionalisierenden Ebene vorantreiben. Dabei arbeiten die Leute im Hub sehr eng mit den UX-Profis in den Spokes zusammen.

Hub sorgt für Vernetzung Eine weitere wichtige Aufgabe für einen Hub sind die übergreifenden sozialen Prozesse. Die UX-Profis sollen sich kennenlernen, sich inspirieren, sodass sie auch im operativen Geschäft schnell und unkompliziert aufeinander zugehen können. Ein Hub sollte also auch Gilden und Communitys fördern und beflügeln.

Flexibilität in den Spokes, Stabilität im Hub Größere Organisationen verändern sich konstant und passen damit auch laufend die Spokes an. Mit einem stabilen Hub, der die verschiedenen UX-Profis vernetzt, kann dies nun auch viel einfacher geschehen, weil die Profis eben einen guten Austausch untereinander haben.

Finanzierung und organisatorische Verankerung Die Spokes sind Teil einer Organisationseinheit und werden somit von diesen finanziert. Ein Hub ist nun übergreifend wirksam und wird somit nicht durch die Projekte und die Entwicklung bezahlt. Also muss das Topmanagement überzeugt sein, dass die Arbeiten im Hub das Unternehmen weiterbringen und wichtig sind, und den Hub finanzieren. Ein Hub sollte entsprechend auch oben in der Hierarchie verankert sein. Das gibt den Leuten im Hub auch einen größeren Wirkungskreis.

Elfenbeintürme und Druck in den Spokes Wie UX-Fachstellen auch kann sich ein Hub von der Realität in den Teams zu weit entfernen. Ist beispielsweise der Druck in den Spokes hoch, haben die UX-Profis kaum Zeit, sich mit übergreifenden Themen zu beschäftigen. Die Personen im Hub können Themen auf eigene Faust vorantreiben. Doch riskieren sie damit viel. Bei der Umsetzung in den Teams fällt dann schnell auf, dass die guten Ansätze die UX-Profis in den Spokes überfordern, nur schwer umsetzbar sind und viel zusätzliche Belastung erzeugen.

Konflikte zwischen Hub und Spokes Generell besteht Konfliktpotenzial zwischen einem regulierenden Hub und operativen Spokes. So gibt es einen Interessenkonflikt durch unterschiedliche Ziele: Die Profis in den Spokes wollen UX eher pragmatisch und angepasst an ihr Projekt und ihre Fähigkeiten betreiben. Die Profis im Hub wollen gemeinsame Standards etablieren. Auch gibt es nicht die eine, beste Art, UX-Aktivitäten auszuführen, und nicht die eine und beste Lösung. Somit gibt es auch sehr unterschiedliche Überzeugungen, wie UX am besten betrieben wird. Vertritt nun ein Hub eine Überzeugung und versucht diese durchzusetzen, wird der Konflikt sehr schnell aufbrechen.

Fazit Ein Hub verspricht Struktur und Standardisierung auch in dezentralisierten Organisationen. Doch muss ein Hub von der Organisation getragen werden und das setzt eine UX-Reife eher der Stufe fünf als vier voraus. Bei tieferer Reife wird ein Hub zu schwach sein, in der Organisation nicht gehört werden und die Profis in den Spokes erfahren zu viel Widerstand bei der Umsetzung von getroffenen Maßnahmen.

PRAXISBEISPIEL: Von der UX-Gilde zum UX-Hub

Ein großer Finanzdienstleister ist sehr gut lokal und regional verankert und erfolgreich. Die Organisation ist nach den Kundensegmenten in drei Hauptbereiche plus Logistik, zu welcher auch die hauseigene Informatik gehört, aufgeteilt. Im Laufe der fortschreitenden Digitalisierung baute das Unternehmen einen weiteren, zentralen Bereich auf. Hier siedelte das Unternehmen die digitalen Kundenkanäle und die Werkzeuge für die Kundenberatung an. In diesem Bereich sind auch Produktentwicklungsteams mit den UX-Profis organisatorisch eingebettet.

„Die Geschäftsleitung investiert in die digitalen Kundenkanäle."

Die Geschäftsleitung hat entschieden, intensiv in die digitalen Kundenkanäle zu investieren. Dazu wird ein neuer Organisationsbereich aufgebaut, in welchem Softwareentwickler, Business Engineers und UX-Designer die digitalen Produkte entwickeln und zum Kunden bringen sollen. Der Bereich wächst stark und umfasst nach neun Jahren bereits über 400 Mitarbeitende, organisiert in 25 Produktentwicklungsteams.

Dabei wächst auch die Anzahl der UX-Profis von anfangs fünf auf 25. Mit dem Wachstum des Bereichs dezentralisiert das Management auch die Organisation der UX-Profis und integriert jeweils einen bis zwei UX-Profis in ein Produktentwicklungsteam. Eine UX-Gilde soll die Zusammenarbeit zwischen den UX-Profis sicherstellen. Die UX-Gilde führt Aktivitäten zur Institutionalisierung – wie z. B. den Aufbau eines Designsystems – voran.

„Die Institutionalisierung kommt trotz UX-Gilde in der dezentralisierten Organisation zu kurz."

Bald wird offensichtlich, dass die weitere Institutionalisierung von User Experience in dieser Struktur stark beschränkt ist. Sämtliche Ressourcen fließen in die Entwicklungsarbeit. Um dieses Problem zu lösen, entscheidet das UX-Management, einen UX-Hub aufzubauen. Im Hub wird das Designsystem weiterentwickelt und in die Produktentwicklungsteams gebracht. Dazu gehören auch entsprechende Schulungen und passende Prototypenwerkzeuge. Der Hub wird sehr schlank gehalten und besteht aus dem UX-Leader, der als Product Owner des Designsystems amtet, und einer UX-Designerin, die das Designsystem weiterentwickelt. Die Spokes sind den Produktentwicklungsteams zugeordnet und bestehen aus jeweils einem bis zwei UX-Profis.

„Ein Hub schafft Sichtbarkeit für die Institutionalisierung von UX."

Durch den Aufbau des Hubs wird die Institutionalisierung von UX in der Organisation sichtbar und erhält auch ein dezidiertes Budget. Der Start kann als durchaus gelungen bezeichnet werden, auch wenn aufgrund der Teamgröße die Fortschritte eher klein sind. Entsprechend bemüht sich das UX-Management in den folgenden Jahren, weitere UX-Profis in den Hub aufnehmen zu können. Die Arbeit in den Spokes wird in enger Abstimmung mit dem Hub durchgeführt. In Workshops optimieren die UX-Profis gemeinsam die Designprozesse und arbeiten an einer UX-Strategie.

PRAXISBEISPIEL: Von der zentralen UX-Fachstelle zu UX-Hub mit Matrixorganisation

Ein multinational tätiges Produktentwicklungsunternehmen beschloss 2007, das Thema Usability aufzugreifen – der Begriff User Experience war damals noch kaum sichtbar. Das inhaltliche Verständnis war nicht groß, aber durch die Einführung des iPhones und eine sich abzeichnende Regulierung im Haupttätigkeitsfeld der Firma, der Medizintechnik, war zumindest eine minimale Aufmerksamkeit auf das Thema gelenkt worden. Da die Firma sehr prozessorientiert war, schien der beste Weg, mit einer zentralen Fachstelle zu starten. Diese hatte den Auftrag, sowohl Hard- wie auch Software zu standardisieren. Das Management versprach sich dadurch ein einheitliches Erscheinungsbild der verschiedenen Produkte und die Einhaltung der regulatorischen Vorgaben.

„Das Management erwartete ein einheitliches Erscheinungsbild und die Einhaltung regulatorischer Vorgaben."

Die Stärke dieser Herangehensweise war, dass sie gut in die bestehende Kultur passte, die stark auf Prozesse und Strukturen ausgelegt war. Die entsprechenden Vorgaben waren einigermaßen einfach in die bestehende Prozesslandschaft einzubauen. Das zentrale Team war in die Projektarbeit eingebunden, sodass die Vorgaben auch von den Leuten umgesetzt werden mussten, die sie gemacht hatten. Das war der inhaltlichen Qualität der Standards durchaus zuträglich.

„Viel Energie verpuffte wegen der unklaren Ausrichtung der UX-Anstrengungen, den verteilten Entwicklungsteams und durch das Wachstum der UX-Fachstelle."

Der Ansatz hatte nun auch ein paar Schwächen. So gab es keine klaren Prioritäten für UX-Aktivitäten. Je nach Projektleiter und Marketingteam war mal das Gehäusedesign im Fokus, dann ging es um effiziente Arbeitsabläufe, dann war wieder Einheitlichkeit gefragt. Dieses Problem spiegelte sich auch im Projektteam wider. Es gab endlose Diskussionen,

7.2 UX-Profis in der Aufbauorganisation

die für jedes Projekt wiederholt wurden. Der Einfluss der zentralen Fachstellen auf Entwicklungsstandorte in den anderen Ländern war bescheiden und konnte nur mit einem erheblichen Reiseaufwand überhaupt erhalten werden. Auch der Vorteil, dass die Guidelines direkt vom UX-Team erstellt und angewendet wurden, verkehrte sich ins Gegenteil, als sich zeigte, dass die aktuelle Organisation mit der Doppelrolle als zentrale Fachstelle und Projektmitarbeiter nicht genügend skalierte. Nun wurde erwartet, dass auch externe Partner und Entwickler diese anwenden. Die Standards waren zu dieser Zeit aber schon viel zu umfangreich und wuchsen mit jeder Frage, die dazu gestellt wurde, auch noch weiter an.

„Dank Druck von oben entwickelte die Organisation eine dezentrale Struktur."

Nach vier Jahren wurde das Fazit gezogen, dass es so nicht weitergehen konnte. Mit viel Aufwand und auf erheblichen Druck des Divisionsleiters wurde an jedem Entwicklungsstandort ein UX-Team geschaffen, das auch von diesem Standort finanziert wurde.

Auch diese Änderung hatte Stärken und Schwächen. Durch die Verteilung der Abteilungen wurde eine dreidimensionale Führungsstruktur notwendig. Es gab einen Linienmanager, der auf dem Standort für Personalthemen zuständig war, es gab Projektleiter mit entsprechender Projektverantwortung und eine „dotted line" in die zentrale Fachstelle, die für die UX-spezifischen Aspekte verantwortlich war. Oder also mit den Worten dieses Buches: Lokale UX-Teams in einer Matrixorganisation waren auch die Spokes eines UX-Hubs. Das klingt nicht nur sehr komplex, es war es auch.

„Die Matrixorganisation in den Spokes brachte die UX-Profis in die Entwicklung."

Doch die Stärken der neuen Organisation überwogen. Durch Spokes waren UX-Profis nun deutlich näher an den Projekten und zumindest etwas näher an den Benutzern. Die UX-Profis wurden als Teil der Teams wahrgenommen. Die lokale Verankerung ermöglichte es den UX-Teams auch, auf die kulturellen Unterschiede einzugehen. Das Führungsverhalten in Spanien, Bulgarien und den USA unterscheidet sich deutlich von dem in der Schweiz. Diese Unterschiede zogen sich durch viele Themen wie Zielvereinbarungen, Feedbackkultur und Gehaltsstufen.

Die Aufgabe des Hubs war nun klarer und er wurde auch wesentlich sichtbarer. Gerade mit der Ausarbeitung von Prozessen konnten die Mitarbeiter im UX-Hub wesentlich mehr Einfluss nehmen und schließlich wurde dem Hub die Verantwortung für gewisse regulatorische Aspekte auf Firmenebene übertragen.

Natürlich zeigten sich auch neue Schwächen. Die komplexe Führungsstruktur war für die Leitung des Hubs sehr anspruchsvoll. Theoretisch hätte sich eine Aufgabenteilung ergeben müssen, aber da das Wissen zu UX in den lokalen Organisationen kaum vorhanden war, mussten UX-spezifische Themen wie Mitarbeiterentwicklung, Einsatzplanung,

Qualitätssicherung und Standardisierung praktisch alleine vom Hub gehoben werden. Dabei waren Themen wie Funktionseinstufung und Gehalt besonders schwergängig, da hier auch noch rechtliche Vorgaben und lokale Gepflogenheiten berücksichtigt werden mussten. Sie sehen, der Hub hatte starken Einfluss in die lokale Organisation und das pflasterte den Weg zu einer guten Zusammenarbeit mit Fettnäpfchen. Friktionen blieben nicht aus.

„Keine Veränderung ohne Wehrmutstropfen! Auch ohne paradiesische Zustände bleibt ein Schritt nach vorne ein Fortschritt."

Es lässt sich festhalten: irgendwas ist immer. Es gibt bei der Gestaltung von Organisationen keine perfekte, schmerzfreie Lösung. Organisatorische Änderungen sind immer zu einem gewissen Maße unangenehm. Außerdem haben sie die lästige Eigenschaft, dass die zugehörigen Probleme erst nach der Umsetzung so richtig erfahrbar sind. Damit ist man immer etwas enttäuscht, da die erhofften paradiesischen Zustände dann doch nicht herrschen. Um einer postreorganisatorischen Depression vorzubeugen, lohnt es sich, zuerst ein klares Bild der Ausgangslage und der zu lösenden Probleme zu entwickeln – das braucht es ja sowieso. Damit wird dann der neue Stand verglichen. Das gibt üblicherweise eine bessere Übersicht über den Fortschritt als die Gegenüberstellung mit einer hypothetischen Traumvorstellung.

– Gedankenstrich: Die Finanzierung von UX-Aktivitäten und UX-Profis ist ein Schlüssel für erfolgreiche User Experience. Wer ist in welcher Situation die geeignete Person für die Finanzierung und was ist eine passende Organisationsstruktur?

a) Ein IT-Dienstleister verleiht nun neu auch UX-Profis an seine Kunden.
b) Ein Hersteller von etwa 70 verschiedenen Heimelektronikprodukten in vier Sparten will künftige Produkte konsequent nutzerzentriert entwickeln.
c) Eine Liegenschaftsverwaltung will 90 % der Kontakte mit Mietern mit digitalen Kanälen abwickeln.

Verteilte UX-Kompetenzen

Es ist etwas wagemutig, Verteilung von UX-Kompetenzen in einer Organisation als Strukturmuster zu postulieren. Trotzdem können wir in Bezug auf UX-Organisationen (vergleichen Sie dazu das Kap. 8) genau dies beobachten: Je reifer, desto mehr Personen kennen sich auch mit UX aus und agieren entsprechend. Diese Personen, beispielsweise Strategen, Abteilungsleiter, Produktmanager, Businessanalysten, Fachexperten, Verkaufsprofis, Entwickler und Tester, übernehmen Tätigkeiten, die in einer weniger reifen Organisation niemand oder nur ausgewiesene UX-Experten ausführen, oder fordern diese von ihren Mitarbeitern ein.

7.2 UX-Profis in der Aufbauorganisation

Bericht eines UX-Beraters: „Zusammen mit dem Kunden haben wir nun begonnen, das Designsystem so zu erweitern und zu schulen, dass auch Businessanalysten und Entwickler damit einfach Mockups von GUIs erstellen können. Auch Kurse, wie man effiziente Tests mit Nutzern durchführt, sind rege besucht. Und die Leute machen das dann auch und erreichen ein wirklich gutes Niveau. Unsere UX-Profis kommen dann einerseits als Berater zum Einsatz und helfen andererseits da, wo es eben besonders anspruchsvoll ist."

Mit dieser Ausweitung des Wissens ergibt sich auch ein weiterer Nebeneffekt. Bei der Ausschreibung von Jobs, die bisher ausschließlich fachliche oder technische Expertise verlangten, werden plötzlich auch Fähigkeiten in der User Experience verlangt und UX-Profis entwickeln sich dadurch in andere Positionen.

Bericht eines Product Owners: „Bei der Entwicklung unserer Software für die Einrichtung der Geräte haben wir gemerkt, wie hilfreich es ist, wenn jemand schnell und einfach Mockups zeichnen kann und damit die Diskussion in konkrete Bahnen lenkt. Auch die Tests mit Nutzern haben uns viel gebracht. Einige komplexe Funktionen haben wir entschlackt und so ist die Software nun sehr viel schneller und billiger entwickelt worden. Als wir nun eine neue Person für die Rolle Product Owner gesucht haben, war ein wichtiges Einstellungskriterium, dass die Person einen UX-Hintergrund hat."

In einer sehr reifen Organisation ist zu erwarten,

- dass sehr viele Personen nutzerzentriert denken und handeln, nicht nur UX-Profis.
- dass viele UX-Aktivitäten nicht nur durch UX-Profis gut und gezielt ausgeführt werden.
- dass UX-Metriken Teil der Geschäfts- und Produktstrategie sind.
- dass UX-Kompetenz gefördert und UX-Erfolge belohnt werden und so Stellenprofile, Belohnungssysteme, Karrierepfade, Weiterbildungsangebote und mehr User-Experience-Themen aufgreifen – für viele Profis in der Firma.
- dass die Organisation die Institutionalisierung von UX vorantreibt, anstatt dass die UX-Profis dies der Organisation aufdrängen.

Natürlich sind UX-Experten immer noch gefragt, denn für gewisse Themen sind dann doch die Besten notwendig. Ein anspruchsvolles Design oder auch verlässliche, quantitative Umfragen benötigen entsprechende Kenntnisse und Fertigkeiten, ebenso das Verfassen wirkungsvoller Texte. UX-Trends und das Aufgreifen neuer Themen im UX-Fachgebiet brauchen Begeisterung für das Thema und Aufbauen und Anbieten von Kursen das entsprechende theoretische Fundament.

Es gibt also für UX-Experten genügend zu tun und entsprechend werden diese UX-Experten auch irgendwo in der Organisation anzutreffen sein. Doch einige Dinge haben sich in einer reifen Organisation grundsätzlich verändert. So übernimmt insbesondere die Organisation die Verantwortung für gute User Experience und ist auch fähig und willens dazu.

Verteilen sich die UX-Kompetenzen in einer Organisation, sollte sich die Organisation also erneut fragen: Welchen Mehrwert kann ein UX-Hub erzeugen, wenn die UX-Governance integraler Teil des Managements ist? Brauchen UX-Profis noch eine UX-spezifische Heimat, wenn sie sich doch mit vielen anderen austauschen können? Lohnt sich eine UX-Community oder Gilde? Ist es nicht viel wahrscheinlicher, dass sich die Gilden interdisziplinär zusammensetzen, um die derzeit wichtigen Themen in einer Firma zu entwickeln?

Wir postulieren also, dass, wenn sich UX-Kompetenzen in der Organisation verteilen, die Organisation auch Verantwortung für UX übernehmen wird. Die Gräben zwischen UX-Profis und anderen Profis werden mit Wissen aufgefüllt. So werden auch Muster für die Organisation irrelevant bzw. verändern die Ausrichtung und den Zweck.

7.3 Strukturen für Entwicklungsvorhaben

Für einzelne Entwicklungsaufgaben (Produkte, Dienstleistungen, Organisation, Strategie und mehr) arbeiten für gewöhnlich mehrere Personen zusammen. Somit besteht ein Bedarf an Struktur. Organisationen verwenden typischerweise eine Kombination der folgenden Ansätze:

- personenbezogen,
- Standardprozess,
- Projekt,
- Produktteam,
- Start-up.

Personenbezogen

Kleine Entwicklungsaufgaben werden für gewöhnlich personenbezogen durchgeführt. Eine Person übernimmt diese Aufgabe und bringt diese voran. Die Person holt sich bei Bedarf Unterstützung von anderen ab (Abb. 7.7).

Diese Struktur eignet sich dann besonders gut, wenn die Person sich voll auf die Aufgabe konzentrieren kann und wenig Interaktion mit anderen notwendig ist. So ist diese Struktur für gewöhnlich die effizienteste Art, Aufgaben zu erledigen.

Je mehr Interaktion benötigt wird, desto mehr Wartezeiten entstehen. Die anderen sind schließlich nicht untätig und mit eigenen Aufgaben beschäftigt. Die Wartezeiten werden logischerweise gefüllt, und zwar mit anderen Aufgaben. Anstatt sich nun voll auf eine Aufgabe konzentrieren zu können, muss die Person nun mehrere Aufgaben quasi parallel weitertreiben. Das erzeugt mehr Aufwand für die persönliche Arbeitsorganisation und die vielen Wechsel zwischen den Aufgaben verhindern einen produktiven Arbeitsfluss.

Abb. 7.7 Person in einer Entwicklung

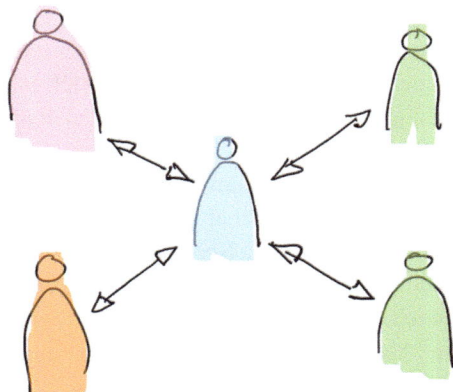

So dauert etwas, das in wenigen Tagen erledigt sein könnte, Monate und wird für alle Beteiligten nervenaufreibend.

Für komplexere Aufgaben benötigt es deshalb eine Struktur, die effiziente Zusammenarbeit der Beteiligten fördert.

Standardprozesse

Standardprozesse sind typisch für Verwaltungsaufgaben, wie sie beispielsweise Versicherungen, Banken, die öffentliche Verwaltung, Liegenschaftsverwaltungen und mehr zuhauf bewältigen. Anliegen von Kunden werden als Geschäftsfälle intern von einer Stelle zur nächsten gereicht, bis der Geschäftsfall abgeschlossen ist und das Anliegen der Kunden zufriedenstellend behandelt wurde. Prozesse regeln im Detail, welche Stelle wann in Aktion tritt und was sie zu tun hat (Abb. 7.8).

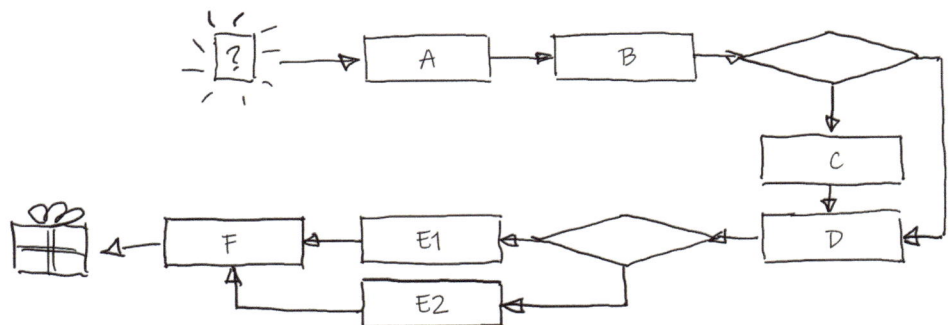

Abb. 7.8 Standardprozess

Die Personen sind typischerweise einer Stelle, also einem Team, zugeordnet und können die einzelnen Teilaufgaben eigenständig, also effizient, erledigen. Die Effizienz wird dadurch gesteigert, dass es viele sich wiederholende Aufgaben gibt, welche von immer den gleichen Personen erledigt werden und diese nun eine gewisse Routine und Expertise erhalten.

Die einzelnen Teams bündeln nun für gewöhnlich Expertise um ein bestimmtes Thema. Bei einer Liegenschaftsverwaltung sind dies vielleicht Themen wie Mieterbetreuung, Mietvertragswesen, Nebenkostenabrechnung, Rechnungsabwicklung, Liegenschaftsbuchhaltung und weitere. Somit entsteht im Kern eine Organisation von Fachstellen, die durch die Prozesse koordiniert sind. Entsprechend finden Sie viele zur UX-Fachstelle im Abschn. 7.2 diskutierten Stärken und Schwächen.

Mit einer Geschäftsfallkontrolle überwacht die Organisation die Abläufe und ermittelt Metriken, sodass eben die Abwicklung der Kundenanliegen auch gezielt verbessert werden kann. Eine Organisation kann dadurch Durchlaufzeiten, Auslastung, Qualität, Kundenzufriedenheit, den ökologischen Fußabdruck und vieles mehr optimieren.

Auslastungsprobleme sind bei dieser Organisationsform gang und gäbe: Die meisten Stellen sind entweder überlastet oder unterlastet. Dies liegt am Funktionsprinzip dieser Struktur selbst und lässt sich nur vermeiden, wenn sich eine Stelle bei hoher Auslastung mit zusätzlichen Personen verstärkt und diese bei Unterlast wieder abgibt. Das ist selbstverständlich nur möglich, wenn diese zusätzlichen Personen auch genügend Kenntnisse haben.

Einige Unternehmen verwenden diesen Ansatz auch bei der Entwicklung von Produkten, wie beispielsweise interner Software. Hier heißen die Stellen dann beispielsweise Frontendentwicklung, Backendentwicklung, Businessanalyse, Testen, Integration, Architektur, Fachabteilung und so weiter. Die Geschäftsfälle sind dann die einzelnen Entwicklungsaufträge, welche von den Fachabteilungen in Auftrag gegeben werden. UX-Profis sind in einem solchen System für gewöhnlich ebenfalls eine Stelle, die irgendwann angestoßen wird, um beispielsweise einen Dialog pixelgenau zu entwerfen. Wann und für welche Tätigkeiten die UX-Profis eingesetzt werden, wird durch die Prozesse definiert und somit sind auch die Prozesse ein wichtiger Hebel, um UX voranzutreiben.

Projekte

Mit Projekten wollen Organisationen einzelne Vorhaben effizient abwickeln können. Die Idee: Ausgewählte Mitarbeiter verschiedener Stellen finden sich in einem interdisziplinären Projektteam zusammen und führen gemeinsam ein größeres Vorhaben durch. Ist für alle Entscheide rund um das Projekt das Projektteam maßgebend, bleibt Mitarbeiterführung auch oft bei den Stellen, aus denen die Mitarbeiter stammen (Abb. 7.9).

7.3 Strukturen für Entwicklungsvorhaben

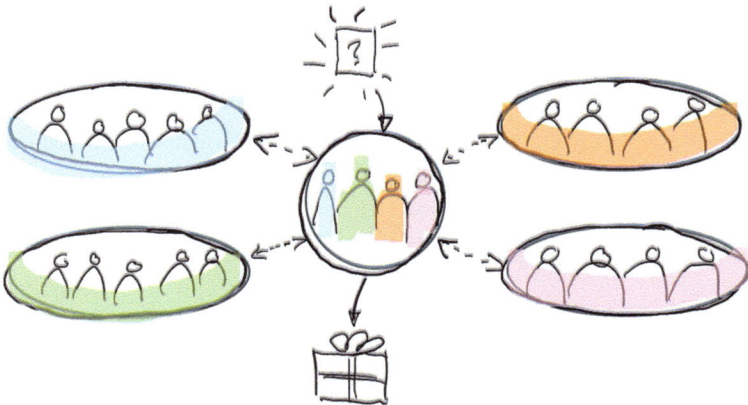

Abb. 7.9 Projekte

Das Projektteam wird mit angemessenen Entscheidungsbefugnissen ausgestattet, holt aber selbstverständlich die Bedürfnisse der Stakeholder ab und lässt wichtige Entscheide auch von der Organisation absegnen. Nach der Durchführung des Projektes wird das Projektteam aufgelöst und die Mitarbeiter werden wieder in die Organisation eingegliedert.

Die große Stärke sind die kurzen Wege und gemeinsame Problemlösung durch die interdisziplinäre Betrachtung. So können schnell fundierte Entscheidungen getroffen werden. Diese Geschwindigkeit erzeugt aber auch Reibungsfläche mit dem Rest der Organisation, diese kann kaum mithalten. Somit ist Stakeholder Engagement, wie es auf Neudeutsch so schön heißt, eine Schlüsseltätigkeit der Projektteams. Auch benötigt es ein starkes Team, in dem Persönlichkeiten mit unterschiedlichsten Erfahrungen und Expertisen produktiv zusammenarbeiten können.

UX-Profis sind hier als Berater und Spezialisten Teil des Projektteams: bei kleineren Projekten eher Teilzeit, bei größeren als volle Teammitglieder. Welche Tätigkeiten die UX-Profis durchführen, hängt von den Personen im Team und den konkreten Herausforderungen ab. Somit sind die Personen im Team und deren Verständnis von und Einstellung zu UX ein erster Schlüssel für erfolgreiche UX-Aktivitäten.

Mit dem Auflösen des Projektteams geht zwar nicht das aufgebaute UX-Wissen in den Köpfen verloren, aber die im Team etablierte Zusammenarbeit und die eingeführten Werkzeuge. UX-Profis müssen UX in jedem Projektteam erneut etablieren und entwickeln. Um dem entgegenzuwirken, benötigt eine Organisation also unterstützende Maßnahmen. wie beispielsweise einen vereinbarten und befolgten Entwicklungsprozess, Austausch und Ausbildung unter den Mitarbeitern, Mittel für den Aufbau von Designsystemen, Beschaffung und Einführung von UX-Werkzeugen und mehr.

Projektportfoliomanagement und Mitarbeiterentwicklung sind somit zwei weitere Zauberworte für erfolgreiche UX-Tätigkeiten. Im Projektportfoliomanagement diskutiert die Organisation, welche Mittel den Projekten – inkl. den Organisationsentwicklungsprojekten – zugeteilt werden und wie viel somit für die Entwicklung von UX eingesetzt wird. Im Rahmen der Mitarbeiterentwicklung diskutiert die Organisation auch, wer welche Fähigkeiten in Bezug auf UX mitbringen sollte und wie die Mitarbeiter entsprechend ausgebildet und gefördert werden können.

Produktteams

Produktteams sind bei Produktherstellern beliebt. Ein interdisziplinäres Produktteam mit Produktmanagement, Entwicklung, Testen, Produktion und mehr betreut ein oder mehrere Produkte über die ganze Lebensdauer. Der Erfolg des Produktes auf dem Markt ist die wichtigste Messgröße für ein solches Team. Wie beim Projektteam sind auch UX-Profis für gewöhnlich Teil eines interdisziplinären Produktteams. Die agile Softwareentwicklung, insbesondere mit Scrum und Kanban, hat diesen Ansatz in den letzten Jahren auch für Firmen attraktiv gemacht, die bisher dem Projektansatz gefolgt sind. Mit dem zurzeit sehr populären SAFe und anderen Rahmenwerken wie LESS sind auch Blaupausen für große Produktorganisationen verfügbar (Abb. 7.10).

Durch die lange Lebensdauer der Produktteams bleiben das aufgebaute Wissen, verwendete Werkzeuge und die etablierte Zusammenarbeit aktiv und können immer weiter vertieft werden. Das gilt auch in Bezug auf UX.

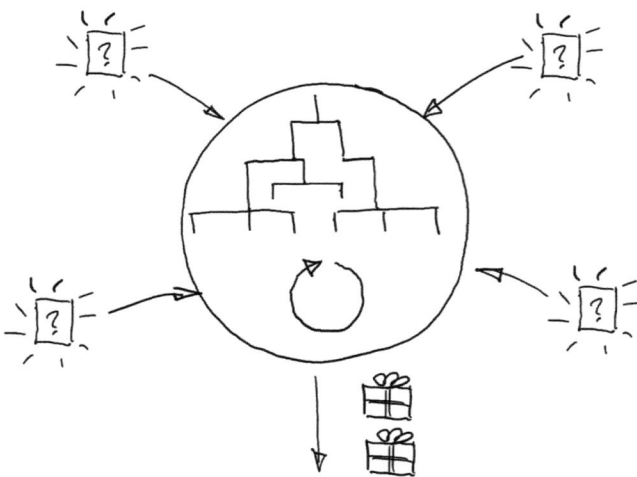

Abb. 7.10 Produktteam

Die Produktorganisation erhält für gewöhnlich einen recht hohen Freiheitsgrad, wie das vorhandene Budget konkret verwendet wird. Natürlich wird ein großer Teil des Budgets für die Weiterentwicklung der Produkte aufgewendet. Ein Teil steht nun auch für organisatorische Weiterentwicklung zur Verfügung. Somit führt ein Produktteam auch die Diskussion über die Weiterentwicklung von UX. Der Hebel für erfolgreiche UX-Aktivitäten liegt bei den starken Personen im Produktteam und deren Verständnis für UX. Bei agilen Organisationen steuert zudem der Produktbacklog (eine gemeinsame Pendenzenliste), was in welcher Reihenfolge angepackt wird. UX-Entwicklungsmaßnahmen, die es in den Backlog schaffen, werden so auch von der Organisation, wie jedes andere Thema auch, diskutiert und umgesetzt.

Sehr viel schwerer fällt es hingegen, UX-Themen zu entwickeln, die außerhalb des Produktteams stattfinden müssen, wie ein übergreifendes Journey Management, Branding oder Designsystem. Um hier Wirkung zu erzielen, braucht es Eingriffe in die „Hoheit" anderer Teams: also viel Verständnis der anderen Teams oder eine machtvolle, übergeordnete Stelle, z. B. einen UX-Hub.

Start-up

Beim Start-up-Ansatz entwickelt ein internes oder sogar eigenständiges Start-up eine neue Geschäftstätigkeit mit passendem Geschäftsmodell, Marke, Produkten, Dienstleistungen und Organisation. Die Idee: Anstatt die bestehende, große und behäbige Organisation mühsam zu restrukturieren, entwickelt sich eine neue, schlanke und nicht vorbelastete Organisation, die optimal auf die Geschäftstätigkeit angepasst ist (Abb. 7.11).

Abb. 7.11 Start-up

Das heißt nun auch, dass UX-Profis und UX-Tätigkeiten bereits mit der Entstehung der Organisation aufgebaut werden können, von Beginn an eine passende Rolle spielen und mit der Organisation wachsen. Als „eigene Firma" können auch für UX-relevante Aspekte aufeinander abgestimmt diskutiert werden. All diese Dinge fallen einer jungen und entsprechend kleineren Organisation für gewöhnlich einfacher als einer großen und alten. Der Hebel für erfolgreiche UX sind natürlich auch hier die starken Personen im Start-up. Zudem müssen auch UX-Profis in einem frühen Start-up Tätigkeiten übernehmen, die kaum etwas mit UX zu tun haben. Dafür bieten sich auch neue Tätigkeitsfelder an, beispielsweise aus dem Produktmanagement oder der Projektleitung. So können UX-Profis an Hebeln ziehen, von welchen sie in anderen Organisationen nur träumen können.

7.4 Ausflug ins Projektmanagement: Auslastungsprobleme

Spezialisten zeichnen sich dadurch aus, dass sie Aufgaben übernehmen, die niemand anderes erfüllen könnte. Sie fokussieren sich dazu auf einen Ausschnitt der für eine Organisation relevanten Tätigkeiten und erreichen mit der Zeit auch eine hohe Expertise in diesen Tätigkeiten.

Aus wirtschaftlicher Sicht ist es wohl sinnvoll, wenn alle im Team gut aus- und nicht überlastet sind. Dies sollte langfristig eine vernünftige Produktivität erzeugen. Nun können offenbar einige Tätigkeiten, die zur Erledigung einer Aufgabe gehören, nur durch gewisse Spezialisten ausgeführt werden. Und passend dazu sollten dann auch Personen ins Team eingegliedert werden.

Das könnte total naiv die Planung in der folgenden Abbildung ergeben. Hier wickelt ein Team mit zwei Spezialisierungen drei Aufgaben, eine grüne, eine blaue und eine rosarote, ab. Also beispielsweise ein UX-Spezialist und drei Softwareentwickler, die drei Features einer Software entwickeln. Jede der Aufgaben benötigt unterschiedlich viel Aufwand pro Spezialgebiet (Abb. 7.12).

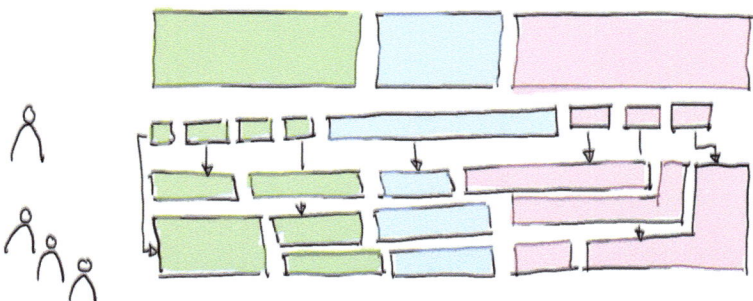

Abb. 7.12 Drei Aufgaben eines Teams mit Spezialisierung – komplett realitätsfremd

7.4 Ausflug ins Projektmanagement: Auslastungsprobleme

Abb. 7.13 Abhängigkeiten führen bei Spezialisierung zu Wartezeiten und Verzögerungen

In der Situation in der Abbildung benötigen der UX-Profi und die Softwareentwickler über das Ganze gesehen ungefähr den gleichen Zeitaufwand, sind also etwa zur gleichen Zeit fertig. Dies gelingt insofern, als die drei Softwareentwickler sich auch aushelfen können und Teilaufgaben auch gemeinsam (mit kürzerer Zeitdauer) ausführen.

Die Realität ist komplizierter. So sind die Aufgaben nicht unabhängig. In einem Team ohne Spezialisten haben Abhängigkeiten nur wenig Auswirkungen. Kann eine Aufgabe nicht fertiggestellt werden, weil zuerst eine andere Aufgabe erledigt werden muss, unterbricht das Team die Arbeit an der wartenden Aufgabe und konzentriert sich auf andere. Jeder kann jede Aufgabe übernehmen und viele Aufgaben können auch von mehreren Personen gemeinsam bearbeitet werden.

In einem Team mit Spezialisierung führt dies aber unweigerlich zu Wartezeiten, wie dies die folgende Abbildung zeigt. Hier sind die Teilaufgaben der drei Softwareentwickler erst durchführbar, wenn der UX-Spezialist seinen Teil geleistet hat (Abb. 7.13).

Die Wartezeiten sind aus Sicht einer gewinnorientierten Organisation unschön. Wartende Leute sind nicht produktiv, erzeugen also bloß Kosten und keinen Mehrwert. Besonders ins Gewicht fällt, dass sich mit der Wartezeit der Abschluss der Aufgaben nach hinten verschiebt. In einer Welt ohne Termindruck wäre das keine so große Sache. Doch wir leben in einer Welt mit Termindruck und wir Menschen geben nun für gewöhnlich auf uns ausgeübten Druck an andere weiter. Wer nichts zu tun hat, gefährdet Termine und wird somit den Stein aus dem Weg schaffen wollen, der zu dieser Wartezeit führt. So üben Wartende (also unterlastete Spezialisten) nun Druck auf die anderen, schneller zu sein, und sorgen somit für Überlast bei den Spezialisten, die was zu tun haben. Je mehr Personen auf einen Spezialisten warten, desto größer der Druck und somit die Überlast.

Bei Überlast bleibt den Spezialisten aber nur wenige Handlungsoptionen: Sie können Arbeitsschritte weglassen, Überstunden schieben oder die Wartenden warten lassen. Erstes führt zu qualitativ schlechterer Arbeit, Zweites zu hoher persönlicher Belastung und Drittes zur Eskalation der Konflikte.

Die Situation ließe sich noch weiter zuspitzen: Die Leute im Team könnten beispielsweise in einer Beratungsfirma angestellt sein, wo hohe Auslastung belohnt und tiefe bestraft wird. Die Unterauslastung belastet noch mehr, da Bestrafung droht. Und so nimmt der Druck auf die Überlasteten Personen zu,

Noch zu wenig Feuer? Dann sorgen Sie dafür, dass die überlasteten Spezialisten noch bzgl. Qualität ihrer Arbeit motiviert sind. Versprechen Sie beispielsweise eine Beförderung gegen eine vorbildliche Leistung oder drohen Sie mit der Entlassung, wenn die Qualität der Arbeit nicht besser wird. So paaren Sie Überlast mit Überforderung, Existenzängsten, Frustration und einem konfliktbeladenen Umfeld. Sie sehen, wie einfach Sie eine Situation konstruieren können, welche Mitarbeiter ausbrennen lässt!

Tatsächlich geht die naive Kapazitätsrechnung wegen der Abhängigkeiten und des für gewöhnlich angewandten Termindrucks nicht auf. Denn wenn Zeitdruck herrscht, ist der sogenannte kritische Pfad entscheidend. Also die Tätigkeiten, die eben hintereinander ausgeführt werden müssen und den frühesten erreichbaren Termin definieren. In der Abbildung oben sticht dazu die zweite, blaue Tätigkeit der UX-Spezialisierung auf. Diese dauert viel zu lange und müsste als Allererstes begonnen werden. Dazu benötigt es aber mehr Kapazität bei der UX-Spezialisierung, also einer zweiten Person (Abb. 7.14).

Dies sorgt nun bei dieser supervereinfachten Situation für eine fast ideale Durchlaufzeit. Die nun zwei UX-Profis müssen nur leicht vor den Softwareentwicklern starten.

> *„Kurz und gut: Spezialisten sind entweder unterlastet oder überlastet. Diesen Erfahrungswert können Sie getrost als Naturgesetz ansehen."*

Die Praxis ist zum Glück nicht ganz so schwarz-weiß. Denn wo steht geschrieben, dass Spezialisten, so wie in den Illustrationen oben suggeriert, nur Tätigkeiten ihres Spezialgebietes durchführen? Sobald ein Team diese Mär auflösen kann, sieht das Bild schon viel gemütlicher aus. Müssen wirklich die UX-Profis alle Skizzen im Figma oder Sketch

Abb. 7.14 Aufbrechen von Engpässen durch Kapazitätserhöhung und Redundanz

erstellen? Gäbe es da nicht Dinge, die auch angelernte Businessanalysten, Entwickler oder Tester tun könnten? Zudem können UX-Profis Tätigkeiten übernehmen, die einer anderen Spezialisierung entspringen. Damit nimmt ein Team Stress von Personen, sorgt für einen früheren Endtermin und gibt erst noch anderen die Gelegenheit, sich weiterentwickeln zu können.

7.5 UX-Spezialisten in Entwicklungsteams

Wie auch UX-Profis in die Struktur einer Organisation eingebettet sind, die Arbeit geschieht als Teil eines umfassenderen Vorhabens: Entwicklung von Produkten, Dienstleistungen, Strategien, Werkzeugen und mehr. UX-Profis treten somit als Spezialisten für UX in der Ablauforganisation auf und können auch hier unterschiedlich eingebettet werden.

Auf Zuruf

UX-Profis werden für ausgewählte, in sich abgeschlossene Tätigkeiten in die Entwicklung eingebunden. Eine UX-Fachstelle arbeitet typischerweise auf diese Art und Weise und im Abschnitt zur UX-Fachstelle (Abschn. 7.2) können Sie sich über das Dafür und Dawider aus Sicht der Fachstelle erkundigen.

Für Kurzeinsätze: Aus Sicht des Projektteams kann dies spannend sein, falls es solche Spezialisten nur wenig benötigt. Das Team formuliert dazu einen in sich abgeschlossenen Auftrag, z. B. einen Test mit Nutzern durchführen oder die User Journey zusammenstellen, den die Spezialisten ausführen. Die UX-Profis werden also nur sehr beschränkt in die Entwicklungsorganisation integriert und nehmen somit auch nicht an den verschiedenen Meetings teil. So ist die wenige Zeit immer noch gut eingesetzt.

Fluch und Segen bei der Arbeit auf Zuruf ist das fehlende Kontextwissen. Viele wesentliche Diskussionen und Entscheide im Team gehen an den sporadisch eingesetzten Mitarbeitern vorbei.

Unbefangenheit: So behalten sporadisch eingesetzte Spezialisten eine unbefangene Sicht auf die Dinge. Sie entdecken und benennen blinde Flecken des Teams und lösen dadurch eine Diskussion über diese aus. Ebenso bringen sie einen neuen Blickwinkel ein und inspirieren zu neuartigen Ideen.

Interpretation der Ergebnisse: Das mangelnde Kontextwissen erschwert aber auch die Arbeit so eingesetzter UX-Profis. Methodische Beratung schießt gelegentlich über das Ziel hinaus, informelle Tests mit Nutzern führen zu falschen Schlüssen, Designkonzepte zu Haken bei der Umsetzung und mehr.

Fazit: UX-Profis werden genau da eingesetzt, wo es sie braucht, und bringen das Projekt entsprechend schnell weiter. Dies geht nur, wenn das Team einen Auftrag absteckt, der mit wenig Wissen über das konkrete Vorhaben ausgeführt werden kann und wenn das Team Ergebnisse richtig zu deuten weiß. Beides benötigt eine schon rechte hohe UX-Kompetenz im Team.

Dual und Multi Track

Unter Dual Track (Zweispurig) versteht man einen Ablaufstruktur, bei welchem UX-Spezialisten vorgelagert zum Entwicklungsteam arbeiten. Von Multi Track (mehrspurig) spricht man dann, wenn dieses Schema nicht nur UX-Spezialisten, sondern auch auf weitere zutrifft, also beispielsweise Businessanalysten und Tester.

Solche mehrspurigen Ansätze finden sich heutzutage häufig in mittels agilen Mustern geführten Softwareteams (Abb. 7.15).

Um die anstehenden Aufgaben abzuarbeiten, verteilen sich die Spezialisten im Team entlang eines unsichtbaren Fließbandes. So sind z. B. Businessanalysten zuerst gefragt: Sie diskutieren die gewünschte Funktionalität mit den verschiedenen Stakeholdern und beschreiben diese als Backlogitem. Die Informationen nehmen nun UX-Spezialisten auf und „machen UX". Die UX-Spezialisten ergänzen die Backlogitems mit ihren Ergebnissen, d. h., sie beschreiben bzw. skizzieren, wie die Nutzungsschnittstelle auszusehen hat. Das übergeben sie dann den Entwicklern zur Umsetzung, die dann ihrerseits den entwickelten Code den Testern zur Prüfung überreichen (Abb. 7.16).

In einem von Scrum geprägten Umfeld, wo die Entwicklung in ca. ein- bis zweiwöchige Abschnitte unterteilt wird (sogenannte Sprints), ist die Idee, dass die Aufgaben in jedem Abschnitt dann auch eine Station weiter rücken. Die Spezialisten arbeiten also parallel, aber eben zeitlich versetzt. Daher der Begriff mehrspurig.

Diese Teamstruktur ähnelt in vielem einer prozessgesteuerten Linienorganisation (Abschn. 7.3) und erzeugt eine kleine UX-Fachstelle (Abschn. 7.2) im Team, mit durchaus auch ähnlichen Auswirkungen.

Effizienz durch klare und abgegrenzte Rollen: Die mehrspurige Entwicklung erzeugt eine sehr gut definierte Aufgabenteilung. Sind die Schnittstellen zwischen den Spezialisten geregelt, können sich die einzelnen Spezialisten genau auf ihre Aufgabe konzentrieren, diese optimieren und effizient abwickeln.

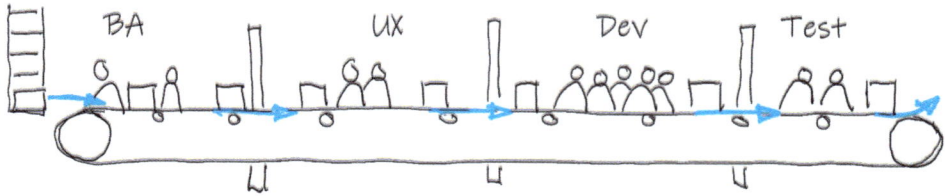

Abb. 7.15 Das Multi-Track-Aufgabenfließband

7.5 UX-Spezialisten in Entwicklungsteams

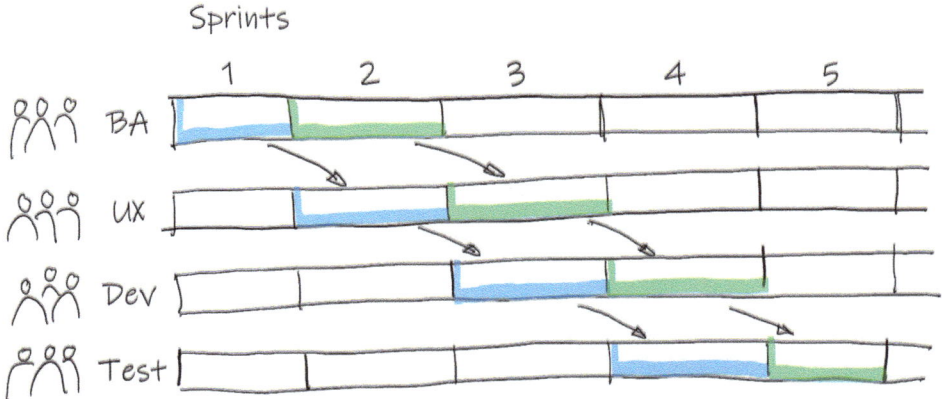

Abb. 7.16 Im Multi-Track-Aufgabenfließband arbeiten die Spezialisten zeitlich versetzt

Eher für Routinetätigkeit denn für knifflige Probleme: Spezialisten erstellen in einer mehrspurigen Entwicklung jeweils die aus ihrer Sicht beste Lösung, sie optimieren auf die eigene, lokale Sicht. Dies führt unter anderem dann nicht zu der bestmöglichen Gesamtlösung, wenn Innovation gefragt ist, das Budget knapp ist, es viele Lösungsoptionen gibt oder hohe Anforderungen an Performance oder andere Qualitätsattribute bestehen. Also allgemein gesprochen: wenn die Probleme eben kniffliger sind und nur unter Betrachtung aller Disziplinen eine wirklich gute Lösung gefunden werden kann. Mit Multi Track können nur einfache Probleme und Routinetätigkeiten effizient abgewickelt werden.

Vernetzte Betrachtung als Lücke: Diese Erkenntnis ist in der Softwareentwicklung nichts Neues und wurde schon vor 30 Jahren beispielsweise mit dem Rational Unified Process dokumentiert und in die Entwicklungsteams getragen: Günstige und gute Software entsteht nur dann, wenn die Aspekte Business, Fach, User Experience und Technologie eben vernetzt betrachtet werden. Gibt es für jeden diesen Aspekt Spezialisten im Team, heißt dies allgemein gesprochen, dass die Spezialisten die Entwicklung eben nicht nacheinander, sondern miteinander und vernetzt angehen müssen.

Gefährliche Gärten mit dicken Mauern: Rollen definieren Verantwortlichkeiten und Tätigkeiten. Sie erzeugen abgrenzbare Gärten. Nicht jedes Teammitglied kann, darf oder möchte den gesteckten Garten verlassen und auch nicht jedes Teammitglied akzeptiert Fremde im eigenen Garten. Und dies oft aus gut gemeinten Gründen! So können Barrieren oder sogar dicke Befestigungsmauern um die Gärten entstehen, die spürbar im Team wirken:

- Beschränkter Wirkungskreis: Der Garten der UX-Spezialisten beschränkt sich für gewöhnlich auf die Ausgestaltung der Nutzungsschnittstelle. Der Zugang zu Stakeholdern bleibt eher verwehrt als offen – die Businessanalysten haben das doch schon erledigt bzw. wissen, was die Nutzer wollen.
- Frustrationen: UX-Spezialisten wissen, könnten sie mit Stakeholdern ausgiebig diskutieren, würde die Software das Problem der Nutzer viel besser lösen. Doch ohne Zugang bleibt nur Frust übrig.
- Missverständnisse und Wissenslücken: Die Spezialisten können unmöglich das erarbeitete Wissen nach hinten reichen und bei der Kommunikation entstehen auch einige Missverständnisse. Nachfolgende Stellen fällen ihre Entscheide mit unvollständiger und falscher Information. Dass diese nicht immer optimal und manchmal sogar komplett falsch ausfallen, erscheint nur natürlich.
- Redefinition der Ziele: Da es nicht möglich ist, was Tolles für Nutzer zu erstellen, werden UX-Spezialisten ihre Ziele umdefinieren und die coole Ausgestaltung und das ausgeklügelte Designsystem ist ihnen wichtiger, als dass ein gutes Produkt entstünde.
- Zielkonflikte: Die sich herausbildenden Teilgruppen streben also jeweils andere Ziele an. Dies führt zu Konflikten, die sich kaum lösen lassen.
- Schuldzuweisung als Schutzmechanismus: Für alle Probleme, welche die nachfolgenden Stellen haben, können Sie immer die vorhergehende Stelle beschuldigen. Die Skizze des User Interface sei noch gar nicht fertig, die Sonderfälle nicht abgebildet und auch die Anforderungen nicht klar spezifiziert. So könne man auch eine Funktion gar nicht fertig implementieren.
- Beziehungskonflikte: Dass diese Konflikte auf die Beziehungen zwischen den Personen wirken, sollte niemanden verwundern. Es sind gerne die anderen, die es verbockt haben, weil sie ihren Job nicht richtig tun oder auch einfach generell unfähig oder unnütz sind. Auch wirkt ungerechtfertigte Kritik bei den Empfängern!
- Erhöhter Stress: Unter dieser Voraussetzung muss bei einer Ablaufstruktur gemäß Multi Track von potenziell höherer Belastung, also Stress, der Mitarbeiter ausgegangen werden.

Fazit: Ein Aufbau mit einer mehrgleisigen Struktur verspricht Effizienz für Routinetätigkeiten. Die Gefahr für Gärtchenbildung ist jedoch hoch und wird bei komplexeren Tätigkeiten, bei welchen vernetztes Problemlösen gefragt wird, zum Fallstrick.

Im interdisziplinären Team

Der Ansatz ist recht einfach: 1) Man schaffe Raum. 2) Man stecke ein paar krasse Typen in den Raum. 3) Man tue eine knifflige Knobelei hinzu. 4) Warten. 5) Man genieße das Ergebnis (Abb. 7.17).

7.5 UX-Spezialisten in Entwicklungsteams

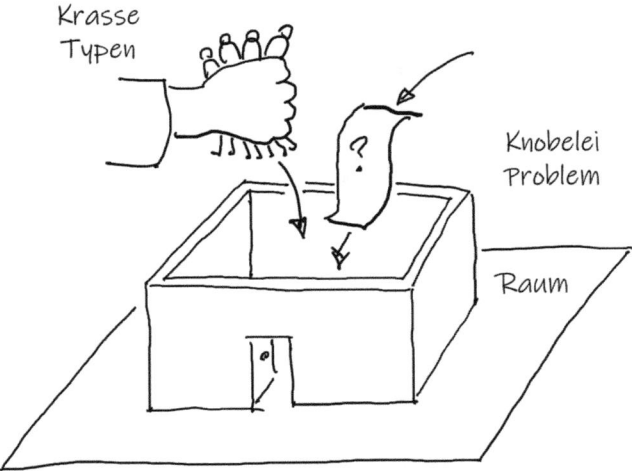

Abb. 7.17 Theoretischer Ansatz mit krassen Typen

Dahinter steckt die gewagte Idee, dass diese krassen Typen unterschiedliche Fähigkeiten besitzen und so gemeinsam die knifflige Knobelei aus verschiedensten Perspektiven durchleuchten können. Das Wissen vernetzt sich, Inspiration zündet und so ergeben sich Lösungen, welche eine Person allein nie hätte erreichen können.

Die Zeit hat nun gelehrt, dass die krassen Typen dann halt doch nicht alles richtig wissen und richtig machen und sich durchaus in einer Sackgasse verrennen können. Entsprechend sorgt man für eine Rückkopplung und lässt die krassen Typen ihre Ergebnisse regelmäßig zeigen und Feedback dazu einholen.

Aus Sicht einer hervorragenden User Experience sollte man die krassen Typen allerdings nicht in einen Raum stecken, sondern vielmehr in die Welt, die wir morgen erleben werden. Wenn Sie sich mit Design Thinking auseinandergesetzt haben, dann sollte Ihnen dies bekannt vorkommen (Abb. 7.18).

Ein interdisziplinäres Team wird nicht jede Tätigkeit gemeinsam durchführen. Tatsächlich wechseln interdisziplinäre Teams zwischen drei Modi, und dies durchaus spontan.

- **Gemeinsame, problemlösende Tätigkeit:** Das Team löst ein Problem gemeinsam. Dazu bringt jedes Teammitglied sein spezifisches Wissen auf den Tisch und das Team sucht eine Lösung, die aus allen Perspektiven möglichst gut abschneidet. So kann ein Team auch komplexere Aufgaben lösen.
- **Eng koordinierte Tätigkeit:** Hier arbeiten die Teammitglieder zwar individuell, stimmen sich jedoch eng ab, sodass eine gemeinsame Aufgabe auf den Punkt fertig wird. So kann ein Team eine Aufgabe mit vielen Abhängigkeiten abarbeiten.

Abb. 7.18 Krasse Typen, die mit der Welt von Morgen in Berührung kommen

- **Individuelle Tätigkeiten:** Hier arbeiten die Teammitglieder unabhängig voneinander und können effizient Dinge erledigen.

UX-Profis müssen sich in einem interdisziplinären Team auch entsprechend einbringen. Man kann sich beispielsweise nur schlecht in den eigenen Garten einschließen und mit der Aussage, dass man sich nur um die User Experience kümmere und der Rest Sache der anderen sei, schafft man sich auch wenig Freunde. Damit ein interdisziplinäres Team wirklich gut funktioniert, müssen eben alle auch am selben Strick ziehen und sich gegenseitig aushelfen. Somit sind auch UX-Profis mitverantwortlich, dass die ausgeheckten und umgesetzten Lösungen einen Mehrwert für die Organisation ergeben und einfach umsetzbar sind. Dafür können Sie auch fordern, dass sich die anderen im Team für die User Experience einsetzen und mithelfen. Das braucht dann die Offenheit, dass man nicht alles selber macht, sondern auch andere befähigt, mitzuhelfen (Abb. 7.19).

In einer idealisierten Vorstellung ist also das Team zusammen mit einer gemeinsamen Agenda unterwegs zu einem geteilten Ziel. UX ist im Ziel repräsentiert und UX-Aktivitäten landen in der gemeinsamen Agenda. Wer welche Tätigkeiten konkret durchführt, diskutiert das Team fortlaufend. Je weitreichender ein anstehender Entscheid, desto mehr Personen im Team sind typischerweise aktiv daran beteiligt.

Vernetztes Problemlösen: In einem interdisziplinären Team vernetzen sich verschiedene Fachrichtungen. Das Team hat ein breites Wissen und Erfahrung und eine Vielfalt von Ansätzen und Denkweisen, um Probleme anzupacken. Dadurch ergeben sich Lösungsoptionen, die ohne diese Vielfalt nicht entdeckt werden können und die auch aus vielen Sichten gut sind.

7.5 UX-Spezialisten in Entwicklungsteams

Abb. 7.19 UX als aktiver Teil des Teams – Einer für alle, alle für die gemeinsame Aufgabe

Gegenseitiges Aushelfen: In einem interdisziplinären Team können sich die Personen gegenseitig unterstützen. Ist eine Person überlastet, können andere Personen aushelfen und so kann ein Team Belastungsspitzen einzelner Spezialisten abschwächen.

Komplexe Gruppendynamik: Ein interdisziplinäres Team ist aus psychologischer Sicht eine Gruppe, also eine Menge von Personen, die durch eine unsichtbare Grenze abgegrenzt wird. Diese Grenzen werden beispielsweise durch die Ausdrücke „wir" bzw. „die anderen" erkenntlich: „Wir [Softwareentwickler] haben beschlossen, ..." oder „Die UXler sollen sich doch mal ...". Durch solche Ausdrucksweisen werden Personen in eine Gruppe inkludiert oder eben ausgegrenzt.

Mit der Gruppendynamik sind nun die Prozesse gemeint, die eben in diesem sozialen Gefüge wirken. Dazu gehören Dinge wie Gruppenbildung, Zusammenhalt, Rollenverteilung, Entscheidungsfindung, soziale Normen und Umgang mit Konflikten, ein Gefühl der kollektiven Wirksamkeit („Zusammen können wir das meistern"), Identifikation mit der Gruppe und den Zielen und mehr. Die Gruppendynamik entsteht im Zusammenwirken der Personen in der Gruppe und durch die Interaktion mit anderen Personen und Gruppen.

Für uns Menschen ist das Bilden von Gruppen wohl so natürlich wie das Atmen. Selbst wenn Sie Personen, die sich überhaupt nicht kennen, in einen Raum stecken würden, könnten Sie beobachten, wie sich Gruppen bilden, auflösen, verändern und festigen.

Leider dürfen Sie nicht davon ausgehen, dass die Gruppendynamik zu wirkungsvollen Gruppen führt. So können Konflikte eine Gruppe lähmen. Trittbrettfahrer, die auf Kosten der Gruppe leben, können zu Motivationstiefs führen. Einzelne Personen können durch Mobbing untergehen. Auch kann ein Hierarchiegefälle innerhalb einer Gruppe bewirken, dass viele Teammitglieder wenig bis gar nichts beitragen und Einzelne alles bestimmen. Manche Gruppen verrennen sich in eine unerwünschte oder sogar gefährliche Richtung. Schauen Sie sich etwas in der Literatur zur Gruppendynamik um, es gibt viele spannende Effekte!

Zweischneidiger Einfluss aus der Organisation: Organisationen haben großen Einfluss auf die Bildung von Gruppen und die Gruppendynamik. So erzeugt schon die Zugehörigkeit zu einer Organisationseinheit eben ein „wir" und „die anderen". Die Struktur definiert also einen Rahmen für die Gruppenbildung. Zudem fördern Organisationen für gewöhnlich die Gruppenbildung entlang der Organisationseinheiten und unter dem Stichwort Teambildung finden Sie auch viel Anregung dazu.

Ebenso führen Hierarchien fast immer zu einer Abgrenzung von „denen da oben" zu „wir hier unten". Die Distanz entsteht direkt aus dem Führungsanspruch. Schließlich sind die Oberen mit Macht ausgestattet, die die Zukunft der Unteren wesentlich beeinflusst! Diese inhärenten Konflikte erschweren die Gruppenbildung. Es braucht eine große Portion Vertrauen in die Vorgesetzten und dieses muss man sich als Vorgesetzter auch erarbeiten.

Führungskräfte wirken oft, ohne sich der Wirkung bewusst zu sein. Die folgende Ansage klingt zwar recht harmlos, kann aber in der falschen Situation richtig Dampf erzeugen:

„Für die Beförderung fehlt dir eigentlich nur noch, dass du mehr Erfahrung mit Nutzertests hast und uns beweist, dass du diese strukturiert durchführen kannst."

Natürlich wird die angesprochene Person nun versuchen, dies auch umzusetzen, und zwar in dem Team, wo sie eben gerade tätig ist. Aber was ist, wenn dies nicht sinnvoll oder möglich ist? Wird die Person es gegen das Team durchsetzen wollen? Wie reagiert das Team, wie die Person?

Dieser individuelle Anreiz wirkt von außen und unbedacht auf die teaminterne Dynamik. Es kann beispielsweise leicht geschehen, dass die so beurteilte Person nun die persönlichen Ziele sehr viel stärker gewichtet als die gemeinsame Aufgabe des Teams und sich entsprechend einsetzt. Darauf reagieren nun auch die anderen Teammitglieder. Die Gretchenfrage ist dabei nur, ob die Gruppe den von außen aufgedrängten Konflikt entdecken und entschärfen kann. Die Erfahrung zeigt: nein.

Gruppenbildung benötigt Zeit: Im beruflichen Umfeld lässt sich nur beschränkt aussuchen, mit wem man zusammenarbeitet. Entsprechend schwierig kann es sein, die doch sehr unterschiedlichen Charaktere zusammenzubringen. Wer hier darauf hofft, dass sich die Leute von selbst finden, kann schwer enttäuscht werden.

Agile Vorgehen haben mit den eingebauten Retrospektiven bereits gute Hilfsmittel eingebaut. Doch beruhen diese Formate alle darauf, dass die Personen, die bereits im Sumpf stecken, sich selbst herausziehen, beispielsweise am eigenen Haarzopf, wie einst der Baron Münchhausen.

Tatsächlich lohnt es sich wohl, etwas mehr Bedacht und Zeit in Teams zu stecken. Wenn Sie sich das durchschnittliche agile Softwareteam anschauen, übernimmt eine Person aus dem Team, die vor sieben Jahren eine 2-tägige Scrum-Master-Schulung absolviert hat, die 10 %-Aufgabe des Scrum Masters und moderiert die vorgesehenen Meetings. Der Vergleich mit der Fußballbundesliga der Herren hinkt zwar, ist aber doch eindrücklich:

Dort gibt es für die ca. 25 Spieler einer Mannschaft vielleicht so zehn hochbezahlte Experten, die Spieler und Team vorwärtsbringen, die Tausenden von Unterstützer rundherum mal nicht mitgezählt.

– Kurze Anregung für eigene Gedanken? Falls ja: Widerspricht sich der Ansatz von Multi Track mit einem interdisziplinären Team?

Fazit: Interdisziplinäre Teams versprechen, komplexere Herausforderungen zu meistern, als einzelne dies tun könnten. Dies bedingt, dass die Teammitglieder, inkl. der UX-Profis, ihre Gärten öffnen und ein gemeinsames Ziel anstreben. Aus Sicht der UX-Profis essenziell ist die Diskussion über den Stellenwert der User Experience und dass sich alle im Team entsprechend dafür einsetzen. Wenn es dann auch noch gelingt, die Fallstricke der Gruppendynamik in den Griff zu bekommen, kann es doch sein, dass 1 + 1 dann 3 ergibt.

7.6 UX-Profis in agilen Organisationen

Agile Teams und agile Organisation sind in den letzten Jahren in vielen Unternehmen nun eingeführt worden. Für UX-Profis in diesen Firmen benötigt das ein Umdenken. Zentrale Fachstellen wurden aufgehoben und die UX-Profis neu in der Organisation untergebracht.

Das Scaled Agile Framework (SAFe) stellt eine von mehreren Blaupausen für agile Entwicklungsorganisationen dar. Da die Organisationen in unserem Umfeld in den letzten Jahren vorwiegend SAFe eingeführt haben, beschränken wir uns auf dieses. Dies soll nicht heißen, dass andere Blaupausen wie LESS oder der Ansatz von Spotify irgendwie schlechter oder besser oder sogar böse wären.

Scaled Agile Framework (SAFe)

SAFe entspringt der Entwicklung und Betrieb von komplexen, technischen Systemen, von der ersten Idee, bis eine Lösung Jahre später wieder vom Markt genommen wird. SAFe regelt im Kern die Ablauforganisation (Prozesse im Sternmodell, Abschn. 3.5), um mit Hunderten von Personen agil und gemeinsam solches zu tun.

Damit die vielen Menschen auch was erreichen können, führt SAFe mehrere Ebenen ein, insbesondere Team, Produkt, Lösung und Portfolio, und definiert auf den verschiedenen Ebenen – etwas vereinfacht – jeweils drei Verantwortlichkeiten.

1. **Produktverantwortung:** Personen in diesen Rollen sorgen für Produkte, Lösungen und Geschäftsmodelle, die auf dem Markt auch wirklich durchstarten können.
2. **Technische Verantwortung:** Personen in diesen Rollen stellen sicher, dass die Produkte mit stimmiger technischer Qualität entwickelt werden, und sorgen für eine effektive, technologische Basis.

3. **Prozessverantwortung:** Personen in diesen Rollen sorgen dafür, dass die Organisation sich stetig weiterentwickelt.

In der Praxis ist die Einführung von SAFe mit einigen Stolpersteinen verbunden. Insbesondere wenn ein Unternehmen – oder die IT-Abteilung eines Unternehmens – die Prozesse gemäß SAFe umgestaltet, aber die dazu notwendige agile Transformation nicht angeht. Das kann dann bei einem sehr hierarchisch geführten Unternehmen zu interessanten Ansätzen führen, wenn neue Rollen einfach auf die bestehende Hierarchie verteilt werden. Dann heißen beispielsweise Projektleiter nun Scrum Master oder Product Owner, üben aber immer noch die Projektleiterrolle aus.

SAFe hat für die agile Transformation einige Hilfestellungen parat. Hier sind drei davon:

- SAFe definiert sieben Kernkompetenzen einer Organisation. Dazu gehören beispielsweise kontinuierliches Lernen, leane und agile Führung und Lean Portfolio Management. Damit ergibt sich ein Zielbild für die agile Transformation.
- SAFe fordert Kundenzentriertheit als Denkhaltung in der Organisation. Produkte sollen aus einem tiefen Verständnis der Kundenbedürfnisse entstehen und den Kunden über die ganze Erlebniskette auch eine positive Erfahrung bieten. Dies freut UX-Experten, auch wenn sie auch gerne die Nutzerseite sehen würden, und nicht bloß die Kundenseite.
- SAFe betrachtet die Entwicklung komplexer technischer Systeme als Wissensarbeit und propagiert Instrumente, welche Wissensarbeitern ein produktives Arbeitsumfeld ermöglichen.

Anhand dieser drei Punkte lässt sich wohl der Unterschied zwischen „Wir führen agile Prozesse ein" zu „Wir werden agil" erahnen. Tatsächlich ist die agile Transformation auch ein Reifeprozess. Es ist zu erwarten, dass je unreifer eine Organisation bzgl. Agilität ist, desto schwieriger wird es, SAFe vernünftig zu etablieren. Gleiches haben wir in diesem Buch bereits über die Reife (Kap. 8) einer Organisation bzgl. UX und der Etablierung von UX argumentiert.

UX im SAFe

Es sollte somit nicht überraschen, dass UX auch in SAFe nicht einfach so da ist, sondern eben die Reife der Organisation einen wesentlichen Einfluss darauf hat, wer sich wie um UX kümmert. UX-Profis müssen ihre Position in einer nach SAFe aufgestellten Organisation somit genauso entwickeln wie in anderen Organisationen. SAFe hat jedoch ein paar spannende Gefäße vorgesehen.

7.6 UX-Profis in agilen Organisationen

Eingebunden in agile Teams UX-Profis sind, so mal die Grundannahme des agilen Arbeitens, in SAFe auf die einzelnen agilen Teams verteilt. Dies sind interdisziplinäre Teams (siehe Abschn. 7.5) und SAFe erbt die Stärken und Schwächen der Struktur Einzelkämpfer im Entwicklungsteam aus Abschn. 7.2. Handlungsoptionen können weit offen oder auch recht stark eingeschränkt sein, wie diese UX-Expertin berichtet:

> *„Unsere Aufgabe wurde klar definiert: Wir haben die bestehenden Funktionen und Eingaben aus der alten Software mit den neuen Elementen und der neuen visuellen Gestaltung im Figma auszuarbeiten und dann den Entwicklern zur Umsetzung zu geben. Gemäß Aussage des Product Owners muss das so schnell wie möglich gehen. Er habe kein Budget, um irgendwas zu verbessern. Also sind wir vier nun mit Volldampf daran, auch wenn wir das nicht sinnvoll finden."*

Hebel Produktverantwortung Tatsächlich stellt eine agile Organisation ein großes Produktteam (Abschn. 7.3) dar. Die Produktverantwortlichen, das zeigt auch der obige Bericht, stellen einen wichtigen Hebel für gute UX dar. Verstehen diese Personen die Wirkung von UX auf den Produkterfolg, können sie die Prioritäten entsprechend anpassen. Zudem treiben sie Vorabklärungen voran und können UX-Profis auch dabei Raum geben.

Community Of Practice (CoP) SAFE kennt das Konstrukt der CoP. Dies entspricht einer Gilde. Damit können sich UX-Profis untereinander austauschen, helfen, Inspiration holen und vieles mehr. Stärken und Schwächen einer Gilde haben wir im Abschn. 7.2 festgehalten.

Shared Service Dienstleistungen, die eben von vielen Teams benötigt werden und eine hohe Spezialisierung verlangen, können von einem dedizierten Team bereitgestellt werden, einem Shared Service Team. Eine agile Organisation könnte damit also eine oder mehrere UX-Fachstellen realisieren. Solche Fachstellen könnten Nutzungsstatistiken, Nutzerforschung oder auch ein weitreichendes Designsystem den Entwicklungsteams zur Verfügung stellen. Werden die Spezialisten eines Shared Service eher auf Zeit als Berater in den verschiedenen Teams tätig, ergibt ein solcher Shared Service eine Matrixorganisation. Übernimmt ein solcher Shared Service auch Governancefunktion und erstellt mehr oder weniger verbindliche Vorgaben und Grundsätze zu UX-Aktivitäten, dann ist damit auch eine Art UX-Hub realisiert. Allerdings ist ein solcher Hub relativ schwach, da die Personen in einem Shared Service eben eher als Dienstleister auf Auftrag der Entwicklungsteams aktiv werden und nicht umgekehrt.

Inspect and Adapt Agile Organisationen kennen auch fest eingeplante Gefäße für die kontinuierliche Entwicklung der Organisation: die regelmäßig stattfindenden Retrospektiven. UX-Profis können Defizite im Bereich UX also dort thematisieren. Prozessverantwortliche übernehmen hier eine wichtige Rolle. Sie sorgen dafür, dass eine agile Organisation diese Themen auch diskutiert, Beschlüsse fasst und Veränderungen umsetzt.

Einträge im Backlog Agile Organisationen planen die anstehenden Tätigkeiten im Backlog. Der Fokus liegt zwar auf der Produktentwicklung, doch spricht einiges dafür, auch Organisationsentwicklung und die Verbesserung von Arbeitsmitteln damit zu planen und umzusetzen. Aufbau und Erweiterungen eines gemeinsamen Designsystems, Beschaffung neuer UX-Werkzeuge und mehr werden so bewertbar, planbar und sichtbar. Tatsächlich sind in agilen Organisationen Dinge, die nicht via Backlog in die Organisation eingespeist werden, eher schwieriger zu realisieren.

Enablers und Architectural Runway UX-Grundlagen bringen dummerweise keinen direkten Mehrwert für die Kunden und werden in der Priorisierung somit auch gerne nach hinten verschoben. SAFe kennt das Konzept eines Architectural Runways, in welchem die technischen Grundlagen für Kommendes erstellt werden und mittels sogenannter Enabler auch geplant werden. Die technischen Verantwortlichen sind für diese Einträge im Backlog verantwortlich.

Tatsächlich sorgen auch viele UX-Tätigkeiten dafür, dass künftige Features effizienter ausgearbeitet und realisiert werden können. Dies könnte grundlegende Nutzerforschung, Aufbau von Designsystemen, Erarbeitung grundlegender UX-Konzepte, Einführung neuer UX-Werkzeuge und mehr sein. Es ist also naheliegend, das technisch motivierte Konzept des Architectural Runways um solche UX-Grundlagen zu erweitern.

Ob die technischen Verantwortlichen auch darüber die Verantwortung übernehmen oder ob eine Organisation UX-Verantwortlichkeit schafft, und damit de facto einen UX Runway definiert, wäre zu diskutieren.

Business Owner Sehr gut stehen die Karten, wenn UX-Ziele von Business Owner vertreten werden. Diese sind in der Hierarchie typischerweise weit oben angeordnet, spielen eine aktive Rolle in der Entwicklung und übernehmen die Verantwortung für beispielsweise den finanziellen Erfolg und die Compliance der Lösungen. Ist es für einen Business Owner klar, dass die erreichte User Experience eben den finanziellen Erfolg stark beeinträchtigt oder auch Zulassungen gefährdet, kann dies sofortige Wirkung auf die ganze Entwicklungsorganisation haben und die Gewichtung von UX komplett verändern. UX-Profis können hier natürlich Einfluss nehmen, indem sie eben gute Argumente beitragen und auch belastbare Daten liefern.

Ist die User Experience von zentraler Bedeutung für den Erfolg einer Firma, dann kann es sich für ein Unternehmen durchaus lohnen, auf dieser Portfolio Ebene eine Business Owner ähnliche Rolle für UX zu definieren. Die Person, die diese Rolle einnimmt, ist dann in der Hierarchie vermutlich ebenfalls sehr hoch angesiedelt.

Karriere entlang der Produktverantwortung Für UX-Profis ergeben sich in SAFe neue Entwicklungsmöglichkeiten. Einerseits ist UX-Expertise auf allen Ebenen gefragt und entsprechend können UX-Profis mit der Erfahrung auch mehr und mehr auf der strategischen Ebene mitwirken. Zusätzlich sind UX-Profis auch prädestiniert für Rollen mit Produktverantwortung, insbesondere wenn die User Experience eine wichtige Rolle spielt.

SAFe anpassen Es spricht vieles dafür, SAFe den konkreten Bedürfnissen einer Organisation anzupassen. Beispielsweise kann es Sinn machen, sollte die User Experience einen sehr hohen Stellenwert haben, auch UX-Rollen explizit auf verschiedenen Ebenen im SAFe zu definieren.

Fazit Agile Blaupausen wie SAFe bieten eine Menge Ansätze, um UX in einer agilen Organisation gezielt zu entwickeln und auch UX-Profis ein tolles Arbeitsumfeld zu ermöglichen. SAFe bringt jedoch eine hohe Komplexität mit sich und diese zu beherrschen, ist nicht einfach. Die Herausforderung ist auch hier, die möglichen Ansätze gut zu kombinieren und geschickt an die Bedürfnisse der Organisation anzupassen. Je reifer eine Organisation bzgl. UX und Agilität ist, desto einfacher wird dies fallen. Somit gilt also auch für agile Organisationen: UX reift Schritt für Schritt mit der Organisation mit.

PRAXISBEISPIEL: Bericht aus einer SAFe-Organisation

Das folgende Interview hat so zwar nicht stattgefunden. Es ist mehr als ein stilistisches Element zu verstehen. Nichtsdestotrotz repräsentiert dies den aktuellen Stand, wie er uns von UX-Profis einer großen Dienstleistungsfirma geschildert wurde, und tatsächlich hat auch Christian das Gespräch geführt.

Christian: Wie sind die UX-Profis organisiert?

UX-Leader: Wir sind zurzeit 11 interne UXler und verstärken uns mit Externen, je nach Last aus der Entwicklung. Das ergibt dann ca. 20 insgesamt. Aus Sicht SAFe sind wir am ehesten als Shared Service organisiert und leihen die UX-Profis an die verschiedenen Teams aus. Unsere UXler sind dann oft in mehreren Teams gleichzeitig unterwegs. Die Engagements sind manchmal kürzer und manchmal auch länger. Dies entspricht mehr oder weniger dem Modus vor der Einführung von SAFe. Externe Mitarbeiter setzen wir übrigens eher als Teil der Entwicklungsteams ein. Wir wirken sowohl bei den Systemen für unsere Mitarbeiter wie auch bei unseren Kundenportalen mit.

Christian: Wie kommen Entscheide bzgl. UX zustande?

UX-Leader: Unser Shared Service ist Teil der Solution „Plattform". Diese Solution stellt die Grundlagen für die ansonsten nach Kundensegmenten aufgeteilten Solutions bereit. Wir haben einen entsprechend großen Hebel in Bezug auf UX. Von uns wird erwartet, dass wir die Grundlagen für gute UX in unserer Firma legen, weiterentwickeln und in die anderen Solutions tragen.

Christian: Wer entscheidet, wo die UX-Profis zum Einsatz kommen?

UX-Leader: Die UX-Reife ist bei uns recht hoch und wir können auf die Solution Owner zählen. Die Priorisierung der Portfolio Epics funktioniert gut und wir können schon hier einbringen, was bzgl. UX gemacht werden muss. Somit ergibt sich daraus schon ein gutes Bild, wie viele UXler wir in etwa wo einsetzen müssen. Das klappt ebenfalls schon sehr gut.

Christian: Wo seht ihr die wichtigsten Baustellen?

UX-Leader: Da gibt es einige zu nennen. Ich starte mal mit der Arbeitslast. Wir haben weniger UXler, als die Entwicklungsorganisation eigentlich benötigen würde. Entsprechend müssen wir unsere Einsätze gut dosieren. Es bleibt wenig Zeit, um an den grundlegenden Dingen zu arbeiten und beispielsweise die Organisation weiterzubringen. Auch wenn wir neue Werkzeuge einführen möchten, ist dies für uns kaum zu stemmen.

Eine weitere, wie wir finden noch spannendere Baustelle, ist früher dabei sein. Wir stellen mehr und mehr fest, dass UXler auch schon in der Exploration von Portfolio Epics dabei sein sollten, um auch den Umfang mitzudefinieren und die UX-Perspektive einzubringen. Wir kommen dank unserem Netzwerk durchaus auch dahin. Gerade um Dinge sichtbar zu machen, werden wir gerne dazugeholt. Allerdings fällt es uns UXlern noch schwer, hier mitzuwirken und die strategischen Entscheide zu prägen. Es fehlt uns das Know-how.

Die größte Baustelle ist unserer Meinung nach aber die fehlende Institutionalisierung. Zurzeit passiert alles aus Erfahrung und weil uns die Stakeholder in die Entwicklung holen. Nur diskutieren wir dann immer wieder UX vs. UI und wer welche Verantwortlichkeiten übernimmt. Wir möchten solche Dinge festhalten und mit der Organisation vereinbaren. Das muss aber eher über die Linie geschehen als im SAFe, SAFe kennt solche Dinge nicht wirklich.

Christian: Woran seid ihr jetzt gerade konkret dran?

UX-Leader: Zurzeit sind wir daran, einen UX-Hub als offiziellen Teil des Epic Flows einzuführen. Damit greifen wir auch die Baustellen auf, die wir identifiziert haben. Im Hub sollen eher die Grundlagen bzgl. UX in unserer Firma geregelt werden: Arbeitsmittel, Prozesse, UX-Governance, Research auf der Portfolioebene. Die Umsetzung soll dann in den Spokes geschehen, wo die UXler in die Teams verteilt sind. Den Hub haben wir schon recht gut ausgearbeitet, es fehlt noch etwas bei den Spokes und dem Zusammenspiel zwischen den Hub und den Spokes.

Für die UX-Profis bei diesem Dienstleister ist SAFe einfach eine Entwicklungsorganisation. Mit den neuen Rollen ergeben sich neue Entscheider. Die Solution Owner waren in dieser Firma, so der Bericht, die wichtigen Schlüsselpersonen, um UX im SAFe wirkungsvoll in die Entwicklung zu verankern. Ebenso prägend für die weitere Entwicklung war wohl, dass die vorherige UX-Fachstelle als Shared Service in einer Plattform-Solution ein Zuhause gefunden hat. Der nächste Schritt ist es nun, strategischer zu werden und auch bei Epic und Business Ownern richtig positioniert zu sein.

Organisation reifen in Bezug auf UX 8

8.1 Eine prototypische Entwicklung

Eines Tages steht das Thema UX da, repräsentiert z. B. durch eine Person mit mehr oder weniger tiefen Kenntnissen in UX, eingestellt in einem Team, irgendwo in der Organisation. Diese Person soll „UX machen". Die Reife der Organisation bzgl. UX ist in diesem Stadium tief und es findet sich eine breite Palette an Meinungen: Verweigerer, Skeptiker, Neugierige und Enthusiasten, Ahnungslose, Falschinformierte und Klarsichtige.

Diese erste Person ist sozusagen das Versuchskaninchen der Organisation. Man experimentiert und versucht herauszufinden, wie sich UX in der Firma positionieren lässt, welche Wirkung nutzerzentriertes Vorgehen erzeugt, wie sich die neuen Ansätze integrieren lassen, wie man damit Geld verdienen kann und vieles mehr.

Vielleicht treffen sich auch am Thema Interessierte in einer Community, laden externe Experten ein, organisieren UX Brown Bag Talks, Basiskurse, erarbeiten Wissen, erzählen von ersten Erfahrungen und verbreiten so Wissen in der Organisation.

Nicht in allen Organisationen gelingt es, bei dieser tiefen Reife mit UX gute Wirkung zu zeigen. Dazu gibt es viele Ursachen. Hier sind einige:

- Hoher Druck – für gewöhnlich Zeitdruck – verhindert, dass sich die Personen in der Organisation mit dem neuen Thema befassen können. UX-Spezialisten werden in eine Ecke gedrängt, wo sie möglichst wenig stören. Zum Beispiel Pinseln von Hochglanzskizzen, Durchführen unkritischer Nutzerstudien oder Testen einer fertigen App mit Nutzern. Die Ergebnisse, die gerade bequem passen, werden aufgegriffen, andere nicht.
- Zu tiefe Verrechenbarkeit: In Firmen, die auf Honorarbasis arbeiten, also wo die geleisteten Stunden der Mitarbeiter den Kunden verrechnet werden, müssen auch UX-Profis verrechenbar sein. Gelingt dies nicht in nützlicher Frist, trennen sich Firma und UX-Spezialisten relativ schnell wieder.

- UX-Spezialisten müssen bereit sein, eine breite Palette von Aufgaben zu übernehmen, auch außerhalb ihres Gebietes. Sie müssen akzeptieren, dass nicht alles, was sie für richtig und wichtig befinden, umsetzbar ist. Denn die Organisation ist noch gar nicht fähig, UX-Spezialisten angemessen einzusetzen.
- Viele Veränderungen in der Organisationsstruktur, wie Wechsel von Positionen, Restrukturierungen usw. bewirken, dass sich auch die UX-Fans in immer neuen Positionen befinden. UX-Profis und UX-Community müssen sich immer wieder neu ausrichten, neue Sponsoren finden und verbrennen ihre Energie mit dem Absorbieren von Veränderung anstatt dem Aufbau von UX.

Ist die Wirkung hingegen positiv, wird die Organisation wohl weitere Personen mit besonderen UX-Fähigkeiten einstellen bzw. ausbilden. Landen diese UX-Profis in unterschiedlichen Teams, entsteht schon bald eine große Vielfalt von Ansätzen, wie UX-Aktivitäten in die Entwicklung eingegliedert werden und welche Rolle die UX-Spezialisten übernehmen. Die Spezialisten kämpfen zudem mit ähnlichen Problemen und so wird der Wunsch nach Austausch immer stärker. UX-Profis wollen sich zudem fachlich weiterbringen und von den anderen Profis lernen. Zudem ließen sich erarbeitete Artefakte weiterverwenden, Lizenzen für Werkzeuge einfacher beschaffen usw., gäbe es mehr Austausch. Eine UX-Gilde, wo sich die UX-Profis selbst weiterbringen, ist nur eine Frage der Zeit.

Oder die Organisation geht gleich einen Schritt weiter und zieht die UX-Profis in ein eigenes UX-Team zusammen. Diese Struktur bietet ganz neue Möglichkeiten. Es entsteht insbesondere eine erste Managementposition für die Leitung des UX-Teams. Diese Person wird sich nun auch explizit damit befassen können, UX in der Organisation zu positionieren. Sie definiert das interne Dienstleistungsangebot, welches von den UX-Profis angeboten wird, und stellt Personen ein, die eben dazu passen. UX erhält eine ganz neue Sichtbarkeit.

Und so reift die Fähigkeit der Organisation, Produkte mit guter User Experience auf den Markt zu bringen.

Mehr UX-Profis werden angestellt, im UX-Team und in anderen Abteilungen. Aus einem UX-Team werden mit der Zeit mehrere, die sich durchaus auch spezialisieren. So übernimmt vielleicht ein Team das ausgeklügelte Testlabor. Ein anderes Team könnte für einen effektiven Zugang zu Nutzern für Tests, Studien und mehr sorgen. Ein weiteres vermisst dann beispielsweise die User und Customer Journeys und sorgt für fundiertes Zahlenmaterial für aktuelle und künftige Entscheidungen, und wieder ein anderes könnte mit geballter Kreativkraft brillieren (Abb. 8.1).

Bleibt die UX-Organisation zentralisiert, steigt das Thema UX nun auch im Management auf. Aus einem UX-Team wird eine UX-Abteilung. Ist die UX-Organisation hingegen dezentralisiert, so gibt es vielleicht nun mehrere UX-Teams verteilt auf verschiedene Abteilungen, Standorte und Länder. Eine gute User Experience zu erreichen, bleibt dennoch eine Aufgabe, bei der viele Personen aufeinander abgestimmt handeln müssen. Und so entsteht das Bedürfnis einer regulierenden Stelle, wo die Fäden bzgl. UX

8.1 Eine prototypische Entwicklung

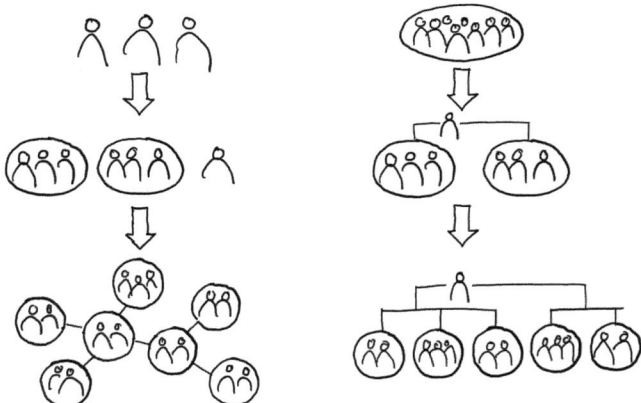

Abb. 8.1 Dezentralisiert oder zentralisiert – beides kann sich entwickeln

zusammenlaufen und grundlegende Entscheide getroffen werden können, ein UX-Hub. Ein solcher Hub kümmert sich insbesondere um Themen der UX-Governance und sollte entsprechend hierarchisch höher angesetzt sein.

Das Thema UX etabliert sich somit in der Firma. Die Debatte, was UX sei, wie man das am besten erreiche und wer genau was dazu zu tun hat, reduziert sich auf Feinheiten. Ein Grund für die anfängliche Zentralisierung in ein UX-Team fällt weg. Hingegen spürt die Organisation immer stärker die Distanz, die sich durch spezialisierte UX-Teams ergibt. Gefördert durch agile Entwicklungsteams und -organisationen und ermöglicht durch breites Verständnis von UX, macht es nun auch den UX-Profis immer mehr Freude, direkt im Entwicklungsteam zu wirken und andere UX-Spezialisten bei Bedarf hinzuzuziehen. Entsprechend dezentralisiert die Organisation nun auch einen Teil der UX-Profis in die Entwicklungsorganisation. Das kann durchaus komplett so sein inkl. persönlicher Weiterentwicklung. Gewisse Organisationen dezentralisieren weniger weit und führen Mitarbeiter in einer Matrixorganisation: Im UX-Team verbleiben fachliche Führung und Weiterentwicklung, projektbezogene Führung und Weiterentwicklung übernimmt die agile Organisation. So können UX-Profis in der Entwicklungsorganisation sich in neue Positionen entwickeln und werden im UX-Team fachlich passend und kompetent beraten und gefördert.

Mit dieser organisatorischen Entwicklung verändern sich auch die Menschen in der Organisation und die Kultur. Immer mehr Leute lernen, wie eine gute User Experience angestrebt werden kann, bauen Kompetenzen im Bereich UX auf und handeln entsprechend. Kosten und Nutzen von UX werden klarer und die Organisation lernt, UX-Spezialisten richtig einzusetzen. Und nicht zuletzt verändern sich auch die UX-Spezialisten. Denn nicht alle verfolgen eine fachliche Karriere. Einige entwickeln sich zu anderen Positionen hin: Produktmanagement, Verkauf, Team- und Mitarbeiterführung und mehr. Und so landet nutzerzentriertes Denken in wichtigen Positionen. Wissen und Fähigkeiten durchdringen die Organisation.

Je reifer eine Organisation, desto vielfältiger sind wohl die UX-Profis organisiert. Einige verbleiben in spezialisierten Teams, andere sind in Entwicklungsteams, wieder andere im UX-Hub und im Management.

Und mit dieser Entwicklung erreicht die Organisation nun auch eine Reife, bei der Dinge wie von selbst geschehen. Nutzerzentriertes Handeln ist selbstverständlich, UX Metriken werden für Entscheidungen herbeigezogen, die festgeschriebenen Prozesse zeigen auf, wie UX in der Organisation gelebt wird, es existiert ein konstanter Dialog über den zu erreichenden Qualitätsstandard und gute UX wird von der Organisation wertgeschätzt und gefördert.

8.2 UX-Reife

Die im vorherigen Abschnitt diskutierten Entwicklungen lassen sich auch etwas strukturierter betrachten. Ein vielversprechender Ansatz sind UX-Reifegradmodelle. Wir lehnen uns hier dem Modell von Norman und Nielsen an (Pernice 2024). Die Reife von UX lässt sich mit folgenden Stufen charakterisieren (Abb. 8.2 und Tab. 8.1):

Die Reife einer Organisation abzuschätzen, ist jedoch nicht so einfach. Dazu vielleicht ein Beispiel. So könnte eine Geschäftsleitung den Wert von UX richtig erkennen, UX positionieren und auch Metriken erheben. Etwas, was eher auf Stufe 5 hindeuten würde. Befinden sich in der Organisation hingegen nur wenige Personen mit den nötigen Fähigkeiten, ist dies tatsächlich eher als einzelner Vorstoß zu werten. Somit wäre die Organisation als Ganzes auf Stufe 2.

Dieses konstruierte Beispiel unterstreicht zwei wichtige Punkte: 1) Reifen ist ein organisatorischer Lernprozess und 2) die UX-Reife einer Organisation ist das Ergebnis der UX-Reife der Personen in der Organisation. Und somit verhält sich die Reife wie in der folgenden Illustration: je reifer eine Organisation, desto mehr Personen wissen, wie

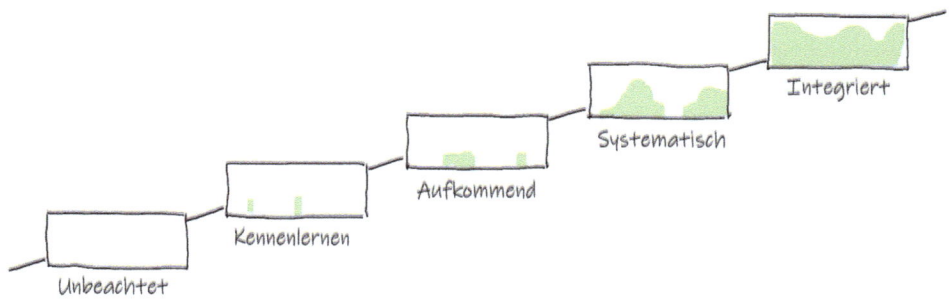

Abb. 8.2 Fünf Stufen der Reife

8.2 UX-Reife

Tab 8.1 UX-Reifegrade und ihre Eigenschaften

1	Unbeachtet	Die Organisation befasst sich nicht explizit mit Themen aus dem Bereich der User Experience
2	Kennenlernen	In der Organisation wird mit UX experimentiert. Es gibt vereinzelte Vorstöße und Ansätze für UX-Aktivitäten. Diese kommen einerseits von Personen mit einer Ausbildung im Bereich UX und andererseits von solchen, die UX wichtig finden
3	Aufkommend	Die Organisation lernt den Wert von UX kennen. UX wird in einigen Teams thematisiert und UX-Aktivitäten werden eingeplant. Einzelne Teams erreichen bereits sehr gute Resultate, während andere sich mit dem Thema bestenfalls abmühen und wenig erreichen. In solchen Organisationen gibt es oft mehrere UX-Profis, oft irgendwo in der Struktur angehängt, als Team oder auch verteilt
4	Systematisch	Die Organisation hat den Wert von UX erkannt, fordert UX-Aktivitäten ein und hat eine mehr und weniger eingehaltene Systematik entwickelt. Für gewöhnlich gibt es in diesen Organisationen ein oder sogar mehrere UX-Teams
5	Integriert	Die Organisation kann UX-Aktivitäten in praktisch allen Teams effizient und effektiv ausführen und erreicht konsistent gute und sehr gute Ergebnisse. User Experience ist eine Grundlage für Entscheide auf allen Ebenen. Die Organisation hat User Experience ebenso auf höchster Ebene etabliert und zu anderen wichtigen Themen positioniert. Typischerweise überwacht die Organisation die User Experience mit Metriken und Kennzahlen und beeinflusst diese gezielt

die Organisation am besten von UX-Aktivitäten profitiert und was sie dazu beitragen (Abb. 8.3).

– Kurze Anregung für eigene Gedanken? Gibt es Firmen, die keine UX-Aktivitäten durchführen und damit also auf der Stufe −1 wären?

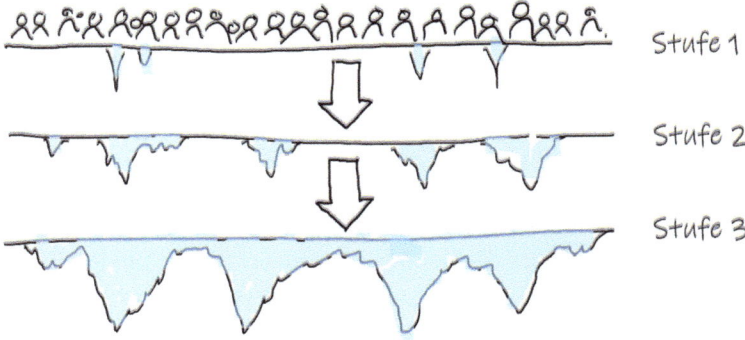

Abb. 8.3 Je reifer eine Organisation, desto mehr Personen haben Know-how und desto tiefer reicht das Know-how

In einer Organisation, die gerade so auf Stufe 2 der Reife ist, besteht, objektiv betrachtet, wohl eine Hypothese bei einzelnen Personen, wie die Organisation von UX profitieren könnte. Auf Stufe 3 haben einzelne Teams und Organisationseinheiten bereits eine gute erste Version für sich entwickelt, während andere Einheiten am Straucheln sind oder UX ganz ignorieren. Auf Stufe 4 hat die Organisation einen Weg entwickelt, wie der größte Teil der Organisation von UX profitiert, auch wenn noch nicht alle diesen Weg wirklich beherrschen. Auf Stufe 5 ist nun der größte Teil der Organisation richtig gut unterwegs.

Organisationen reifen durch die individuellen und sozialen Prozesse in der Organisation (OSTO-Modell in Kap. 5). Und damit diese Prozesse auch stattfinden, sind drei Dinge notwendig: Willen, Fähigkeit und Möglichkeit.

- Wille: Das Thema UX muss für die Personen und Teams, im Vergleich zu allen anderen Themen, wichtig und auch interessant genug sein.
- Fähigkeit: Personen und Teams müssen auch gewisse Grundlagen und Grundfähigkeiten mitbringen, um UX-Aktivitäten durchzuführen. Je nach konkreter Aktivität benötigt dies ein Flair für Gestaltung, Empathie, strategisches bzw. mathematisches Denken und mehr.
- Möglichkeit: Die Personen und Teams brauchen auch Zeit, Lernmittel, Austausch mit anderen, Möglichkeiten zum Ausprobieren, Coaches und Trainer, damit der Lernprozess effektiv sein kann.

Versuchen einzelne Personen, die Organisation zu schnell reifen zu lassen, werden die Leute und Teams in der Organisation überfordert. So könnte man denken, es sei eine gute Idee, UX-Aktivitäten im Entwicklungsprozess festzuschreiben und einzufordern. Doch bei einer Organisation mit Reifegrad 2, bei der der Großteil der Mitarbeiter keine Ahnung von UX hat, wird dies überfordern und viel Stress erzeugen. Bei einer Organisation mit Reife 5 oder 6 sind UX-Aktivitäten gut etabliert und werden immer wieder den neuesten Erkenntnissen angepasst. Festgeschriebene Prozesse sind dann vielleicht sogar zu starr, hinken der Realität vermutlich hinterher und behindern UX-Aktivitäten dann eher, anstatt diese zu unterstützen.

Also ist nicht jede Entwicklungsmaßnahme für jede Reife gleich gut geeignet. Hier ein paar Hinweise (Tab. 8.2):

Als Randnotiz möchten wir Ihnen noch einen Gedanken mitgeben. Dieser Gedanke entspringt der Tatsache, dass die UX-Reife einer Organisation eben auch der UX-Reife der Personen in der Organisation entspringt. Nur gibt es eben eine gewisse Fluktuation und neue Mitarbeiter stoßen immer wieder dazu. Organisationen können nun bei der Rekrutierung auch die UX-Kompetenzen der Bewerber durchleuchten und nur Personen einstellen, die eine gewisse Reife haben, oder die neu Eingestellten systematisch ausbilden. Man könnte den Gedanken noch weiterspinnen und sich etwas näher mit der Ausbildung befassen. Denn warum sollten Absolventen eines MBAs, eines Informatikstudiums und

8.3 Veränderung treibt die Organisationsentwicklung

Tab 8.2 Entwicklungsmaßnahmen nach UX-Reifegrad

	1	2	3	4	5
Bewusstsein für UX fördern					
UX ausprobieren, Mehrwert erleben					
allgemeine UX-Trainings anbieten					
Kämpfer für UX im Management finden					
Prozesse um UX-Aktivitäten erweitern und einfordern.					
Leistung der UX-Profis sichtbar machen (interne UX-Metriken)					
UX-Standards etablieren					
UX im Management breit verankern					
UX-Erfolge belohnen					
UX KPI erheben					

mehr nicht auch wissen, wie sie mittels UX einen Nutzen für eine Firma erzeugen können? Eine Firma, die hohes Interesse an gut ausgebildeten Personen im Bereich UX hat, sollte deshalb auch konsequenterweise in die Grundausbildung der künftigen Mitarbeiter investieren.

8.3 Veränderung treibt die Organisationsentwicklung

Man sollte eigentlich meinen, dass UX-Leader für die Weiterentwicklung von UX in einer Organisation bloß einen guten Plan machen müssten und diesen dann umsetzen könnten. Damit dies gelingt, müsste aber schon auf einem tiefen Reifegrad ein gutes Verständnis von UX in einer Organisation vorhanden sein, was eben genau nicht zutrifft. Zudem wirken auch viele andere und zuweilen auch viel stärkere Kräfte auf eine Organisation ein.

Eine Organisation muss diese Kräfte aufnehmen und sich weiterentwickeln. Manchmal leidet die Weiterentwicklung der User Experience, manchmal erstarkt sie. Hier ein paar Beispiele:

Bericht eines UX-Leaders aus einem Konzern: „Wir hatten über die Jahre ein stabiles UX-Team aufgebaut, welches bei mehreren Hundert Projekten für die Entwicklung und Weiterentwicklung der internen Software mitwirkte. Dem Management wurde die Entwicklung jedoch zu teuer, auch weil der Unterhalt der bereits verfügbaren Features gut und gerne 80 % der Arbeit der Entwickler auffraß. So stellte das Management die IT von einer Projektorganisation auf eine Produktorganisation um, berief ein neues Management für die IT-Abteilung und setzte auf eingekaufte Software, anstatt selbst zu entwickeln. Das Ziel ganz klar: Kosten der IT senken. Die eingekaufte Software hatte selbstverständlich bereits ein UI und das Management vertrat zudem die Ansicht, dass sich Mitarbeiter mit dem eingekauften UI zufriedengeben müssen. Die Konsequenz: Das Management entließ insbesondere die Designer im UX-Team. Es sah offenbar keinen Bedarf mehr."

Bericht aus einem großen Dienstleistungsunternehmen: „Die Teamleiterin eines UX-Teams hat gekündigt. Das bisher zentral geführte UX-Team wurde vom Abteilungsleiter aufgeteilt und in verschiedene Abteilungen verschoben. Zwar waren die UXler nun näher bei den internen Kunden, doch litt der Austausch. Die UXler entscheiden, eine UX-Gilde zu gründen, die sich zu einer aktiven Community weiterentwickelt. UX verbreitet sich nun viel rascher in der Organisation als vorher."

Bericht eines UX-Profis einer Softwareherstellerin: „Der bisherige Leiter Produktmanagement hat sich für User Experience eingesetzt und ein starkes UX-Team aufgebaut. Nun wird er pensioniert. Die Nachfolgerin hat große Pläne mit KI. Die UX-Profis sind gut positioniert und erzielen weiterhin Wirkung. Nur UX weiterzubringen, dazu fehlen plötzlich Geld und Wille und die bestehenden Standards aufrechtzuerhalten, kostet plötzlich Geld, das die Organisation nun in KI-Vorhaben stecken möchte."

Bericht aus einem Finanzdienstleister: „Die neue App, die mit viel Energie in den Markt gestoßen wurde, floppte im App Store. Die Bewertungen waren unterirdisch. So wurden wir gerufen und sollten es richten. Wir hatten Glück, dass die anderen auf uns hörten, und so konnten wir aus dem Flop im ersten Anlauf bereits eine ganz gut bewertete App machen. Dieser Erfolg wurde bis zur Geschäftsleitung sichtbar und nun gehen Türen auf, die bisher verschlossen, blieben."

Bericht einer UX-Expertin eines Medizingeräteherstellers: „Das FDA kreidete Mängel in den eingereichten Unterlagen an und verlangte Nachbesserungen, bevor das Medizingerät zugelassen wurde. Besonders kritisiert wurde die Dokumentation der Gebrauchstauglichkeit. Die Projektleitung musste nun schnell nachbessern und suchte UXler, die helfen können, und so wurde ich eingestellt. Es war allen schnell, klar, die Usabilitythemen waren sträflich vernachlässigt worden und hätten viel früher adressiert werden müssen. Beim neuen Gerät bin ich nun deshalb von Anfang an dabei."

Bericht eines UX-Leaders bei einem großen Softwarehersteller: „Der Bedarf an UX-Dienstleistung in der Firma ist explodiert und so sind aus einem UX-Team mit vier UX-Profis in zwei Jahren drei in Europa verteilte Teams mit 50 Profis entstanden. Nun arbeiten alle anders und jedes Team baut eigene Spezialitäten, Werkzeuge und Methoden auf. Hier werden wir nun ein nächstes Augenmerk legen müssen."

Bericht von einer Herstellerin von Software für Chemielaboratorien: „Die Geschäftsleiterin ist an Bord und will UX. So bin ich als UX Director über dem Produktmanagement positioniert. Ich habe mich auch mit einem Produktmanager verstärkt, den ich gut kenne und der ebenfalls

8.3 Veränderung treibt die Organisationsentwicklung

einen starken nutzerzentrierten Fokus hat. Nun kann ich also von oben wirken und so hoffentlich die Organisation rasch fit in Bezug auf User Experience machen."

(Abb. 8.4)

UX-Profis können Veränderung anstoßen. Doch in der Realität ist UX nur eine von vielen wichtigen Kräften, mit denen sich eine Organisation befassen muss und kann.
Hier eine nicht abschließende Aufzählung solcher Kräfte:

- **Marktkräfte:** Effekte der Globalisierung, erfolgreiche Konkurrenzlösungen, neue Märkte, sich verschiebende Bedürfnisse der Kunden und mehr.
- **Innovationskräfte:** Neue Trends, Technologien, Themen und Methoden werden entwickelt, aufgebauscht und zum Alltag.
- **Politische und soziale Kräfte:** Neue Regelungen und Normen, Druck der Konsumenten durch Bewertungen, Influencer, Werteverschiebungen, Generationenwechsel etc.
- **Arbeitsmarktkräfte:** Verfügbarkeit und Kosten von Spezialisten, Lohngefälle durch Globalisierung der Arbeit und mehr.
- **Kräfte aus der Organisation:** Wechsel von starken Personen, Wachsen/Schrumpfen der Organisation, Kostendruck, Firmenkäufe und -verkäufe, Reorganisationen und Weiteres.
- **Mitarbeiterkräfte:** Bedürfnisse der Mitarbeiter, Werte, aktuelle Themen, persönliche Weiterentwicklung und mehr.
- **UX-Kräfte:** Verändertes Augenmerk auf UX, steigendes Verständnis und Nachfrage, mehr UX-Profis sind tätig, nachgefragte und notwendige UX-Aktivitäten verändern sich.

Die Erfahrung bestätigt, dass die Entwicklung von UX zwangsläufig an die sich in der Organisation bietenden Chancen und Veränderungen gebunden ist. Somit müssen UX-Profis und UX-Management diese auch ausnutzen und sich durch Rückschläge nicht entmutigen lassen.

Abb. 8.4 Treiber ermöglichen und behindern die Entwicklung von UX in einer Organisation

Treiber
Mehr Projekte
Breiterer Scope

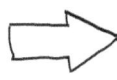

Konsequenz
Mehr Struktur
Mehr Prozesse

9 In der Organisation Wirkung erzeugen

Organisationen stehen dauernd im Wandel, da sie lebendige und offene Systeme sind. Veränderungen im Management, bei den Kunden, in der technologischen Entwicklung und auch gesellschaftliche Dynamiken beeinflussen das Unternehmen und dessen Organisation. Diese Veränderungen beeinflussen auch die UX-Organisation.

UX-Leader können für gewöhnlich die Organisation nur bedingt gestalten. Die großen Entscheide werden für gewöhnlich ohne die UX-Leader gefällt, diese müssen dann „UX" in den veränderten Rahmen hineinentwickeln.

Um das zu erreichen, brauchen sie das Handwerk der Organisationsentwicklung. Sie müssen verstehen, wie die Kräfte auf die Organisation einwirken und wo sie Handlungsspielraum finden können, um die UX-Organisation zu optimieren.

Dazu brauchen sie eine gute Zusammenarbeit mit den Stakeholdern aus dem Business und aus der IT. Nur gemeinsam kann es gelingen, UX auf Augenhöhe und zu einer wirksamen Kooperation mit Business und IT zu bringen. Der Schlüssel zur erfolgreichen Organisationsgestaltung ist eine gute Kommunikation mit den Stakeholdern.

9.1 Grundsätze der Organisationsentwicklung

Um eine Organisation gezielt zu verändern, ist ein ganzheitliches Verständnis notwendig. Wir haben Ihnen deshalb in den vorherigen Kapiteln einige Modelle vorgestellt, die Ihnen helfen können, einen umfassenden Blick auf die Organisation zu gewinnen. Wie tickt die Organisation, welche Kräfte wirken, was treibt sie vorwärts und welche Gestaltungsmöglichkeiten bieten sich überhaupt an?

UX-Leader haben für gewöhnlich nicht die Hoheit über die gesamte Organisation und benötigen Verbündete, um Einfluss zu nehmen. Deshalb eignet sich hier der Ansatz der Organisationsentwicklung. Dazu finden Sie übrigens jede Menge guter Literatur, beispielsweise (Doppler, Lauterburg 2019) und (Häfeli 2015).

In der Organisationsentwicklung versteht man das Unternehmen als offenes und dynamisches System von Teilsystemen, das über Feedbackschleifen gesteuert wird. Die sozialen und zwischenmenschlichen Beziehungen haben einen starken Einfluss auf deren Wirksamkeit und Erfolg. Das Wohlbefinden der Menschen in der Organisation ist genauso wichtig wie die effiziente und effektive Gestaltung der Prozesse. Denn nur zufriedene Mitarbeitende sind motiviert und erbringen gute Leistungen.

Ein erfolgreiches Vorgehen auf diesem Gebiet basiert auf einigen harmlos klingenden Grundsätzen mit überraschender Wirkung (Abb. 9.1):

Beteiligung der Betroffenen Die Personen, die von der Veränderung betroffen sind, werden aktiv in den Veränderungsprozess einbezogen. Das beginnt nicht zuletzt mit einer guten Kommunikation und Diskussion über die Ziele der Veränderung und wieso sie eben notwendig und sinnvoll ist. Jede erfolgreiche Veränderung braucht zuerst eine „Unfreeze"-Phase. In dieser wird das Bewusstsein für die Probleme und den Nutzen einer Veränderung bei den Betroffenen aktiviert. Wer die Chance hinter einer Veränderung sieht, wird auch viel eher mitziehen. Ein weiteres wichtiges Hilfsmittel sind partizipative Workshops, in denen die Betroffenen auch ihre Meinungen und Ideen einbringen und diskutieren können. Wenn

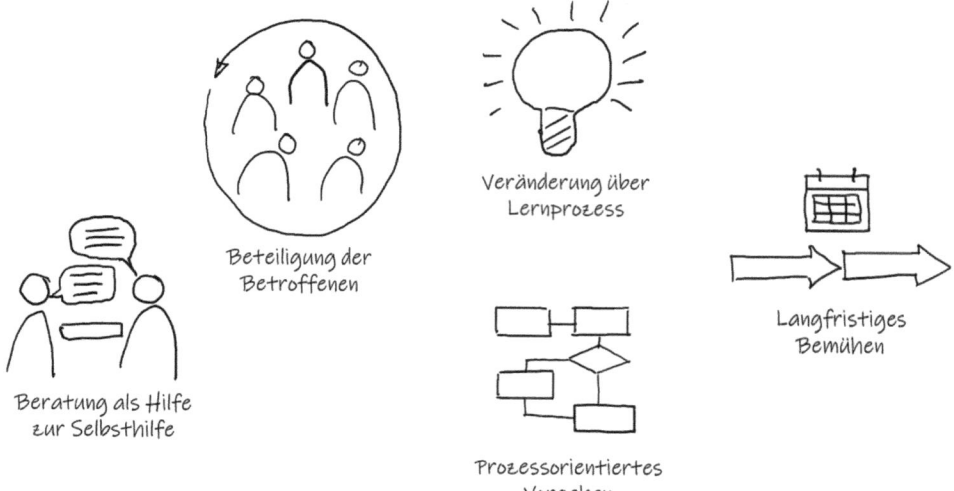

Abb. 9.1 Fünf Grundsätze der Organisationsentwicklung

9.1 Grundsätze der Organisationsentwicklung

die Betroffenen an der Veränderung aktiv mitarbeiten können, wird das Neue besser akzeptiert und getragen. Dazu sind regelmäßige Feedbackmechanismen notwendig, mit welchen Bedenken und Impulse der Betroffenen aufgenommen werden können. So baut die Organisation Widerstände gegen eine Veränderung ab. Denn die Betroffenen haben eben auch viel Zeit, sich damit anzufreunden.

Veränderung durch Lernen Im Kap. 8 zur UX-Reife haben wir auch genau diesen Punkt thematisiert: Personen in einer Organisation müssen sich mit der Veränderung und dem oft neuen Thema User Experience auseinandersetzen und herausfinden, was dies für sie bedeutet. Dies ist ein Lernprozess, der nicht einfach bloß mit Informationsveranstaltungen und Kursen abgedeckt werden kann. Es braucht für gewöhnlich auch die Möglichkeit, Neuerungen auszuprobieren und Erfahrungen zu sammeln. Ein gemeinsamer Lernprozess verbessert auch das Gemeinschaftsgefühl und steigert den Teamgeist. So wird die Veränderung von jedem Einzelnen besser getragen.

Beratung als Hilfe zur Selbsthilfe In der Organisationsentwicklung spielen Berater eine Schlüsselfunktion – nicht, weil sie alles besser wissen. Sie wirken als Katalysatoren, Impulsgeber und Moderatoren, um den Veränderungsprozess zu fördern und die Kommunikation und das gemeinsame Lernen zu ermöglichen. Berater werden auch notwendiges Wissen in der Organisation aufbauen helfen. Allerdings sollen die Berater nicht der Organisation ein vorgefertigtes Konzept überstülpen und die Personen anweisen, was sie nun wie zu tun haben. Vielmehr sollen sie die Personen in der Organisation unterstützen, Chancen, Probleme und Lösungen selbst zu erkennen und anzupacken. So werden die Personen nachhaltig befähigt, auch ohne die Beratung ein Thema in der Organisation stetig weiterzuentwickeln.

Langfristiges Bemühen Organisationsentwicklung versteht sich nicht als Projekt, welches man durchzieht und abschließt, um dann die Früchte zu ernten. Organisationsentwicklung strebt eher ein stetiges Wachstum an, welches die Organisation langfristig reifen lässt. Dies gilt gerade auch für ein Thema wie User Experience, welches viele Personen betrifft. Das entspricht zwar nicht dem Drang des ungeduldigen Managements, welches eine Veränderung vielleicht schnell erzwingen möchte, gibt aber der Organisation die Möglichkeit, sich selbst nachhaltig zu verändern.

Prozessorientiertes Vorgehen Die Entwicklung einer Organisation folgt organisch den Kräften, die aus der Dynamik der Veränderung entstehen. Indem die neuen Konzepte in Feedbackschleifen partizipativ erarbeitet, erprobt und ausgewertet werden, erzeugt diese Dynamik den Prozess der Veränderung. Es lässt sich also nicht vorhersagen, wann genau was getan werden soll. Der Veränderungsprozess folgt den Kräften der Organisation und dem Verhalten der beteiligten Menschen. Das bedeutet, dass das getan wird, was die soziale Organisation benötigt und auch zulässt. Nur so kann es gelingen, dass eine Veränderung dann nachhaltig im Unternehmen verankert wird und damit auch zum Erfolg beiträgt.

PRAXISBEISPIEL: Partizipative Prozessgestaltung

Ein Finanzdienstleister hat UX in den Bereich aller kundengerichteter Kanäle integriert. Die UX-Organisation umfasst 25 UX-Profis, die in einer Struktur mit UX-Hub und Spokes organisiert ist. Die Spokes sind in die Entwicklungsteams integriert.

„Wir wollen die Zusammenarbeit in den interdisziplinären Teams fördern."

Um die Zusammenarbeit in diesen interdisziplinären Teams, wo Fachexperten, Entwickler und UX-Profis arbeiten, zu verbessern, wurde gemeinsam daran gearbeitet. In einer Serie von Workshops diskutierten die Teams, wie die gemeinsame Arbeit an den Produkten konkret ablaufen soll. Sie beschrieben auch die zu erarbeitenden Ergebnisse und klärten, wer wo in welcher Rolle mitarbeitet und wer wo den Lead übernimmt. In diesen Workshops wurden auch Unterschiede zwischen den Teams sichtbar. So konnten auch diese diskutiert und bei der Ausarbeitung der Prozesse berücksichtigt werden.

„In Workshops klären wir die Zusammenarbeit mit den UX-Profis."

Daraus entstand eine gemeinsam vereinbarte Beschreibung der Arbeitsabläufe, die nun als gute Guideline und Grundlage für die Zusammenarbeit genutzt werden kann. Die Teams haben einzelne Themen zudem vertieft. So erkannten sie beispielsweise einen Bedarf nach einer genauen Beschreibung der Designübergabe. Entsprechend entwickelten die Teams eine Vorlage für die Beschreibung des Detaildesigns mit dem Ziel, dass weniger Missverständnisse entstehen sollen.

„Die Teams haben einen Sprung nach vorne gemacht."

Als Wirkung dieser Workshops wurde gerade auch der Beitrag der UX-Profis für alle klar und sichtbar. Auch stärkten sich Teamzusammenhalt und die gemeinsame Ausrichtung. Und so wurde nicht zuletzt eine gute Balance zwischen fachlichen Anforderungen, technologischen Möglichkeiten und Bedürfnissen von Nutzern gefördert.

9.2 Kommunikation in der Organisation: Zielgruppen jenseits der Nutzer

Als UX-Profi fühlt man sich primär den Nutzern verpflichtet. Doch ist damit in einer komplexen Organisation noch kein Blumentopf zu gewinnen. Denn tückischerweise stehen die Nutzer am Ende der Futterkette und um bis zu diesen vorzudringen, muss nutzerzentriertes Denken zuerst durch einige Anspruchsgruppen hindurchwirken. Diese Kette sieht vereinfacht so aus (Abb. 9.2):

9.2 Kommunikation in der Organisation: Zielgruppen jenseits der Nutzer

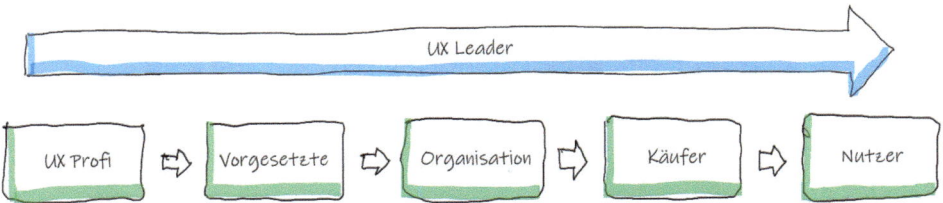

Abb. 9.2 Die Anspruchsgruppen von UX

UX-Leader müssen all diese Anspruchsgruppen betreuen. Dadurch formen sie die Innensicht der Organisation auf UX (dazu steht mehr im Abschn. 2.3). Sie können als Organisationsentwickler den UX-Profis den Rücken freihalten, indem sie eben mit den internen Stakeholdern arbeiten und die Innensicht von UX stärken. Der Hebel dazu ist ganz einfach: Erzeugen UX-Aktivitäten für die internen Anspruchsgruppen genügend Wert, finden diese auch Beachtung (der Abschn. 3.2. des Sternemodells beleuchtet dies ähnlich).

Kommunikation zwischen UX-Profis und deren Vorgesetzten

Zwischen UX-Profis und deren Vorgesetzten gibt es typische Konflikte. UX-Profis arbeiten direkt mit Nutzerdaten und Feedback und entwickeln Lösungen, von welchen insbesondere die Nutzer profitieren. Vorgesetzte hingegen sind eher auf Geschäftsziele fokussiert, wie Umsatzsteigerung oder Kosteneffizienz, und müssen üblicherweise mehrere Anspruchsgruppen berücksichtigen (Abb. 9.3).

Dieses unterschiedliche Verständnis kann dazu führen, dass Vorgesetzte den Wert der UX-Aktivitäten anders einschätzen und wichtige Entscheidungen der UX-Profis umstoßen. Dies gerade dann, wenn eben die für Nutzer besser passende Lösung nicht offensichtlich mit den Unternehmenszielen korreliert oder bloß einfach zu viel zu kosten scheint.

Um diese Situation zu entschärfen, haben gerade UX-Leader mehrere Ansätze:

- UX-Leader können die Bedeutung von UX für das Unternehmen in messbaren Begriffen kommunizieren, z. B. durch die Darstellung, wie eine verbesserte Nutzererfahrung zu höherer Kundenzufriedenheit und letztlich zu mehr Umsatz führt. Sinnvollerweise greifen sie dabei auf Messgrößen zurück, die für die Vorgesetzten auch relevant und verständlich sind.
- Es ist auch hilfreich, Vorgesetzte in die UX-Aktivitäten einzubeziehen, um ein gemeinsames Verständnis zu entwickeln. Damit wird auch der Irrglaube, dass User Experience durch höhere Eingebung beim visuellen Design entstünde, korrigiert.

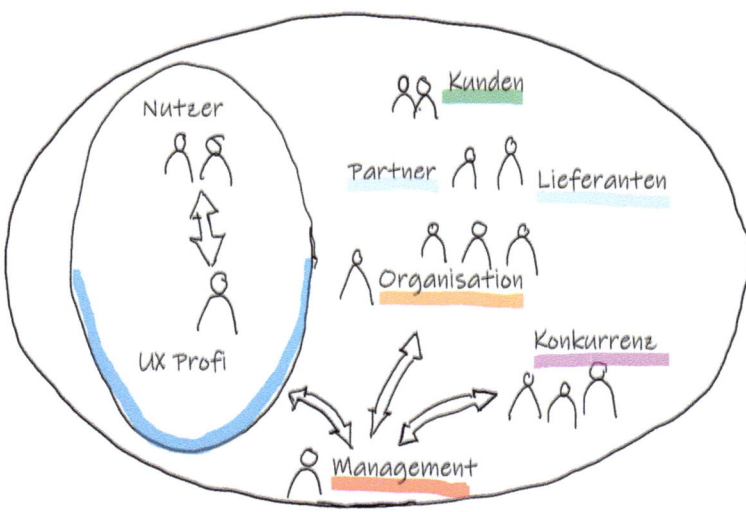

Abb. 9.3 Kommunikationspfade

UX-Leader können ihren Vorgesetzten den größten Mehrwert bringen, indem sie zeigen, wie die User Experience zur Erreichung von Geschäftszielen beiträgt, beispielsweise mittels höherer Konversionsraten, geringeren Supportkosten oder gesteigerter Kundenzufriedenheit. Damit fördern sie das Verständnis und damit auch die Unterstützung der Vorgesetzten für UX. Konkrete Fallstudien, A/B-Tests und klare Metriken, die den Erfolg von UX-Initiativen belegen, sind dabei besonders wirkungsvoll. Irgendwelche Gartner-Grafiken und aus dem Zusammenhang gerissene Zitate von Steve Jobs sind dies – wie wir selber erfahren mussten – deutlich weniger.

Strategie UX-Leader helfen, Konflikte zwischen UX-Profis und deren Vorgesetzten zu verringern, indem sie gezielt Argumente und Daten aufbereiten, die für die Geschäftsführung relevant sind. Aussagekräftige Zahlen und die Demonstration von schnellen Erfolgen können helfen, die Chefs von der Notwendigkeit und dem Nutzen von UX-Aktivitäten zu überzeugen und die Glaubwürdigkeit zu erhöhen. Die Gleichung ist einfach: Haben UX-Aktivitäten einen nachvollziehbaren, positiven Einfluss auf die KPIs, steigt das Vertrauen. Wenn einfach mit bunten Bildchen, emotional vorgetragenen Präsentationen oder drohendem Finger kommuniziert wird, sinkt es längerfristig.

Konflikte mit der Organisation

Wenn Vorgesetzte die UX-Strategie an die restliche Organisation kommunizieren, können ebenfalls Missverständnisse entstehen. Andere Einheiten, wie Marketing oder Entwicklung, haben durchaus auch eigene und andere Prioritäten, bei welchen UX-Vorgaben zuerst mal als hinderlich erscheinen. UX-Aktivitäten werden als „Nice-to-have" angesehen und bei knappen Ressourcen zurückgestellt. Ganz übel wird es, wenn beispielsweise Marketing ein Getrampel im eigenen Gärtchen vermutet, weil die UX-Profis nun den Anwalt des Benutzers geben – das ist doch Domäne des Marketings – dann sind die UX-Aktivitäten nicht bloß „Nice-to-have" sondern „Have-we-schon". Was übrigens auch nicht hilft, ist die beinahe grenzenlose Kreativität der UX-Profis in der Benennung von Methoden, Ergebnissen und Positionen. Die Idee hinter der babylonischen Sprachverwirrung war ursprünglich nun einmal, dass die Leute sich nicht mehr verstehen und es ihnen deshalb auch nicht mehr möglich sein sollte, ein Gebäude bis zu den Göttern zu bauen.

UX-Leader können hier offensichtlich Einfluss nehmen:

- Sie können aufzeigen, wie UX-Aktivitäten und UX-Profis andere Bereiche unterstützen und wie eine positive Nutzererfahrung letztlich auch die Arbeit in anderen Abteilungen erleichtert. Dazu müssten sich die UX-Profis natürlich auch mit ihren internen Kunden und deren Bedürfnissen auseinandersetzen.
- Somit sollten ein UX-Team wie auch die UX-Profis sich darüber im Klaren sein, was ihr Auftrag ist, und was eben nicht. Je mehr man sich auf das „Könnt ihr nicht mal schnell ..."-Spielchen einlässt, desto unklarer wird der eigentliche Auftrag für den Rest der Organisation.
- Eine klare Kommunikation und eine konsistente, entmystifizierte Sprache sind hilfreich. Auch die anderen haben eine volle Agenda und möchten die Zeit in den Meetings nicht mit dem Erlernen neuer Begriffe verbringen.
- Interdisziplinäre Teams und regelmäßige Treffen zwischen UX-Profis und anderen Abteilungen helfen, ein gemeinsames Verständnis und eine Zusammenarbeit zu fördern.
- Schulungen und Workshops stärken das Wissen über die Bedeutung von UX innerhalb der Organisation.
- Natürlich helfen auch nützliche UX-Ergebnisse weiter, wobei nützlich sich durchaus mit der UX-Reife einer Organisation ändert.

UX-Leader und UX-Profis leisten wohl den größten Wert durch die Förderung einer nutzerzentrierten Unternehmenskultur. Sie müssen oft als Vermittler zwischen den verschiedenen Abteilungen agieren und sicherstellen, dass alle Teams verstehen, wie ihre Arbeit die Benutzererfahrung beeinflusst. Es ist jetzt nicht so, dass dies nicht auch andere Bereiche übernehmen könnten, aber es liegt nun mal in der Natur von UX, dass ohne eine bereichsübergreifende Denkweise nichts Gescheites rauskommt. Und da UX-Profis die verschiedenen organisatorisch getrennten Personen dadurch zusammenbringen, senken sie auch die zwischenmenschlichen Hürden.

Strategie UX-Profis und UX-Leader können diese sich natürlich ergebende Vermittlerrolle nutzen und gezielt die Zusammenarbeit zwischen Teams fördern, beispielsweise mit Workshops, bei welchen interne Stakeholder gemeinsam Nutzungsszenarien oder UI-Prototypen oder über die Löcher in der User Journey diskutieren.

Bericht eines UX-Profis bei einem Maschinenhersteller: „Ich habe einen Workshop mit einer recht bunten Menge von Stakeholdern aus der Firma durchgeführt. Wir wollten insbesondere die Bedienabläufe der Maschine mit dem Bedienterminal diskutieren und verbessern. Dabei gab es auch sehr überraschende Schlüsse. So wurden sich plötzlich, auf Input des Marketingprofis, der Produktmanager und die Hardwareentwickler einig, dass die eine, doch recht teure Hardwarekomponente in dieser Maschine eigentlich gar nichts verloren hätte, und diese wurde weggelassen."

Kommunikation zwischen Organisation und Käufer

Eine Organisation entwickelt ihre Produkte und Dienstleistungen eigentlich für ihre Kunden. Dies für gewöhnlich unter Zeitdruck und mit knappen Ressourcen. Dies führt nun gewöhnlich zu gewissen Abkürzungen: So kürzen Organisationen gerne die Ideen- und Machbarkeitsphasen. In diesen frühen Phasen könnte UX durch die Identifikation der echten Probleme und Herausforderungen massiv Zeit und Geld sparen. Zudem reduziert man während der Entwicklung auch die Kommunikation mit den Kunden und begründet dies beispielsweise mit der Aussage, das führe bloß zu Wirrungen. Die Käufer erhalten zwar jede Menge Features, aber nicht den erhofften Mehrwert. Das erzeugt bei den Käufern versteckte Kosten, beispielsweise durch erhöhten Trainingsaufwand und verminderte Produktivität. Es resultiert aber auch oft ein wüster Hickhack um Änderungsanträge und die Frage, wie schlecht die Nutzerfreundlichkeit sein darf, als dass sie als Fehler klassifiziert wird. Spoileralarm: sehr schlecht!

Hier können UX-Leader vielseitig auf die Organisation Einfluss nehmen und mithelfen, dass die Organisation bezüglich UX reift (Kap. 8). Schließlich zielt das ganze Arsenal der UX-Methoden auf bessere Produkte für Nutzer, und damit auch für Kunden und die Käufer, ab. Klingt wohl ganz einfach. Tatsächlich ist die Realität vielschichtiger. Denn oft werden die Rollen Käufer, Kunde und Nutzer von unterschiedlichen Personen mit komplett verschiedenen Bedürfnissen wahrgenommen (Abb. 9.4).

Beispiel gefällig? Wie wäre es mit der folgenden verzwickten Lage: Ein Pate beauftragt seine zwölfjährige Tochter, ein passendes Spiel für sein Patenkind zu kaufen. Die Tochter ist also die Einkäuferin, der Pate ist in der Rolle des Kunden und das Patenkind eben Nutzer. Wer ist denn nun für die Spielehersteller von primärem Interesse, damit erstens

9.2 Kommunikation in der Organisation: Zielgruppen jenseits der Nutzer

Abb. 9.4 Differenzierte Sicht auf die Abnehmer von Produkten

die Tochter ein Spiel kauft und zweitens das Patenkind so begeistert ist, dass es das Spiel auch allen Freunden und Bekannten aufdrängt?

Natürlich müssen Spielehersteller auch Spiele entwickeln, die dem Patenkind tatsächlich Freude bereiten, sonst wird das mit dem Empfehlen nichts. Auch die Tochter ist nicht zu vernachlässigen: Vielleicht kauft die Tochter das billigste Spiel und steckt die Preisdifferenz in die eigene Tasche. Oder sie kauft das Spiel, welches sie selbst begeistert. Sie könnte auch das Spiel kaufen, von dem sie weiß, dass es gerade angesagt ist und das Patenkind es gerne wollte. Und schließlich ist auch der Pate wichtig. Er gibt Rahmenbedingungen vor: „Nicht mehr als 10 € und dann muss es auch ein wirklich erzieherisch wertvolles Spiel sein und ja kein Billigramsch aus Ostasien": Die Tochter als Einkäuferin wird in vielen Fällen Rücksprache halten und vielleicht sogar den Entscheid absegnen lassen. Die Konsequenz: Spielehersteller müssen allen etwas bieten, jede Person hat eigene und spezifische Interessen.

Eine Organisation, die erfolgreich Produkte auf dem Markt vertreibt, weiß also, dass ohne Käufer und ohne Kunden kein Kauf stattfindet und somit kein Umsatz generiert wird. Tatsächlich stehen für eine Firma nicht die Bedürfnisse der Nutzer im Vordergrund, sondern der Mehrwert, den die Produkte und Dienstleistungen für die Kunden generieren. Ist der Mehrwert klar, steht dann die Frage, wie die Käufer eigentlich den Kaufentscheid fällen, oder etwas moderner und umfassender ausgedrückt, die Kundenerlebniskette, im Raum. Sie sehen, die Nutzer stehen aus Sicht einer Firma gar nicht im Vordergrund.

Aussage eines enttäuschten UX-Profis bei einem IT-Dienstleister: „Unser UX-Team ist geschrumpft. Wir konnten die Leute einfach nicht genügend auslasten. Weder unsere Projektteams noch unsere Kunden haben den Mehrwert von UX-Aktivitäten erkannt."

UX-Leadership kann den Beitrag der User Experience für die Kundenerlebniskette sowie das relevante Problem der Kunden aufzeigen und plausibel belegen. Dazu liefern sie viele wichtige Informationen zur Customer Journey oder erstellen diese gleich selbst. UX-Leader wirken auf die UX-Profis, sodass diese eben die UX-Aktivitäten entsprechend ausrichten.

Strategie UX-Leader arbeiten eng mit den internen Stakeholdern zusammen, um den Beitrag von UX an den Produkterfolg aufzuzeigen und intern wie auch extern zu kommunizieren.

- Das passiert bei der Vermarktung, um sicherzustellen, dass die UX-Stärken vermarktet werden.
- Auch ein guter Draht zum Verkaufsteam ist hilfreich, damit in der Angebotsphase die UX-Stärken richtig ausgespielt werden und notwendige UX-Aktivitäten eingerechnet sind.
- Auch bei der Entwicklung ist Leadership gefragt. Bei engen Budgets benötigt es eine pragmatische, also zielorientierte Herangehensweise. Die Teams sollen nicht einfach UX-Aktivitäten streichen. Vielmehr sollen UX-Profis dem Entwicklungsteam helfen, genau das mit Qualität zu bauen, was wirklich wichtig ist. Im Gegenzug spielen die UX-Profis auch nicht die beleidigten Künstler, die tobend aus dem Raum rennen, wenn sie für das Design einer KMU-Website kein dreimonatiges Forschungsprojekt starten können.

Vom Käufer versteckte Nutzer

Käufer sind für gewöhnlich nicht die Nutzer der Produkte und sie nehmen im Kaufprozess auch nur beschränkt die Perspektive der Nutzer ein. Käufer werden auch häufig für einen tiefen Einkaufspreis belohnt und sie sind, wie alle anderen Personen auch, eher knapp an Zeit. Sich mit Nutzern herumschlagen, steht da nicht allzu hoch auf der Prioritätenliste. Käufer berücksichtigen die Bedürfnisse der Nutzer nur bedingt, so sie denn überhaupt bekannt sind. Käufer konzentrieren sich eher auf Kosten, Funktionalität und technische Spezifikationen. Das Ergebnis: Produkte werden zwar gekauft, nur erfüllen diese die Erwartungen der Nutzer nicht. Käufer sorgen tatsächlich für Distanz zwischen den Nutzern und der Produktherstellerin und diese Distanz zu überwinden, kann manchmal überraschend schwer sein:

> *Bericht eines UX-Leaders in einer Firma, die eine Standardsoftware vertreibt: „Wir haben versucht, mit den Nutzern bei unseren Kunden in Kontakt zu treten, werden aber von den Verantwortlichen der Kunden abgeblockt. So haben wir dann eine Feedbackmöglichkeit in unsere Software eingebaut. Doch auch diese mussten wir nach lauten Protesten wieder abschalten. Da wir nun aber diese Funktion haben, ist diese bei neuen Kunden von Beginn an eingeschaltet*

und unsere Verträge mit diesen beinhalten auch eine entsprechende Klausel. Bemerkenswerterweise ist es nun bei den neuen Kunden überhaupt keine Diskussion, dass wir dieses Feedback auch sammeln und verarbeiten dürfen."

UX-Leader wirken darauf hin, dass die Mauern, welche Kunden und Einkäufer um ihre Nutzer aufbauen, durchlässig werden. Teams sollen einfach Kontakt aufnehmen und Feedback zu Ideen und den entwickelten Produkten erhalten können. Je nach Situation sind andere Ansätze vielversprechend: Feedbackfunktionen in die Produkte einbauen, einen Pool von Nutzern pflegen, diesen zu einer aktiven Community weiterentwickeln, Training und Supportkanäle anzapfen und vieles mehr. Alles natürlich basierend auf passenden Verträgen mit den Kunden und abgesichert per NDA.

Bericht eines UX-Profis: „Unsere Zeiterfassung wurde von den Mitarbeitern nicht gerade mit Lob überschüttet und so erhielten wir von den Verantwortlichen den Auftrag, diese zu untersuchen. Wir stellten getreulich eine Liste der Stärken und naturgemäß eher vielen Schwächen auf. Bei der Untersuchung der Resultate zeigte sich Erstaunliches: Nur ca. 50 % der Schwächen waren in der eingekauften Software begründet. Die anderen 50 % entstammten der seltsamen Konfiguration und Anpassungen, die unsere Firma selber verlangt hatte."

UX-Leader sollten also auch mit Marketing und Verkauf darauf hinwirken, dass die Käufer die Bedürfnisse der Nutzer im Einkaufsprozess angemessen berücksichtigen und die eingekaufte Lösung auch passend einsetzen. Von der höheren Produktivität profitieren die Kunden und die Nutzer und von der höheren Kundenzufriedenheit auf lange Sicht die Produktherstellerin selbst. Sofern der Verkaufsprozess dies nicht verhindert, bewirkt eine enge Zusammenarbeit mit dem Käufer, und besonders die Möglichkeit, das Produkt vor dem Kauf in einem realen Szenario von künftigen Nutzern zu testen, viel. Wenn sich die Möglichkeit bietet, über diesen Kanal sonst vielleicht nicht erreichbare Nutzer anzusprechen, sollte diese auf alle Fälle genutzt werden.

9.3 Zielgruppenspezifische Herangehensweise

UX bringt Veränderung in eine Organisation und nicht alle Menschen gehen damit gleich um. Dahinter stecken Prozesse der Adoption und Diffusion, also ob und wie eben Menschen neue Dinge aufgreifen und diese in ihre Arbeit und Leben eingliedern. Sehr bekannt geworden sind beispielsweise die Adoptionstypen (Pioniere, Early Adopter usw.), die auf Everett Rogers zurückgehen (Abb. 9.5).

Die Pioniere in einer Organisation werden durch andere Argumente überzeugt als beispielsweise Traditionalisten. Pioniere handeln aus Neugierde und Überzeugung und suchen eher Experimente. Early Adopters (wie wäre es als Übersetzung mit den frühen Begeisterten?) sind dann eher mit relevantem Nutzen und ersten Erfolgsgeschichten in der Organisation zu gewinnen und wollen den versprochenen Nutzen realisieren, auch wenn

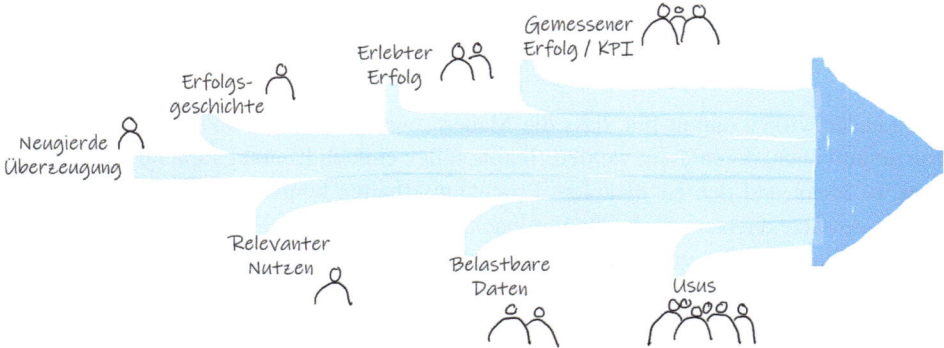

Abb. 9.5 Personen greifen Themen durch andere Auslöser auf

es noch durchaus holpern darf. (Mit-)erlebte Erfolge, belastbare Daten, tatsächlich spürbare Verbesserung und interne Weisungen sind dann Argumente, um auch eine größere Masse zu erreichen. Die erwarten dann aber auch, dass UX ab der Stange funktioniert. Traditionalisten übernehmen die neuen Dinge dann, wenn sie zur Gewohnheit geworden sind.

Mit Argumenten verkaufen UX-Leader einer Organisation eine Dienstleistung, nämlich UX-Aktivitäten. Für diese Art von Argumenten finden Sie im Internet auch jede Menge Hilfsmittel. Schauen Sie sich z. B. zum Elevator Pitch um. Auch sehr interessant ist die NABC-Methode (Needs, Approach, Benefit, Competition), auf Basis derer sich ebenfalls sehr einfach knackige Argumente zusammenstellen lassen. Die folgende Tabelle gibt Anhaltspunkte, wie ein Argument basierend auf der NABC-Methode, abhängig vom Adoptionstyp, aussehen könnte (Tab. 9.1).

Die UX-Reife der Organisation zeigt sich also auch in dieser Facette: Mit wem UX-Leader fruchtbare Gespräche führen können und welche Argumente notwendig sind, hängt von der UX-Reife in der Organisation ab. In weniger reifen Organisationen müssen UX-Leader eher nach Pionieren und frühen Begeisterten Ausschau halten, denn für andere fehlen die passenden Argumente noch.

9.4 7 ± 2 Handlungsfelder für UX-Leader

In diesem Buch haben wir Ihnen nun eine ganze Reihe von Modellen und Konzepte vorgestellt und auch viele Geschichten aus dem fruchtbaren Morast der Unternehmen, in welchen wir tätig sind, erzählt. Wir haben aus diesen einen Extrakt von acht Handlungsfeldern destilliert. Sie können diese für Ihre Organisation gerne durchgehen. Wo haben Sie am meisten Potenzial? (Abb. 9.6)

9.4 7 ± 2 Handlungsfelder für UX-Leader

Tab 9.1 Vielversprechende Argumente für verschiedene Adoptionstypen

	Pioniere	Frühe Begeisterte	Frühere Mehrheit	Spätere Mehrheit	Traditionalisten
Bedürfnis (Need)	*Hier kommt ein oder zwei für Gesprächspartner besonders relevante Bedürfnis hin, zu welchem UX-Aktivitäten signifikant beitragen*				
Ansatz (Approach)	*Experiment mit UX vorschlagen, anpassen, durchführen*	*Grober Plan vorgeben, gemeinsam etwas vernünftiges ausarbeiten*	*Erprobtes, integriertes Vorgehen vorgeben und anpassen*	*Standardisierte Prozesse, etablierte Werkzeuge von Profis, die wissen, wie es in dieser Organisation geht, umsetzen*	
Mehrwert (Benefit)	*Boden für UX in der Organisation vorbereiten*	*Für das einzelne Vorhaben spezifisch erarbeitete UX-Ziele*		*Aus den in der Organisation etablierten UX KPIs, die für das einzelne Vorhaben wesentlichen auswählen*	
Alternativen (Competition)	*Warum UX interessanter ist als ein anderer Hype*	*Kosten, Risiken, Stärken und Schwächen im Vergleich zum altbekannten Vorgehen aufzeigen*		*Eigentlich keine, entspricht den internen Weisungen, wie es gemacht werden soll*	

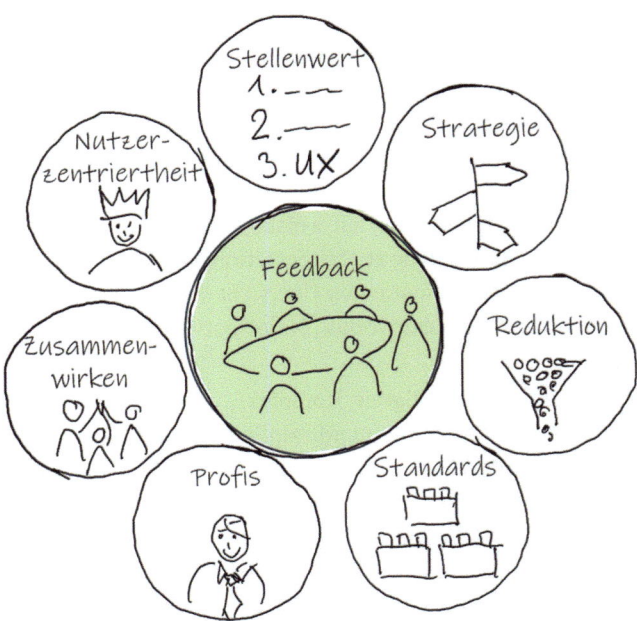

Abb. 9.6 Die Handlungsfelder von UX

#1 – Stellenwert der User Experience Nutzer und Kunden bewerten Firmen, Produkte und Dienstleistungen und diese Bewertung beeinflusst den Firmenerfolg. Wie groß der Einfluss tatsächlich ist und wie groß er potenziell sein könnte, gilt es für gewöhnlich zu klären. Je besser das Verständnis und die Einigkeit in der Firma, desto besser lassen sich UX-bezogene Maßnahmen gemeinsam gewichten. Somit ist es ein wichtiges Handlungsfeld für UX-Leader, diesen Stellenwert zu verstehen und mit der Organisation zu verhandeln. Immer wieder, denn mit der Reife verändert sich auch der für eine Organisation akzeptierbare Stellenwert.

#2 – Geteilte Strategie mit balancierten Prioritäten Ohne eine Strategie, in welcher die für eine Organisation wirklich wesentlichen Themen benannt und richtig gewichtet sind, fällt es schwer, sich auf das Wesentliche zu konzentrieren. Wie viele andere Themen auch, gehört auch User Experience in diese Strategie. Eine Strategie hilft insbesondere, dass alle in die gleiche Richtung ziehen. Das gelingt nur, wenn diese Strategie auch von einer großen Anzahl von Personen in der Organisation beherzigt wird. Somit ist auch hier ein Handlungsfeld für UX-Leader, nämlich dass die User Experience in der Strategie angemessen berücksichtigt und passend in die Organisation kommuniziert wird und natürlich auch UX-Profis diese Strategie beherzigen.

#3 – Reduktion auf das Wesentliche Organisationen versuchen, viel zu erreichen. Der dadurch entstehende Druck auf Mitarbeiter führt zu vielen negativen Auswirkungen: Konflikte, Stress und Burn-outs, schlechte Qualität und unzufriedene Kunden, Mehrkosten, Verzögerungen, gebremste Innovation, fehlende Verbesserung und mehr. Sich auf das zu konzentrieren, was besonders wichtig ist, erzeugt den notwendigen Raum, um das, was getan wird, auch gut zu tun und sich als Organisation weiterzuentwickeln. Weniger ist mehr: im Portfoliomanagement der Organisation, auf welche Vorhaben UX-Profis eingesetzt werden und natürlich auch, wie viele Vorstöße zur Verbesserung von UX in der Organisation gleichzeitig angepackt werden. Neben einer guten Übersicht über die laufenden Projekte ist auch die gekonnte Anwendung des Zauberwortes „Nein" notwendig.

#4 – Zusammenwirken der Beteiligten Komplexe, interaktive Systeme entstehen in der Zusammenarbeit von vielen Personen. Interdisziplinäre Teams können Probleme lösen, die die Individuen gar nicht lösen können. Natürlich sind auch klare und gut geölte Nahtstellen notwendig, damit die Zusammenarbeit mit anderen Organisationsbereichen funktioniert. So kann gemeinsam an den Produkten gearbeitet werden. Gemeinsam etwas zu erreichen, ist jedoch gar nicht so einfach. Konflikte unterschiedlichster Art erhitzen Gemüter, verbraten Energie und beeinträchtigen die erzielten Ergebnisse und somit die User Experience von Produkten und Dienstleistungen. Gerade in großen Organisationen beschleunigt ein gutes Einvernehmen die Abläufe um Faktoren und nicht bloß Prozente. Als UX-Leader heißt dies die Arbeit an den Nahtstellen und somit an den Prozessen aus der Landkarte in Kap. 6. Es lohnt sich jedoch auch, wenn UX-Leader die sozialen Prozesse in der Firma fördern und so auch auf der zwischenmenschlichen Ebene Barrieren abbauen.

#5 – Standardisierung, Automatisierung und Bausteine Eine Organisation lernt stetig dazu. Um auf dem Gelernten aufzubauen, standardisiert und automatisiert sie Prozesse und schafft wiederverwendbare Bausteine. Das Versprechen ist höhere Produktivität. Natürlich muss sich eine Organisation auch den veränderten Anforderungen anpassen und muss dafür erstellte Bausteine wegwerfen, Standardisierung und Automatisierung rückgängig machen und neu definieren. UX-Leader übernehmen hier vermutlich die Verantwortung für die Standardisierung von UX-Aktivitäten und UX-Bausteinen. Doch auch bei der Ausarbeitung der Unternehmensstandards sind UX-Leader gefragt: Hier können sie wirklich große Pfeiler einschlagen.

#6 – Nutzer- und Kundenzentriertheit Leute in einer Organisation orientieren sich an den unterschiedlichsten Maßstäben. Benötigt UX einen hohen Stellenwert, muss auch ein auf Nutzer gerichtetes Denken herrschen, sodass bei Entscheiden die Nutzerbedürfnisse angemessen respektiert werden. Ein Handlungsfeld für UX-Leader ist demzufolge, auf die Firmenkultur einzuwirken (Kap. 4).

#7 – UX-Profis UX-Profis leisten einen wichtigen Beitrag an die User Experience der erstellten Produkte und Dienstleistungen. Jede Menge anderer Personen auch. Die Diskussion, welcher Beitrag in der aktuellen Situation mit der aktuellen Reife der Organisation in Bezug auf UX der geeignetste ist, ist nicht zu unterschätzen. Gerade bei einer Organisation mit tiefer Reife benötigen UX-Profis ebenfalls einen Ort, wo sie sich wohlfühlen und sich unter Gleichgesinnten offen und frei austauschen können, eine UX-Heimat sozusagen. Ein Handlungsfeld für UX-Leader ist demzufolge, diesen Beitrag mit der Organisation zusammen zu definieren, die dazu passenden UX-Profis anzustellen und diesen ein Umfeld zu bieten, in welchem sie einen Mehrwert liefern und sich entwickeln können.

± 2 – Rückkopplung mit Nutzern und Kunden Das Handlungsfeld, welches wir in Anerkennung an das von George Miller formulierte Gesetz mit der Nummer 7 ± 2 herausgestellt und ebenso ins Zentrum der Abb. 9.7 gerückt haben, ist die Rückkopplung mit Kunden und Nutzern. Die Fähigkeit, aus der Interaktion mit Nutzern und Kunden zu erkennen, was in der nahen Zukunft Anklang finden wird, schafft aus unserer Sicht die Grundlage für alle anderen Handlungsfelder.

Bei Teams und kleinen Organisationen klappt das Einbeziehen von Nutzern auch recht schnell ganz gut und die Erkenntnisse kursieren über die informellen Wege und die gemeinsamen Meetings problemlos in der Organisation. Bei größeren Organisationen ist dies jedoch deutlich schwerer. Die Herausforderung ist der Informationsfluss in der Organisation und wieder hinaus zu den Kunden und Nutzern. Wer auch immer etwas über Nutzer erfährt, seien es Trainer, Verkäufer, UX-Profis, Entwickler, Produktmanager, Marktforscher und all die

Abb. 9.7 Wissen in der Organisation fließen lassen

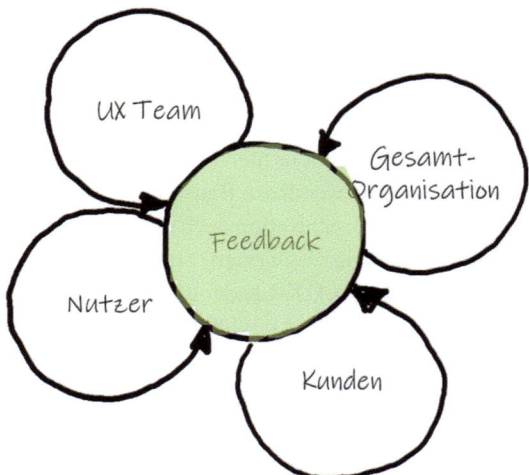

anderen: Die gewonnene Erkenntnis erreicht oft nur einen kleinen Kreis von Eingeweihten. Ebenso schwierig fällt dann auch die Kommunikation zurück zu Kunden und Nutzern. Mit den bruchstückhaften, nicht konsolidierten und durchaus auch falschen Informationen fällt es dann auch schwerer, gute Entscheidungen zu treffen.

Uns erscheint dies als essenzielles Handlungsfeld für UX-Leader: Den Informationsfluss von und zum Kunden und Nutzern aufzubauen, zu überwachen und den verschiedenen Beteiligten die passenden Informationen zu servieren. Viel Detailwissen zur Entwicklung, aussagekräftige und summarische Daten fürs Management, sowie zeitnahe und verlässliche Rückmeldungen zu Kunden und Nutzer über die Wirkung ihrer Bemühungen.

Was denken Sie über Ihre Organisation? Konnten Sie wichtige Handlungsfelder entdecken? Wenn ja, was könnten die nächsten Schritte sein?

10 Werkzeugkasten für UX-Leader

UX-Profis mögen einen Sinn in UX selbst sehen, doch für gewöhnlich ist die sie umgebende Organisation deutlich pragmatischer aufgestellt. Denn warum sollte man „UX machen", wenn es keinen sichtbaren Nutzen bringt? Die Aufwände, um die User Experience zu beeinflussen, müssen also in einer signifikanten und positiven Auswirkung auf den Geschäftserfolg resultieren. Damit ist auch einiges für die Werkzeugkiste vorgespurt. Es braucht Werkzeuge, mit denen UX-Leader genau diese signifikante Wirkung verstehen, kommunizieren und anstreben können.

Die Idee, bei den Stakeholdern und deren Bedürfnissen zu beginnen, ist nicht neu. Wir servieren UX-Leadern dazu **schottischen Kaffee** und die **Stakeholderkartei**. Eine Analyse kann jedoch nur fundiert gelten, wenn sie auch die Organisation durchleuchtet. Dazu können UX-Leader auf vier in diesem Buch vorgestellte **Grundmodelle** zurückgreifen. Mit Werkzeugen wie dem **Fischgrätendiagramm** oder der **Annahmen-Map** können Erkenntnisse in einen größeren Zusammenhang gebracht werden.

Schlüsselindikatoren, auch liebevoll KPIs genannt, zu welchen UX-Aktivitäten einen signifikanten Beitrag leisten, lassen sich sehr gut für **Ziele** verwenden. Hat die Organisation den Zusammenhang zwischen Geschäftserfolg, Schlüsselindikatoren und UX-Tätigkeiten begriffen, erwecken solche Ziele den Bedarf nach professioneller Unterstützung. Mittels **Impact Mapping** können nun UX-Leader auch einen Schritt vorwärts machen. Sie zücken die Aufzeichnungen über Stakeholder aus der Kartei und finden Hinweise, welche Personen für die Erreichung der Ziele besonders viel beitragen können und was diese dazu eigentlich tun und verändern müssten. Mit einer **Roadmap** lassen sich die angedachten Maßnahmen in eine zeitliche Ordnung bringen und mit externen Ereignissen verknüpfen. So stellen UX-Leader ein immer klareres Bild zusammen. Dieses Bild lässt sich mit dem **UX-Strategie-Canvas** auf die Essenz eindampfen.

So hilfreich solche Trockenübungen mit Papier und Bleistift auch sind, als UX-Leader haben Sie damit zwar ein Fundament gelegt, aber noch nichts wirklich Zählbares erreicht. Denn nun müssen Menschen bewegt werden. Das funktioniert nur mit intensiver Kommunikation und guten **Argumenten**. Und wenn es dann nicht gleich auf Anhieb klappt: Mit einer **Retrospektive** decken UX-Leader Missverständnisse und falsche Annahmen auf, sorgen aber mit den Dingen, die funktioniert haben, auch gleich wieder für gute Laune.

10.1 Schottischer Kaffee

Wir starten nun nicht mit einer Abhandlung über die Wachstumschance der Kaffeepflanze im schottischen Hochland oder eine besondere Zubereitung des Getränks mit schottischem Whiskey. Kaffee ist vielmehr ein sehr guter Ort oder auch eine geeignete Tätigkeit für UX-Profis und UX-Leader, um mit Stakeholdern zu sprechen. Beim Kaffee lernt man sich ungezwungen kennen und kann auch Dinge ansprechen, die sich in einer Gruppe oder in formalen Meetings (noch) nicht thematisieren lassen. Es benötigt auch keinen Kaffee, um das Eis zu brechen und Beziehungen zu bilden.

Der Hintergrund ist eigentlich einfach: Wer sich nicht mit den Kunden und Partnern und deren Bedürfnissen beschäftigt, hat auch Mühe, Produkte und Dienstleistungen anzubieten, die ankommen. Das gilt auch für UX-Dienstleistungen innerhalb einer Firma. Beim Kaffee führt man ein informelles Verkaufsgespräch mit potenziellen Kunden von UX- Dienstleistungen.

UX-Dienstleistungen sind kein Massenprodukt, sondern eine individuelle Dienstleistung. Für diese Art von Gesprächen sind Schotten hilfreich, genauer gesagt, das Akronym „SCOTSMAN". Dieses kann Ihnen als Eselsbrücke dienen, um zu überblicken, ob die wichtigsten Themen im Verkaufsgespräch abgehandelt wurden (Tab. 10.1).

Natürlich lässt sich in einem Kaffeegespräch nicht gleich alles so konkret erarbeiten und es ist auch nicht die Idee, Punkt für Punkt des Schemas abzuklappern. Aber diese Checkliste im Hinterkopf behalten ist eine gute Idee. So lässt sich nämlich das Gespräch leicht auf fehlende Punkte lenken.

In einem ersten Gespräch ist es wohl bloß angebracht, die Person und ihr Umfeld eher grundsätzlich kennenzulernen. Anfang und Ende des Schotten, also die Themen zu „SCO…N", stehen im Fokus. Solcherlei Fragen können dabei helfen:

- „Was machst du / dein Team?"
- „Wann seid ihr erfolgreich?"
- „Womit kämpft ihr eigentlich zurzeit am meisten?"
- „Was möchtet ihr als Team erreichen?"
- „Was beschäftigt dich besonders?"

10.1 Schottischer Kaffee

Tab. 10.1 SCOTSMAN Eselsbrücke

S	Solution	Was will die Person erreichen? Welche Lösung sucht und nennt sie?
C	Competition	Mit wem stehen wir in Konkurrenz? Welche anderen Personengruppen knabbern vom verfügbaren Budget?
O	Only me	Was können wir als Einzige und sind deshalb besonders geeignet? Wie wichtig ist unser Beitrag?
T	Time	Wie sieht der Zeitplan aus? Wann wird entschieden, gestartet und wann ist das Ende geplant?
S	Size	Wie umfangreich sind die Arbeiten? Was besteht heute und was soll das Ergebnis sein?
M	Money	Wie viel Budget steht zur Verfügung?
A	Authority	Wer entscheidet über das weitere Vorgehen? Wie können wir diese Entscheidungen unterstützen?
N	Need	Die Essenz dahinter zusammenziehen: • In welcher Situation ist also die Person? • Welche Probleme und Chancen ergeben sich in der Situation? • Was sind die Auswirkungen der wichtigen Probleme und das Potenzial der spannenden Chancen? • Was benötigt die Person somit wirklich? • Und was benötigt sie dazu von uns?

Tauchen konkrete Herausforderungen auf, wo eben die Kombination von „Lösung", „Competition", „Only Me" und „Need" eine attraktive Situation für UX-Dienstleistungen ergibt, lohnt es sich zu sondieren. Hier einige Fragen, die dazu dienen können:

- „Ich sehe, ihr habt hier ein wesentliches Problem. Ich denke, X aus unserem Team könnte dir helfen, indem er Y macht. Wollen wir einen Versuch starten?"
- „Wir könnten das doch auf diese Weise probieren. Was hältst du davon?"
- „Bei XY konnten wir mit diesem Ansatz Folgendes erreichen. Was meinst du, wäre das auch was für dich? Willst du es testen?"

Verfängt eine solche Sondierung, kann sich daraus rasch ein Auftrag an UX-Profis ergeben. Und nun wird der Mittelteil des Schotten, also das „…TSMA" wichtig. Dazu wechselt das Gespräch auch mal gerne den Charakter. War es bisher ein nettes Geplauder, geht das Gespräch nun in einen Nägel-mit-Köpfen-Stil über. Idealerweise mit einem beschlossenen nächsten Schritt.

Kaffeegespräche sind durchaus auch wichtig, wenn bereits eine Zusammenarbeit im Gange ist. Feedback einholen ist eine super Idee und kommt mit zwei Spitzen: Einerseits sollte man wirklich verstehen, was man verbessern kann. Andererseits kann man auch – den Schotten im Hinterkopf – die Situation neu beurteilen und eben neue Chance entdecken und die Zusammenarbeit, falls sinnvoll, ausbauen:

- „Wir haben nun schon einiges mit UX gemacht: Was lief gut, schlecht?"
- „Was können die UX-Profis anders machen? Was könnt ihr anders machen?"
- „Gibt es noch mehr Potenzial für UX und welches?"

Je besser sich die beiden Parteien kennen, desto breitere und schwierigere Themen lassen sich für gewöhnlich auch diskutieren:

- „In der Abteilung XY können unsere UX-Profis nicht Fuß fassen. Hast du eine Ahnung, warum und was man dagegen tun kann?"
- „Wir haben nun einen Datenanalysten bei uns im Team, aber noch niemand weiß genau, wie wir solche Personen wirklich profitabel einsetzen können. Können wir das mit deinem Team ausprobieren?"
- „Die Zusammenarbeit zwischen den UX-Profis und den Businessanalysten hapert, können wir da nicht was zusammen aufgleisen, damit dies besser geht?"
- „Das Thema XY ist einfach bei uns in der Firma nicht richtig verankert. Können wir das gemeinsam positionieren?"

Sie sehen, schottischer Kaffee ist ein äußerst spannendes Werkzeug für Personen, die UX in einer Firma positionieren wollen.

10.2 Stakeholderkartei

Gewisse Organisationen verdienen ihr Geld damit, jede erdenkliche Information über Personen zusammenzuziehen und in ein möglichst exaktes Profil zu wandeln, um dann, und das ist noch eine harmlose Variante, diese Personen gezielt mit Werbung zu beschallen. Ganz so komplett müssen UX-Leader ihre Stakeholder nicht durchleuchten. Trotzdem lohnt sich eine gewisse Systematik dazu. Und ebenso lohnt es sich, die zusammengetragenen Informationen in einer Kartei zu sammeln.

10.3 Vier Grundmodelle

Aus solchen Gesprächen mit Stakeholdern schärft sich auch das Bild über den Stand von UX in einer Firma. Wir haben dazu vier Modelle vorgestellt, die eine Organisation mit unterschiedlicher Brille beleuchten und entsprechend andere Hebel offerieren.

UX-Reife Ein UX-Reifemodell haben wir im Kap. 8 beschrieben. Sie finden in diesem Kapitel auch Hinweise auf typische Herausforderungen, welche mit einer der vorgestellten Reifestufen korrelieren, und welche Maßnahmen besonders vielversprechend sind. Möchten

10.3 Vier Grundmodelle

Sie UX in einem Unternehmen weiterbringen, erscheint es uns deshalb unerlässlich, dass Sie sich über die UX-Reife des Unternehmens und Ihrer Gesprächspartner Gedanken machen.

Drei Ebenen der Organisationsgestaltung Dieses Modell haben wir Ihnen im Abschn. 2.2 vorgestellt. Dieses zeigt, dass eine Organisation inhaltlich auf drei Ebenen reifen muss: (1) Das eigentliche Tun, also in Projekten und Entwicklungsvorhaben gezielt die User Experience beeinflussen. (2) Dieses Tun so weit wie sinnvoll zu standardisieren und somit als Firma effizienter und konsequenter zu werden. (3) UX in der Firmenstrategie zu verankern, sodass eine Organisation die Aspekte der User Experience beeinflusst, die eben einen hohen Mehrwert erzeugen. Möchten Sie die UX in einer Firma beeinflussen, können Sie den Stand auf jeder Ebene aufdecken. Die Lücken geben Aufschluss darüber, wo Sie wirken können.

Sternmodell In den Kap. 3 und 4 spielt dieses Modell eine zentrale Rolle. Das Modell betont die Abhängigkeiten der fünf Aspekte Strategie, Struktur, Prozesse, Personen und Fähigkeiten und Belohnung. Die Aussage: Veränderungen in der Organisation zu erzeugen, falle deutlich einfacher, wenn sich die fünf Aspekte gemeinsam und in die gleiche Richtung entwickeln würden. Dabei seien Strategie, Menschen und Fähigkeiten sowie Belohnung eher führend und Prozesse und Struktur eher folgend. Möchten Sie also eine Organisation weiterentwickeln, dann starten Sie besser bei strategischen Eckpfeilern, den Fähigkeiten der Mitarbeiter und wie diese belohnt werden. Besonders interessant ist, ob diese Dinge überhaupt zusammenpassen und wie die Weichen für UX gestellt sind. Doch vergessen Sie dabei nicht, sich die vorherrschende Kultur vor Augen zu halten. Passt diese nämlich nicht zur gefassten Strategie, wird der daraus entstehende „Kulturkampf" viel Energie auffressen.

OSTO-Modell Dieses Modell aus Kap. 5 gibt nun Aufschluss über die Dynamik in einer Organisation. Eine Vision (beim Sternmodell durch das Konzept Strategie repräsentiert) dient den Personen in einer Organisation als gemeinsames Ziel. Das OSTO-Modell teilt nun die Prozesse in einer Organisation in Aufgabenprozesse, individuelle und soziale Prozesse auf. Das OSTO-Modell betont damit die Wichtigkeit der persönlichen Entwicklung und des sozialen Systems. Das letzte und mindestens so wichtige Element ist die Rückkopplung, welche einer Organisation zurückspiegelt, was sie bewirken konnte.

User Experience als Resultat komplexer Wirkungsweisen ist ohne effektive Rückkopplung kaum zu gestalten. Genauso sind die individuellen und sozialen Prozesse nicht zu unterschätzen, denn viele Personen tragen mit ihrer Tätigkeit zur User Experience bei, und lange nicht nur die UX-Profis.

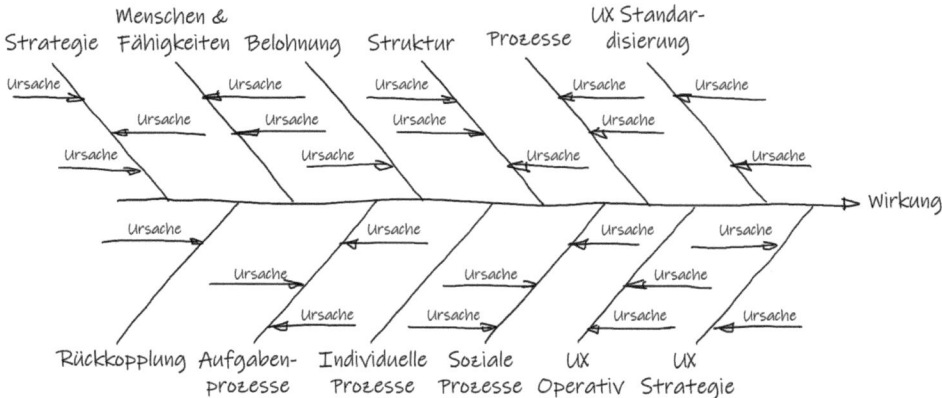

Abb. 10.1 Fischgräten/Ishikawa-Diagramm

10.4 Fischgrätendiagramm – Ishikawa-Diagramm

Ein Fischgrätendiagramm, auch Ishikawa-Diagramm genannt, steht stellvertretend für das organisatorische Lernen. Aus Erfolgen und Fehlschlägen lässt sich viel erkennen. Ein Ishikawa-Diagramm ist ein einfaches Mittel, Faktoren und deren Auswirkungen im Nachhinein aufzunehmen und in ein Bild zu bringen (Abb. 10.1).

Sie können auf dem Diagramm auch dokumentieren, welche Zusammenhänge Sie eher vermuten und welche Sie als bewiesen ansehen. So können Sie weitere Analysetätigkeiten genauer fokussieren. Wieso nehmen Sie nicht die verschiedenen Aspekte aus den vorgeschlagenen Modellen als Kategorien?

10.5 Schlüsselindikatoren (KPI)

Ein Schlüsselindikator, engl. Key Performance Indicator und kurz KPI, ist eine Metrik, die die Leistung eines Prozesses, eines Produktes oder einer Organisation misst. Diese Metrik ist so aussagekräftig für Erfolg, dass sie eben besonders hohe Beachtung erhält. KPIs helfen, Ziele zu setzen, Fortschritte zu überwachen und strategische Entscheidungen zu treffen. KPIs sind wie ein Tachometer für die Beobachtung da und können eher selten direkt beeinflusst werden.

Damit ein KPI etwas taugt, muss dieser gewissen Eigenschaften genügen:

- **Messbarkeit**: Ein KPI muss quantifizierbar sein, das heißt, er sollte in Zahlen ausdrückbar und durch Daten belegbar sein. Beispielsweise kann die Kundenzufriedenheit

10.5 Schlüsselindikatoren (KPI)

durch eine Umfrage gemessen werden, die Ergebnisse in Prozenten oder auf einer Skala von 1 bis 10 darstellt.
- **Relevanz**: Der KPI muss für das spezifische Ziel oder den Prozess, den er misst, relevant sein. Ein für den Vertrieb relevanter KPI könnte die Anzahl der abgeschlossenen Verkäufe pro Monat sein, während im Kundenservice die durchschnittliche Bearbeitungszeit einer Anfrage ein passender KPI wäre.
- **Zeitbezug**: KPIs sollten über einen bestimmten Zeitraum hinweg gemessen werden, um Veränderungen und Trends zu erkennen. Dies könnte täglich, wöchentlich, monatlich oder jährlich sein, je nach Art des KPI und des Ziels.
- **Zielorientierung**: KPIs sind eng mit den strategischen Zielen einer Organisation verbunden. Sie sollten klar definierte Ziele widerspiegeln und helfen, den Fortschritt in Richtung dieser Ziele zu überwachen. Zum Beispiel könnte ein Ziel die Erhöhung des Umsatzes um 10 % im nächsten Jahr sein, und der entsprechende KPI wäre der monatliche Umsatz.
- **Vergleichbarkeit**: Ein guter KPI sollte es ermöglichen, Leistung zu vergleichen – entweder im Zeitverlauf (historischer Vergleich) oder zwischen verschiedenen Organisationen (Benchmarking). Beispielsweise kann die monatliche Verkaufsleistung eines Jahres mit der des Vorjahres oder der Konkurrenz verglichen werden.

KPIs bringen aber nur etwas, wenn sie auch verstanden werden. Ein Tachometer beim Auto ist für Autofahrer beispielsweise sehr einfach zu verstehen: Drück aufs Gas, Auto wird schneller; tritt auf Bremse, Auto wird langsamer. Für Techniker ist dies schon deutlich komplexer. Die Geschwindigkeit resultiert hier aus der Kombination von Kolben, Einspritzung, Gangschaltung, Beladung, Steigung, Gaspedal, Bremse, Reibung, Luftwiderstand, Reifendruck und vielen weiteren Faktoren.

Hier liegt auch eine besondere Schwierigkeit solcher Indikatoren. Verstehen Mitarbeiter und Manager diese Zusammenhänge nicht, dann wissen sie auch nicht, wie sie den Indikator positiv beeinflussen.

Bericht aus einem Beratungsunternehmen: „Bei uns gibt es verschiedene Faktoren, die unter einen Hut gebracht werden müssen. Zufriedene Kunden, engagierte Mitarbeiter, Vertragskonditionen und finanzieller Erfolg sind eng miteinander verbunden. Natürlich haben wir auch Messinstrumente aufgebaut, um etwas mehr Klarheit zu gewinnen. Nur haben wir die einzelnen Indikatoren überwacht und dann dummerweise recht isolierte Maßnahmen getroffen. Als beispielsweise die Vertragskonditionen als Ursache eines eher schlechten Jahres eruiert wurden, hat sich die Firma auf diese Messwerte gestürzt. Die Konsequenz überrascht nur bedingt: Die Zufriedenheit von Kunden und Mitarbeiter wurde schlechter."

Nun ist das Zusammenspiel der Wirkfaktoren auch in Unternehmen schwer nachzuvollziehen. Was tut die moderne Firma? Sie erklärt den KPI zum Ziel und vereinbart Zielwerte mit den Untergebenen. Das geht ziemlich genau ein Jahr lang gut, danach haben das alle bemerkt und fangen an, den KPI zu „gamen". Ab dann ist er so hilfreich wie eine festgeklebte Tachonadel.

KPIs haben die Schwäche, dass sie beliebig verdreht werden können. Sie kennen das vielleicht aus der Literatur. Da verspricht ein jugendlicher Unverstand dem Teufel seine Seele gegen ewiges Leben und stellt dann als vereinsamter, von stundenlangen Hustenanfällen geplagter, 150-jähriger Greis, dem alle Glieder schmerzen, der kaum mehr was sieht, hört, schmeckt oder riecht, fest, dass die ewige Verdammnis diesem Dahinsiechen wohl doch vorzuziehen gewesen wäre. Werden Menschen durch Kennzahlen motiviert, optimieren diese auf diese Kennzahl (erreichtes Lebensalter) und vernachlässigen andere, nicht motivierte und schwierig messbare Aspekte (Lebensqualität).

Bericht aus einer Softwareentwicklungsabteilung: „Wir haben bei uns einen KPI ‚Anzahl gemeldeter Bugs pro Woche' eingeführt. Wenn diese Anzahl hoch geht, muss man was tun. Gut wäre es, wenn wir dann beispielsweise die Regressionstests ausbauen oder auch Usabilityevaluationen durchführen, noch bevor das Produkt auf den Markt geht. Das Blöde daran ist, dass es relativ lange dauert, bis man den Effekt der Maßnahmen sieht. Es braucht ja einen neuen Release und eine Zulassung. So haben wir nun einige Abkürzungen genommen, um eben die Anzahl Bugs zu senken. Primär diskutieren wir nun, was denn ein Bug sei, und haben eine Änderung und ein Gremium eingeführt, welches die Entscheide auch aufwendig dokumentiert. Der Prozess wird langsamer, die Zusammenarbeit schlechter, doch wir haben die Anzahl der gemeldeten Bugs erfolgreich gesenkt. Bloß, ist die Qualität der Software besser geworden? Kaum."

Der KPI „Anzahl gemeldeter Bugs" ist in Zusammensetzung und Wirkung der Einflussfaktoren komplex. Es lässt sich auch kein vernünftiger Richtwert festlegen. Trotzdem oder vielleicht gar deswegen wurde die Senkung der Anzahl gemeldeter Softwarefehler zum Ziel. Und dann führt die Verfolgung des Ziels die Mitarbeiter auf den Holzweg. Anstatt besserer Qualität gibt es bloß weniger gemeldete Bugs.

Viel Erfolg versprechender ist der Ansatz, die Einflussfaktoren so gut wie möglich zu verstehen. Oft ist der Prozess der Analyse der Einflussfaktoren schon sehr hilfreich. Man versteht die Zusammenhänge in der Firma besser, agiert anders und vermeidet dadurch ungewollte Nebeneffekte. Der KPI verbessert sich.

Oder etwas anders ausgedrückt: Man investiert in Firmenkultur und gemeinsame Werte!

10.6 UX-Ziele

Ist bekannt, welche Aspekte der User Experience für den Erfolg einer Organisation besonders wichtig sind, erleichtert dies die Entwicklung der eigenen UX-Fähigkeiten ungemein. Schauen Sie sich die Modelle im Abschn. 1.3 an. Was ist bei Ihnen für eine erfolgreiche, wirtschaftliche Tätigkeit besonders relevant: die hedonische Qualität, Fehlertoleranz oder doch etwas anderes? Welche UX-Fähigkeiten benötigt Ihre Organisation dazu und wie kann Ihre Organisation diese Fähigkeiten entwickeln?

Firmen vermessen auch die Kunden- bzw. die Nutzer-Journey und können daraus Ansatzpunkte erkennen, um mit verbesserter User Experience auch Nutzen für die Firma zu erreichen.

Generell lohnt es sich also, die erreichte User Experience zu bewerten (vergleichen Sie dazu Abschn. 1.5), z. B. mit ausgewählten Schlüsselindikatoren. Dadurch lassen sich nun Ziele formulieren, Veränderungen anstoßen und Fortschritt überwachen. Auch die Absenz von UX-Zielen ist ein Hinweis, wo eine Organisation sich verbessern kann.

Ein Matratzenverkäufer erzählt: „Wir hatten viele Retouren bei den verkauften Matratzen. Der Verkaufsleiter hat daraufhin die Rückgabefrist von einem Monat auf drei Monate erhöht und die Retouren nahmen prompt ab."

Retouren sind eine einfach zu erhebende Metrik, die recht viel über die User Experience der ausgelieferten Matratzen aussagt. Doch wie das Beispiel der Matratzenherstellerin zeigt: UX-Ziele sind vom Charakter her immer in einem breiten Kontext zu betrachten. Sie betreffen eben die Organisation als Ganzes und müssen entsprechend hoch in einem Unternehmen vereinbart und von dort aus auch kommuniziert werden. Ziele sind so eine gute Möglichkeit, die Weiterentwicklung einer Organisation auszurichten.

10.7 Impact Mapping

Mittels Impact Mapping richten Sie nun den Blick in die Zukunft. Sie starten mit dem erwünschten Effekt, Wirkung oder Veränderung. Die Organisation nimmt sich also eines Ziels an, zu welchem die User Experience einen wichtigen Beitrag leistet. Anschließend richtet sich der Blick auf die Personen bzw. Personengruppen, die besonders starken Einfluss darauf nehmen, ob und wie die Wirkung erzielt werden kann, und deren Beweggründe. Dazu lohnt es sich durchaus, mit diesen Personen zu sprechen und in deren Welt einzutauchen. Tatsächlich möchte man bei den Personen eine Verhaltensänderung bewirken, die eben zu der angepeilten Wirkung führt. Mit diesem Bild vor Augen lassen sich nun Maßnahmen identifizieren, bewerten und durchführen (Abb. 10.2).

Diese Kette lässt sich am Beispiel von Hilfswerken gut verdeutlichen. So ist beispielsweise dreckiges Wasser in vielen Ländern ein Problem. Dies wirkt direkt auf die Gesundheit der Menschen. Doch weil kranke Menschen beispielsweise auch weniger leisten können, haben diese Menschen auch weniger Einkommen und weniger Ertrag von der Landwirtschaft. Sauberes Wasser muss her und entsprechend braucht es Brunnen. Das klingt nun vernünftig, oder?

Wer so vorgeht, hat die Rechnung ohne die Menschen gemacht. So ist sauberes Wasser nur ein wichtiges Hilfsmittel für Hygiene. Letztere kommt jedoch von den Menschen. Beispielsweise durch Händewaschen. Auch alte Brunnen und Pumpen brauchen Wartung.

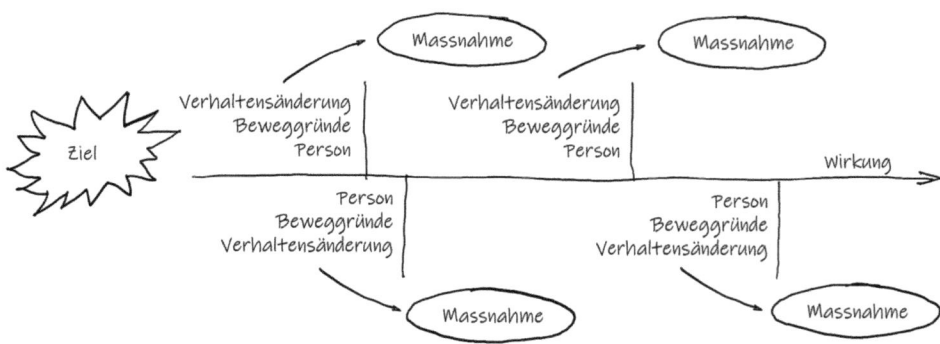

Abb. 10.2 Impact Mapping verbindet Wirkung, Personen und Verhalten mit Maßnahmen

Das benötigt Geld, welches nicht vorhanden ist. Es braucht also begleitende Maßnahmen. Beispielsweise eine funktionierende Organisation mit Geschäftsmodell, damit eben auch der Unterhalt der Brunnen gewährleistet ist. Genauso müssen für gewöhnlich auch gewisse hygienische Grundsätze vermittelt werden.

Auch das Hilfswerk verändert sich. Es geht nicht einfach darum, Spenden zu sammeln und damit einen Brunnen bauen zu lassen. Das Hilfswerk wird zur Beratungsfirma, die eine gesellschaftliche Veränderung vor Ort anstößt. Das beinhaltet nun je nach Region komplett unterschiedliche Herausforderungen und die Beratungsfirma muss sich entsprechend anders aufstellen und vernetzen (Abb. 10.3).

Wer eine Wirkungskarte (Impact Map) aufstellt, beschäftigt sich automatisch mit der Lücke zwischen Ziel und einer Maßnahme und betrachtet die betroffenen Menschen, deren Leben und Träume und wie diese verändert werden müssen, damit ein Ziel erreicht werden kann. Diese Betrachtungsweise führt bei Hilfswerken zu langfristigen Erfolgen.

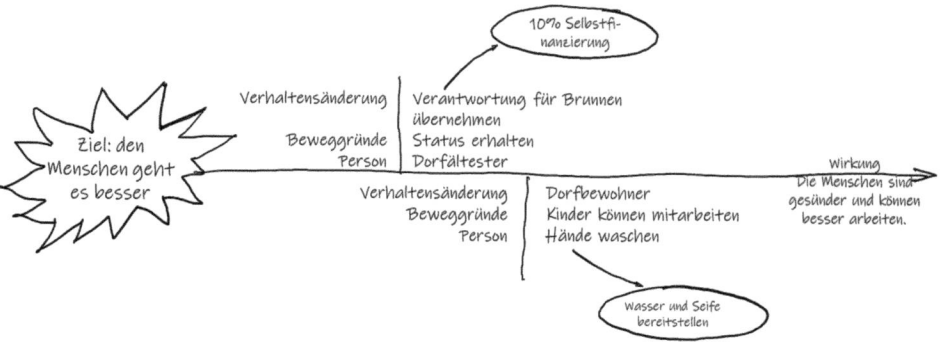

Abb. 10.3 Konkretes Impact Mapping für Brunnenbau durch Hilfswerke

10.7 Impact Mapping

Ein UX-Berater erzählte: „Wie oft habe ich es erlebt, dass, solange ich mitwirke, UX-Aktivitäten gut eingeplant und durchgeführt werden. Sobald ich dann weg bin, fallen die Leute dann wieder in den alten Trott zurück und Nutzer und deren Bedürfnisse werden wieder ignoriert. Zurzeit bin ich bei einem Finanzinstitut tätig und habe mit den Product Ownern nun seit über einem Jahr zusammen dafür gesorgt, dass wir UX-Aktivitäten ganz zu Beginn durchführen und UX-Profis einbezogen werden. Die Product Owner wurden nun aufgefordert, den Prozess zu beschreiben, der auch diesen Teil beinhaltet. Und was steht dort zum Thema UX? Genau: nichts."

Man ist verführt, wenn es darum geht, UX-Ziele zu verfolgen, recht einseitig Maßnahmen in Betracht zu ziehen. Man arbeitet am Inhalt, also beispielsweise an besseren Produkten und Dienstleistungen, setzt auf technologischen Fortschritt oder schaut genau auf die erzielte User Experience. Dies zeigt in vielen Fällen Erfolg – kurzfristig auf jeden Fall (Abb. 10.4).

Um längerfristig zu wirken, ist die Arbeit an der Organisation wichtig. Oder wie es so schön heißt:

„Gibst du einem Menschen einen Fisch, nährst du ihn für einen Tag. Bringst du ihm das Fischen bei, ernährst du ihn das ganze Leben."

Als UX-Leader sind also die Maßnahmen, welche die Organisation weiterbringen, besonders spannend. Sie versprechen langfristige Veränderung.

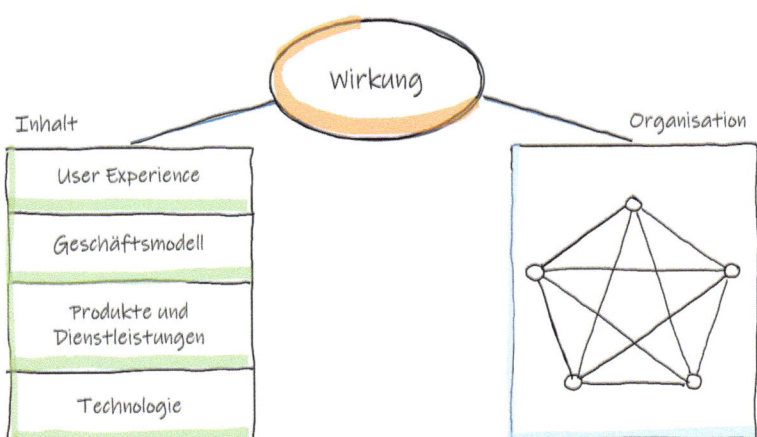

Abb. 10.4 Verbesserungsmaßnahmen findet sich im Inhalt wie auch in der Organisation

10.8 Annahmenkarte

Ein Ziel setzen und beispielsweise mittels Impact Mapping einen Schritt nach vorne wagen, wird nicht gehen, ohne Annahmen zu treffen. Lange nicht alles, was auf einer Wirkungskarte eingetragen ist, kann als erwiesener Fakt durchgehen. Man kann sich nun einreden, dass Annahmen echte Fakten seien, und übermütig losstürmen. Etwas gescheiter ist es dann wohl, die Annahmen soweit es geht aufzudecken (Abb. 10.5).

Einmal identifiziert, lassen sich Annahmen in zwei Dimensionen klassifizieren:

1. Unsicherheit: Wie sicher sind wir, dass diese Annahme stimmt? Das geht von $1 + 1 = 2$ (sehr sicher) zu „Unsere Kunden wollen alle ein grünes User Interface" (sehr unsicher).
2. Einfluss: Wie übel ist es, wenn meine Annahme falsch ist? Das geht von „Spielt eigentlich keine Rolle" hin zu „Dann können wir das Ganze vergessen".

Die Annahmen lassen sich nun in einer Unsicherheits-Einfluss-Grafik, der Annahmenkarte, ausbreiten. Die interessanten Annahmen sind oben rechts zu finden. Wer sich nun dafür entscheidet, gewisse Annahmen gezielt zu prüfen und erst dann loszustürmen, pickt dann eben genau diese heraus. Es ist dazu oft einfacher und aussagekräftiger, die Annahme zu widerlegen, als sie zu bestätigen. Das wirkt auch dem sogenannten Bestätigungsfehler entgegen, also der Tendenz, Informationen so zu selektieren, dass die eigenen Erwartungen erfüllt werden.

Neue Erkenntnisse verändern das Wissen über die Annahmen. Es lohnt sich dann, die Annahmenkarte zu überarbeiten und auch den Grund der Änderung festzuhalten, damit die Entscheide auch für Leute, die nicht dabei waren, nachvollziehbar sind. Ebenso wertvoll ist es, sich verschiedene Stände aufzubewahren. So zeigt sich im Verlauf der Zeit der Fortschritt. Auch bleiben Einstufungen einigermaßen konsistent.

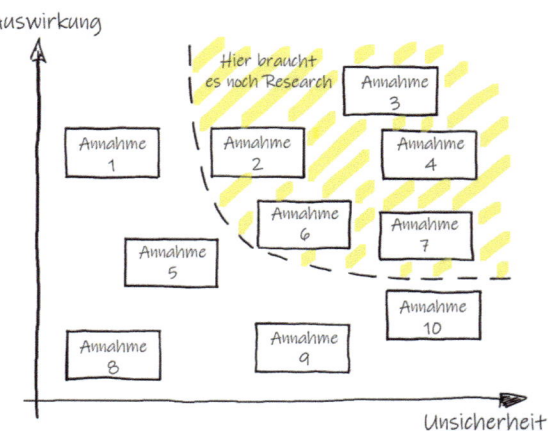

Abb. 10.5 Annahmenkarte

10.9 UX-Strategie-Canvas

Ein UX-Strategie-Canvas kann UX-Leader und deren Stakeholdern helfen, Schwerpunkte für die Entwicklung von UX in einer Organisation zu setzen und den Überblick über die getroffenen Maßnahmen zu halten. Wir verwenden hier den Vorschlag von Jim Kalbach. Sie können sich auch ein eigenes Poster zusammenstellen (Abb. 10.6).

Ein solches Canvas ist interessanterweise auch auf Produktebene gut verwendbar. Gerade wenn mit oft wechselnden Kunden und Ansprechpartnern gearbeitet wird, ist es sehr hilfreich, zuerst einmal Klarheit über grundsätzliche UX-Themen zu schaffen. Das gibt dem Kunden auch ein wesentlich besseres Verständnis dafür, was UX leisten kann. So kommt man oft über die Frage, wie das UI nun schön anzumalen sei, hinaus.

Wie bei vielen dieser Hilfsmittel geht es nicht darum, in einer Stunde möglichst viel Text einzufüllen, dann konzentriert daraufzustarren und in einem Akt göttlicher Eingebung die Lösung für die nächsten 2000 Jahre in Stein zu meißeln. Das hat zwar auch schon geklappt, aber wesentlich Erfolg versprechender ist ein iterativer Ansatz, da im Gespräch mit verschiedenen Leuten versteckte Annahmen und Unklarheiten zum Vorschein kommen. Auf dem Canvas darf man auch mal eine eigene Meinung visualisieren. Da muss nicht unbedingt Einstimmigkeit herrschen, vielmehr soll die Klärung geschehen. Oft ist es der beste Weg, einfach mal anzufangen, die ersten Ideen aufzuschreiben und dann einen Schritt zurückzumachen und zu überlegen, ob das Ganze zusammenpasst. Dadurch, dass die Ideen schon mal verschriftlicht sind, starten interessante Gedankengänge und nach ein paar Denkschleifen und zweimaligem Überschlafen steht schon eine ziemlich schlüssige Hypothese da, die gut diskutierbar ist.

Was heute nicht richtig ist, kann morgen schon falsch sein. Es lohnt sich darum, periodisch über die Strategie zu schauen. Das sollte nicht wöchentlich zu Anpassungen führen,

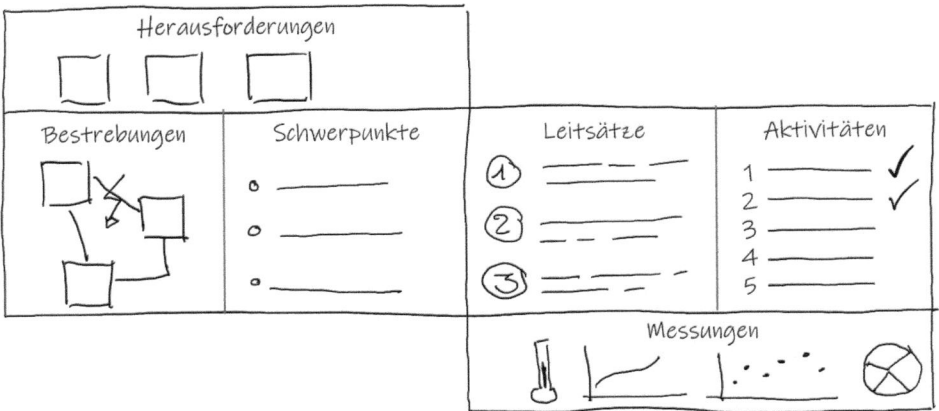

Abb. 10.6 UX-Strategie-Canvas nach Jim Kalbach

aber spätestens, wenn man den Canvas schon fast vergessen hat (3–6 Monate) sollte man wieder einen Blick darauf werfen. Es ist immer wieder erstaunlich, wie Wunsch und Wirklichkeit über die Zeit auseinanderdriften. Wenn man das feststellt, muss man entweder den Canvas oder die eigenen Aktivitäten entsprechend anpassen.

Herausforderungen (Challenges): Die UX-Strategie soll die Firma als Ganzes voranbringen und nicht den UX-Profis helfen, Figma besser zu bedienen. Herausforderungen repräsentieren also die wesentlichen Hindernisse, die es zu überwinden gilt, um Geschäftsziele zu erreichen. Diese Herausforderungen können eine Rebellion im galaktischen Imperium sein, aber auch bescheidenere Probleme wie schlechte Verkaufszahlen oder steigende Supportkosten.

Um hier mehr Klarheit zu schaffen, sind beispielsweise folgende Ansätze praxiserprobt:

- Identifizieren von Kunden und Nutzern der Produkte der Firma und deren Bedürfnissen. Das probate Mittel dazu ist UX-Research.
- Betrachtung des eigenen Angebotes als internes Produkt: Welche Probleme von Nutzern, Kunden und der eigenen Organisation lösen wir mit unseren Dienstleistungen?
- Verstehen der internen Stakeholder, z. B. beim schottischen Kaffee.
- Analyse der Organisation als Ganzes, beispielsweise anhand der vier Grundmodelle und Zusammenstellen der Ergebnisse, beispielsweise in einem Ishikawa-Diagramm.
- SWOT-Analyse: Bewertung der internen Stärken und Schwächen sowie externen Chancen und Bedrohungen, um strategische Herausforderungen zu verstehen.

Bestrebungen (Aspirations): Bestrebungen sind langfristige Ziele oder Träume, die mit der UX-Strategie erreicht werden sollen. Für die Rebellenallianz mag das sein, die Galaxie von der Tyrannei des Imperiums zu befreien und Frieden, Freiheit und Eierkuchen für alle wiederherzustellen. Ein etwas kleineres Unternehmen strebt vielleicht an, eine führende Position im Markt zu erreichen und wegweisende Lösungen anzubieten. Diese Aspiration muss mit der Kultur der Firma zusammenpassen und die Menschen in der Organisation wirklich überzeugen. Wer lässt sich schon in seinem X-Wing Fighter für „mehr Umsatz" auf ein Duell mit dem Todesstern ein?

Hierzu könne folgende Ansätze weiterhelfen:

- Der Startpunkt muss natürlich die von der Geschäftsleitung ausgearbeitete Strategie sein. Fehlen darin UX-Aspekte, dann helfen Workshops, um gemeinsame langfristige UX-Ziele und Träume zu definieren und zu verfeinern.
- Mit einer Journey Map lässt sich verstehen, wie die ideale Nutzerreise zur Erfüllung der Bestrebungen beitragen kann und wo eben noch besonders viel Potenzial vorhanden ist.

10.9 UX-Strategie Canvas

Schwerpunkte (Focus Areas): Es lassen sich nun mal nicht alle Dinge haben und schon gar nicht gleichzeitig erreichen. Mit dem Setzen von Schwerpunkten können UX-Leader die Bemühungen auf besonders vielversprechende Ansätze konzentrieren. Die Rebellen in Star Wars haben mit Bedacht den Todesstern als Ziel ausgewählt. Klar, mit 10.000.000 Raumschiffen ist das Imperium zu bezwingen – haben die aber nicht. Schwerpunkte müssen greifbar sein, damit sie etwas helfen. „Wir sind nutzerzentriert" klingt zwar toll, gibt aber keine Hilfe, wenn es um Entscheidungen geht. „Wir fokussieren dieses Jahr auf die optimale Gestaltung der Messestände" geht da schon eher in die richtige Richtung, auch wenn der Schwerpunkt bei uns UX-Designern natürlich nicht die gleiche Begeisterung auslöst wie im Sales Department.

Auch zum Setzen von Schwerpunkten gibt viele Ansätze:

- Mittels Impact Mapping werden Ansatzpunkte sichtbar und lassen sich gewichten.
- Priorisierungstechniken wie eine Annahmen-Map oder Wirkung-Aufwand-Matrix: Bewertung und Priorisierung der Schwerpunkte basierend auf ihrem potenziellen Einfluss und dem Aufwand ihrer Umsetzung.

Leitsätze (Guiding Principles): Leitsätze sind die grundlegenden Überzeugungen oder Werte, die die UX-Strategie lenken sollen. Diese Leitsätze sind wie die ethischen Grundsätze, an die sich die Jedi halten, während sie gegen die dunkle Seite der Macht kämpfen. Zum Beispiel könnte ein Leitsatz für ein Unternehmen darin bestehen, eine kundenorientierte Kultur zu fördern und die Bedürfnisse und Wünsche der Benutzer in den Mittelpunkt aller Entscheidungen zu stellen. Dass man gute Leitsätze hat, erkennt man daran, dass sie kontrovers diskutiert werden.

Das könnte man folgendermaßen angehen:

- Firmenkultur schafft Leitsätze. „Gestaltungsentscheide werden immer vom Advisory Board gefällt" ist zwar nicht unbedingt schlau, aber ein Leitsatz, der Klarheit schafft und in die Firmenkultur passen kann.
- Was Nutzer und Kunden besonders bewegt, treibt oder wichtig ist. Zum Beispiel Anzahl Tests pro Quadratmeter und Stunde in einem Labor, Einrichtezeit bei der Roboterautomatisierung und mehr. Solche Dinge entspringen beispielsweise Studien des Nutzerverhaltens und der Lebensweise. Personas können diese sichtbar machen und in die Organisation transportieren.

Aktivitäten (Activities): Aktivitäten sind die konkreten Handlungen oder Maßnahmen, die ergriffen werden, um die strategischen Ziele zu erreichen. Für den Angriff auf den Todesstern können es Dinge wie das Stehlen der Baupläne, das Graben von unterplanetaren Hangars und die Ausbildung von X-Wing-Piloten sein. In irdischen Gefilden kann es darum gehen, eine User-Research-Datenbank aufzubauen, Tools zu vereinheitlichen, UX-Kurzschulung für Product Owner durchzuführen, Interviews mit Stakeholdern zu führen und vieles mehr.

Messungen (Measurements): Messungen sind Metriken, anhand derer der Fortschritt und der Erfolg der UX-Strategie gemessen wird. Das Imperium misst beispielsweise die Steuereinnahmen pro Sonnensystem und die Anzahl Sichtungen von Y-Wing-Bombern. In einem kleineren Unternehmen wird oft auf Kennzahlen (KPIs – Key Performance Indicators) wie den SUS oder den NPS zurückgegriffen.

10.10 Gütekriterien für Argumente

Gerade bei weniger reifen Organisationen müssen UX-Profis immer wieder erklären, was UX ist, was es bringt und wieso sich die Organisation damit beschäftigen sollte. Auch in sehr reifen Organisationen sind diese Gedanken notwendig, beispielsweise weil Chefs wechseln oder weil sich Rahmenbedingungen geändert haben.

Oft ist es schwierig, überhaupt mal in die Gänge zu kommen und sich ein Arsenal von Argumenten aufzubauen, mit dem man in Diskussionen steigen kann. Hier lohnt sich vielleicht der Blick zurück: Im Abschn. 9.3 haben wir einige spannende Punkte zur Argumentation für UX erwähnt. Wir möchten insbesondere auf die dort diskutierten Adoptionstypen und die NABC-Methode hinweisen.

Doch egal wie UX-Leader Argumente aufbauen, es gibt offenbar Gütekriterien für solche Argumente:

NABC: Wirksame Argumente entstammen einer vertieften Analyse. Sie erfüllen Bedürfnisse (**N**eeds) mit einem passenden Lösungsansatz (**A**pproach), erzeugen Nutzen (**B**enefit) für die Organisation und positionieren sich zu Alternativen (**C**ompetition).

Relevant: Gute Argumente holen die Gesprächspartner in ihrer Situation ab. Sie starten bei relevanten Bedürfnissen und bieten signifikanten Mehrwert für Gesprächspartner. Dass der NPS mit professionellem Design steigen kann, mag stimmen. Wenn eine Organisation allerdings ein System für die Steuerung von Großlaboren entwickelt, ist das möglicherweise keine relevante Messgröße. Die Frage ist also – Sie können ihr beispielsweise im schottischen Kaffee nachspüren – welchen Nutzen haben Gesprächspartner von einer guten User Experience und den dazu notwendigen Aktivitäten?

Greifbar: Das Verständnis für UX reift mit dem Erleben. Argumente profitieren somit von Beispielen für den Wert oder den Vorteil für den Gesprächspartner. Auch wollen neue Vorgehensweisen miterlebt werden. Dabei präferieren Pioniere in einem Unternehmen spektakuläre Erfolgsgeschichten frisch gehypt von den Influencern der Branche, die späte Masse lässt sich eher vom konkreten Erlebnis und der damit verbundenen Empfehlung des Kollegen nebenan mitreißen.

Glaubhaft: Nicht alle Argumente treffen auf alle Situationen zu und deshalb gilt Vorsicht. Nicht Wunschdenken, sondern Tatsachen sind gefragt – nur weil Apple mit

Industriedesign eine Unmenge an Geld macht, muss das für Ihre Organisation nicht stimmen. Die Argumente sollten durch in der Organisation zusammengetragene Fakten und Erfolgsbeispiele gestützt werden.

Visuell: Entscheide werden über den visuellen Cortex gesteuert. Wenn Sie Ihr Argument nicht gescheit visualisieren können, wird es wenig Wirkung entfalten. Datenvisualisierungen spielen hier eine große Rolle, um die Glaubwürdigkeit zu erhöhen und das Argument zu untermauern.

Personen: Egal wie gut das Argument, die Personen hinter dem Argument sind genauso Teil des Arguments. Sind weder UX-Leader noch UX-Profis in der Organisation angesehen, hilft auch das beste Argument nicht. Das Ansehen muss man sich jedoch für gewöhnlich erarbeiten. Dabei untergraben gerade Inkonsistenzen zwischen dem, was gesagt wird, und dem, was getan wird, die Glaubwürdigkeit. Argumente, die man vorbringt, stimmen deshalb auch mit den tatsächlichen Handlungen und der gelebten Realität innerhalb der Organisation, und noch wichtiger, mit der Handlungsweise der UX-Leader und UX-Profis überein.

Entwickelt sich weiter: Umstände ändern sich, einige Argumente verfangen besser als andere. Entsprechend entwickeln sich auch die Argumente weiter. Oft spürt man in der Diskussion, welche Argumente bei welchem Publikum wirksam sind. Diese Lernkurve muss man mitgehen.

10.11 Checkliste: Nutzenversprechen von UX

Wir haben eine Liste von Symptomen zusammengestellt, die auf Probleme bei der User Experience hindeuten. Finden sich solche Symptome in einer Organisation, kann hier der Ansatz für Argumente liegen, die für mehr Investition in die User Experience plädieren. Sehr praktisch ist, dass diese Symptome auch für Leute greifbar sind, die keine UX-Profis sind und durchaus auch mit vernünftigem Aufwand beziffert werden können. Allerdings lautet das Zauberwort „hindeuten". Es lohnt sich, zuerst hinzuschauen, ob das Symptom auch genügend relevant ist und ob UX-Aktivitäten tatsächlich substanziell beitragen können. Welche Symptome in der folgenden Liste müssten Sie bezogen auf Ihr Unternehmen mit einem Ausrufe- oder einem Fragezeichen markieren (Tab. 10.2)?

10.12 Totschlagargumente kontern

Neben einer faktenbasierten Herangehensweise sind UX-Profis auch mit „Totschlagargumenten" wie es sei zu teuer oder unnötig konfrontiert. Es ist einfach, solche Argumente zu unterschätzen oder als Geschwätz von ahnungslosen Managern abzutun. Beim Feierabendbier mit UX-Kollegen klingt das dann in etwa so: „Wenn man uns nur machen lassen würde, dann wäre die Welt eine bessere."

Tab. 10.2 Checkliste für die Auswirkung von Defiziten in der User Experience

Retouren von unzufriedenen Kunden nehmen zu
Die Absprungrate im Verkaufsprozess ist bedenklich hoch
Kunden vermeiden, auf das nächste Produkt oder die nächste Version zu wechseln
Die Firma verliert Kunden an Konkurrenz
Die Wertung in den App Stores ist unterirdisch
Influencer ignorieren die Produkte oder verwenden diese in der Rubrik „weitere lustige Beispiele"
Die Anzahl verkaufter Produkte bleibt unter den Erwartungen
Die Anzahl aktiver Nutzer sinkt bzw. die Nutzeraktivität vermindert sich
Gewisse Funktionen werden deutlich weniger verwendet als erwartet
Die Mitarbeiter arbeiten mit den Systemen nicht so schnell wie erhofft
Die Einarbeitung und die Schulung von Nutzern nimmt viel Zeit in Anspruch
Die Qualität der geleisteten Arbeit sinkt merklich
Die Hotline ist überlastet
Es gibt viele negative Rückmeldungen von Nutzer- und Kundenseite: zu aufwendig, mühsam, umständlich, schwierig zu nutzen und mehr
Das Nutzerhandbuch wird immer länger
Mitarbeiter minimieren die Tätigkeit am System. Arbeitsschritte werden auf andere Art und Weise gelöst
Prozessvorgaben werden umgangen und Sicherheitsmaßnahmen ignoriert
Es gibt immer wieder Fälle, in welchen „menschliches Versagen" die Ursache von Schäden (Unfälle, Datenverluste, kommerzielle Schäden) sind
In der Datenbank der Supportabteilung gibt es verdächtig viele Probleme, die mit der Wiederholung der Schulung bzw. Erklärung gelöst werden

In den meisten Fällen haben diese Argumente jedoch einen wahren Kern. Sie entspringen Erfahrungen und spezifischen Realitäten. Das ist bei einer bezüglich UX weniger reifen Organisation auch gar nicht anders zu erwarten. Wo UX-Profis ein riesiges Potenzial sehen, sehen andere Vertreter der Organisation das, was sie bisher gemacht haben. Das war ja nachweislich erfolgreich und jeder weiß, wie es geht. Entsprechend existieren weder Problem noch Potenzial und deshalb auch kein Handlungsbedarf.

Mit pauschalen Antworten ist jedoch leider kein Blumentopf zu gewinnen. Entweder wissen die Gesprächspartner über das Potenzial Bescheid oder sie können es nicht nachvollziehen, weil es nicht ihrer Erfahrungswelt entspricht.

Wir schlagen vor, Totschlagargumente kundenzentriert anzupacken und die Gesprächspartner und ihre Beweggründe zu verstehen, anstatt sie einer Gehirnwäsche zu unterziehen. Wie wäre es also, zuerst die folgenden drei Fragen zu untersuchen?

10.12 Totschlagargumente kontern

- Was verstehen Gesprächspartner unter UX? Gibt es da Missverständnisse?
- Mit welcher organisatorischen Realität sind die Gesprächspartner konfrontiert?
- Welche Wahrnehmung haben sie von dieser Realität?

So. Nach dieser Einleitung präsentieren wir Ihnen nun unsere Favoriten aus der Hitparade der Totschlagargumente und beginnen mit einem unserer absoluten Lieblinge:

„Es ging bis jetzt ja auch ohne."

Dieser Einwand kann unter anderem durch folgende Situationen entstanden sein. Vielleicht entdecken Sie weitere in Ihrem Umfeld?

- Starker Fokus auf technische Machbarkeit: Die technische Herausforderung kann so hoch sein, dass jede zusätzliche Dimension des Problems eine erhebliche Belastung darstellt.
- Zu starke Trennung von Entwicklung und Verkauf: Wenn die Entwicklungsteams die Konsequenzen einer schlechten User Experience nicht spüren, nehmen sie die Probleme auch nicht ernst.
- Wird tatsächlich schon gemacht: Es gibt Unternehmen, welche gute Produkte für Kunden und Nutzer entwickeln und vermarkten, ohne zu wissen, dass dies mit dem Schlagwort „User Experience" gemeint ist.
- Bequemlichkeit: Es kommt durchaus vor, dass Entscheidungen aus dem Bauch heraus gefällt werden. Gerade bei erfahrenen Personen ist das üblich. Die Aussicht darauf, nun mit Fakten argumentieren zu müssen, ist nicht immer sehr verlockend und erfordert deutliche Mehrarbeit.
- Macht- oder Gesichtsverlust: Es kann vorkommen, dass sich jemand in eine Position manövriert hat, aus der man nur herauskommt, indem man einen Fehler zugibt. Das ist nicht jedermanns Sache. Es braucht auch eine gute Vertrauensbasis, wenn man zwar die Verantwortung hat, die Entscheidung aber jemand anderem überlassen muss.
- Schlechte Erfahrungen mit UX-Besserwissern – und ja, die soll es geben.

Je nach konkreter Situation sind andere Argumente Erfolg versprechend: Gerade bei technischen Scheuklappen helfen Beispiele von Erfolgen durch gute User Experience aus dem nahen Umfeld, mit ähnlichen Herausforderungen und Organisationsgrößen – sodass eben nicht Äpfel mit Klobrillen verglichen werden. Ins gleiche Horn blasen auch Beispiele für üble UX, die auf die Entwicklung durchgeschlagen haben. Da gibt es für gewöhnlich einige und je näher sie dem eigenen Bereich im Unternehmen sind, desto wirksamer sind sie.

Szenen aus Videos der Tests mit Nutzern der entwickelten Produkte helfen für gewöhnlich auch, Entwickler von der Notwendigkeit von Verbesserungen zu überzeugen. Wer

Mitgefühl durch erlebbare Freuden und Leiden wecken kann, erzeugt eben auch eher Bereitschaft zur Tat.

Wenn man das Glück hat, eine Firma zu treffen, die schon auf Kunden und Nutzer eingeht, dann ist das super. UX-Profis können nun zeigen, dass sie gewisse Dinge noch deutlich verbessern können. Beispielsweise mit einem Vorschlag für eine Umgestaltung, die Hand und Fuß hat und umsetzbar ist.

Stecken eher emotionale Hintergründe hinter der Ablehnung, lohnt sich der Versuch, das Gegenüber bei Bier und Pizza abzuholen und der Situation auf den Grund zu gehen. Eine Lösung kann da ruhig noch warten, diese muss für gewöhnlich gründlich durchdacht sein. Sie soll schließlich fundiert sein und die Bedenken des Gegenübers ernst nehmen. Das wirkt auch viel weniger besserwisserisch.

Sehr verwandt mit „Es ging bis jetzt auch ohne" sind übrigens: „Das ist alles nur Ansichtssache" oder „Wir kennen unsere Kunden", „Die Konkurrenz macht das ja auch nicht", „Wir sind ja nicht Apple" und „Das ist eh nur eine Modeströmung".

Ein weiterer Einwand, der es auf unsere Favoritenliste geschafft hat, hängt mit den Kosten zusammen, die UX-Aktivitäten verursachen:

„UX ist viel zu teuer."

Klar, unmittelbar betrachtet kostet es immer mehr, etwas zu tun, als es zu lassen. Tatsächlich müsste das eigentlich kein Problem sein. Denn eine gute User Experience sollte doch eigentlich auch einen entsprechenden Gegenwert liefern. Es muss auch hier versteckte Gründe geben:

- Klarer Mehrwert: Gelingt es nicht, den konkreten Mehrwert von User Experience glaubhaft und greifbar zu nennen, werden UX-Aktivitäten konsequenterweise gestrichen.
- Konkurrenzfähiges Angebot: Zusätzliche Tätigkeiten können ein Angebot für Kunden verteuern. Ist jedoch die tolle User Experience für den Zuschlag nicht relevant, fällt das Angebot dann vielleicht auch gegenüber der Konkurrenz ab.
- UX-Dienstleistungen als Zusatz: Sind UX-Dienstleistungen in einer Offerte zusätzlich zu Entwicklungsdienstleistungen aufgeführt und können Verkäufer und Kunden den Nutzen nun nicht klar benennen oder stehen vielleicht sogar unter Zeit- und Kostendruck, dann streichen oder kürzen sie UX-Dienstleistungen eben einfach.
- Die Anzahl Features zählt: Es kann sein, dass vertragliche Vereinbarungen oder die Spielregeln im Markt eben eine gewisse Menge an Funktionen voraussetzen. Wurde zu eng kalkuliert, muss dann bei der Qualität gespart werden. Und so werden auch UX-Aktivitäten gestrichen.
- Nicht im Budget vorgesehen: Sind UX-Aktivitäten nicht von Anfang an ins Budget mit eingerechnet oder wurde der notwendige Aufwand unterschätzt, könnten die Teams das

10.12 Totschlagargumente kontern

Budget erhöhen versuchen oder sie streichen die Dinge, welche sie als weniger wichtig einstufen.

Viele dieser Gegebenheiten sind gar nicht einfach aufzulösen. Tatsächlich könnten UX-Aktivitäten auch Geld sparen helfen. Die Interaktion mit den Nutzern zeigt der Entwicklung beispielsweise sehr gut, welche Dinge wirklich wichtig sind und welche dann doch einfach weggelassen werden können. Aus Erfahrung wissen wir, dass Entwicklungsteams einen signifikanten Teil des Budgets für Funktionen verwenden, die wenig bis keinen Wert bieten und entweder viel einfacher oder gar nicht hätten entwickelt werden sollen. Darauf nun ein glaubhaftes Argument aufzubauen, gelingt leider nicht wirklich. UX-Profis leisten nämlich durchaus hervorragende Arbeit und stimmen die Produkte gut auf Nutzer ab und lassen diese toll aussehen – egal ob sich der dafür notwendige Aufwand in der Entwicklung wirklich auszahlt.

Wesentlich vielversprechender erscheint es, den Mehrwert von guter User Experience konkret aufzuzeigen. Doch Achtung, das Argument der späteren Kosten, um schlechte UX zu reparieren, verfängt auch nicht. Es wird einfach nicht repariert. UX-Leader müssen also konkrete Kostentreiber finden, wie beispielsweise Trainings- und Supportkosten, Mehrkosten für spät notwendige Anpassungen oder Geräte, die wegen schlechter UX vom Markt genommen wurden. Schauen Sie dazu die Checkliste zum Nutzenversprechen in Abschn. 10.11 für mögliche Ausgangspunkte an.

Wird UX als zu teuer empfunden, braucht es für gewöhnlich pragmatische UX-Profis. Vielleicht wäre es gemäß Lehrbuch besser, noch eine vierte Iteration mit fünfzehn Testteilnehmern durchzuführen, um auch die letzten Unschönheiten zu optimieren. Trotzdem ist das vorhandene Budget eng bemessen und so wird auch von UX-Profis ein effizienter und pragmatischer Ansatz erwartet. Die Profis sollen mit den knappen Mitteln gute Resultate erzielen. Es ist also sinnvoll, dass UX-Leader aufzeigen, wie und wo die UX-Profis effizienter und effektiver geworden sind. Dadurch bringen sie die Diskussion auf eine Ebene, auf welcher sie an realistischen Erwartungen gemessen und nicht mit „gratis" verglichen werden.

Uns erscheint auch ein gutes Verständnis der Geldflüsse in der Organisation als wichtiger Schlüssel. Wer bezahlt die UX-Dienstleistungen und die UX-Profis? Wie werden diese budgetiert? Beispielsweise werden interne Personen mit den Personalkosten, während bei externen eben ein Agenturstundensatz auf der Rechnung steht, der auch noch die Ferraris der Seniorpartner und das Büro an der Bahnhofstraße finanziert. Externe UX-Profis sind dann tatsächlich teurer als die interne Entwicklung. Das führt zu einer verzerrten Wahrnehmung der Kosten.

Unser dritter und letzter Favorit ist nahe verwandt mit „zu teuer", bringt aber noch eine Nuance dazu. Es geht nun um den Zeitpunkt, wann „UX gemacht" werden soll:

„Das können wir ja dann am Schluss noch machen."

Auch hier gibt es eine Reihe möglicher Ursachen, die hinter einer solchen Aussage stehen können. Im Kern schieben Entwicklungsteams jedoch Dinge nach hinten, die zurzeit keine Priorität haben. Das kann beispielsweise folgende Gründe haben:

- Die User Experience ist in den Zielen der Entwicklung nicht vorhanden oder tief priorisiert.
- User Experience ist neu für Entwicklungsteams. Sie wissen nicht, welche Aktivitäten wann einzuplanen sind. Unter Druck werden Neuerungen dann auch gerne auf später verschoben, man muss doch auf Zeit fertig werden.
- User-Experience-Aktivitäten sind im Entwicklungsprozess gar nicht erwähnt oder nicht verpflichtend erwähnt und können deshalb auf später verschoben werden.

Lösungsansätze finden sich in solchen Situationen nun beim Können der Entwicklungsteams. Je besser die Teams wissen, was eine gute User Experience in ihrer Situation ausmachen kann, welche Aktivitäten dazu sinnvoll sind und wie diese in die Entwicklung passen, desto weniger verschieben die Teams die UX-Aktivitäten nach hinten. Für UX-Leader heißt dies Kommunikation, Beratung und Ausbildung.

10.13 Retrospektiven: Reflektieren und Lernen

Logischerweise klappt nicht alles auf Anhieb und es lohnt sich immer mal wieder, kritisch zurückzuschauen und zu lernen. Vielleicht bedienen Sie sich bereits bei einigen der vielen Formate für Retrospektiven, die auf dem Netz verfügbar sind. Hier nun von uns noch ein weiterer Vorschlag in drei Schritten. Diese drei Schritte könnte eine Person für sich alleine durchführen. Besonders interessant wird es aus unserer Sicht, wenn Betroffene und Außenstehende in einem gemeinsamen Workshop diskutieren (Abb. 10.7).

In einem ersten Schritt stellt und diskutiert die Gruppe die folgenden vier Fragen.

Abb. 10.7 Retro Boards

10.13 Retrospektiven: Reflektieren und Lernen

- Was fällt leicht? Was schwer?
- Was gelingt gut? Was weniger gut?

In einem zweiten Schritt steigt man dann eine erste Ebene tiefer und untersucht, was dazu führt, dass eben gewisse Dinge leichtfallen, gut gelingen oder eben nicht. Im dritten Schritt lassen sich dann Folgerungen ziehen und Erkenntnisse gewinnen. Diese können dann, wie für Retrospektiven üblich, auch zu konkreten Maßnahmen führen.

Ein UX-Profi berichtet: „In unserer Firma haben wir kürzlich unsere monatlichen Meetings untersucht. Es fällt uns leicht, Themen zu finden und vorzubereiten, und es gelingt auch sehr gut, Themen zu finden, die den Leuten in ihrer Arbeit helfen. Es fällt uns aber schwer, regelmäßig daran teilzunehmen. Wir haben festgehalten, dass die Firma genau solche Austausche fördern will, wir uns aber wohl etwas zu stark von den Projekten vereinnahmen lassen, gerade weil die Projektteams auch hohem Druck ausgesetzt sind. Wir müssen offenbar lernen, uns bewusster abzugrenzen und uns die Zeit zu nehmen, unsere Firma weiterzubringen."

Rückblick und Ausblick 11

Zusammenfassend zeigen sich aus unserer Sicht drei Themenbereiche, mit denen sich UX-Leader in einer Organisation befassen sollten (siehe Abb. 11.1).

Der erste Bereich ist das unternehmerische Denken. Möchten UX-Leader User Experience Design strukturiert in einer Organisation etablieren, müssen sie die Organisation, in der sie sich bewegen, gut verstehen. Zu diesem Zweck haben wir in diesem Buch verschiedene Modelle vorgestellt. Ein guter Einstieg ist das Sternmodell (Abschn. 3). Auch das OSTO-Modell aus Kap. 5 und das Drei-Ebenen-Modell (Abschn. 2.2) bieten weitere Perspektiven, um das organisatorische Umfeld zu analysieren.

Diese organisatorische Bestandsaufnahme ergibt schon ein gutes Bild. Damit lässt sich auch leicht eine Standortbestimmung in Bezug auf UX durchführen. Dazu sind Reifegradmodelle sehr hilfreich (Kap. 8). Anhand der $7 + -2$ Handlungsfelder (Abschn. 9.4) können UX-Leader dann bestimmen, welche Lücken zuerst zu schließen sind und wo sie Schwerpunkte setzen wollen. Wir schlagen vor, dass UX-Leader insbesondere den möglichen Beitrag guter User Experience zum Firmenerfolg herausdestillieren, also dem ersten Handlungsfeld. Um das Destillat zu schärfen, bieten das 5-E-Modell, die vier Qualitäten von UX (beide in Abschn. 1.3) und die Checkliste Nutzenversprechen von UX aus Abschn. 10.11 Erfolg versprechende Hinweise.

UX-Leader benötigen auch Business- und Managementkompetenz. Dazu gibt es jede Menge spannende Literatur. Schauen Sie sich beispielsweise zu den Stichworten Strategieentwicklung, Geschäftsmodelle, Betriebswirtschaft und Organisation um.

Basierend auf dem erarbeiteten Wissen und der Standortbestimmung können UX-Leader nun die Gestaltung von User Experience wirkungsvoll organisieren. Das betrifft

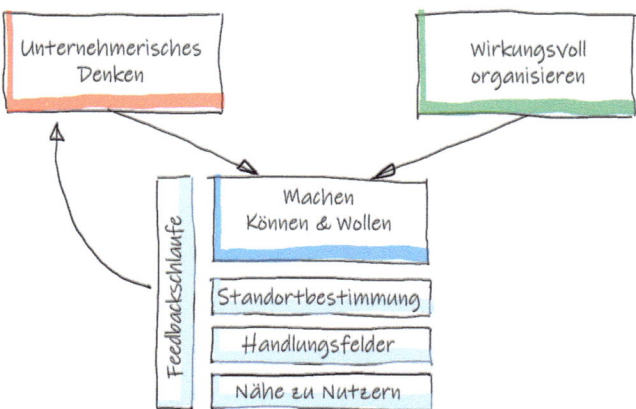

Abb. 11.1 The Big Picture

die Aufbauorganisation und die Ablauforganisation, also die Prozesse. Die in Kap. 7 diskutierten Organisationsstrukturen und die Prozesslandkarte aus Kap. 6 bieten UX-Leadern hier einige Ansätze.

Schnell erklingt dabei der Ruf nach der perfekten UX-Organisation: „Was muss ich tun, damit alles wie von selbst läuft und nichts kostet?" Leider gibt es diese perfekte Organisation nicht. Der Schlüssel zum Erfolg liegt in der Fähigkeit zur Adaption, schließlich treibt Veränderung die Organisationsentwicklung (Abschn. 8.3). UX-Leader müssen die Dynamik der Organisation verstehen und lernen, diese zu nutzen. An sich ist das grundlegende Nutzerforschung, UX-Leader sollten also bestens gerüstet sein.

Mit der Kombination von unternehmerischem Denken und wirkungsvoller Organisation machen UX-Leader User Experience in der Firma anschlussfähig und definieren ein Umfeld, in welchem auch ausgewiesene UX-Profis wirken können. Das hilft aber alles nichts, wenn UX-Profis und Entwicklungsteams nicht auch ins Machen kommen. Erstere sollten nun nicht lautstark eine UX-Revolution ausrufen. Viel wichtiger wäre es, UX-Profis zeigten Anschlusswille und suchten die Zusammenarbeit mit den anderen Profis. Entscheidend sind dabei die Nähe zu den Nutzern (intern und extern) und gute Feedbackschleifen.

Läuft alles rund, gewinnt User Experience an Wichtigkeit. Damit steigt auch die Nachfrage nach UX-Kenntnissen. UX-Leader sind nun gefordert, die wachsende Anzahl von UX-Profis zu organisieren und Wissen in der Organisation fließen zu lassen.

Wer wirkungsvoll organisiert, verändert das gesamte System. Die Reife der Organisation bezüglich User Experience erhöht sich. Das bedeutet, dass UX-Leader ihre Analyse des Umfelds wiederholen sollten und so frühzeitig neue Gelegenheiten erkennen können. Denn auch für das Organisieren Von UX-Design gilt:

Fred Endrikat: „Glück ist, wenn Gelegenheit auf Bereitschaft trifft."

Leider gibt es das perfekte Schnittmuster für eine erfolgreiche UX-Organisation nicht und Fehlschläge sind nicht zu vermeiden. Gute UX-Leader entwickeln ein Gespür für die Dynamik der Organisation und haben die Anpassungsfähigkeit und den Willen, Änderungen auszunutzen. Damit schaffen sie Mehrwert für Nutzer, Kunden und die Organisation.

11.1 Es gäbe noch mehr zu sagen

Wir konnten in diesem Buch nicht alle spannenden Themen diskutieren. So konnten wir den Themenbereich UX Strategie und KPIs nur ganz zart streifen. Auch inhaltliche Führung und etwas weiter gefasst der Aufbau einer UX förderlichen Kultur kam nicht zur Sprache.

Wir würden auch gerne den Komplex Mitarbeiter in einer Organisation genauer beleuchten. Das umfasst Themen wie Karrierepfad und Persönlichkeitsprofile. Es geht aber auch um die Reise des UX-Profis in einer Firma, von der Bewerbung über die Entwicklung im Job bis hin zu lateralen Karrierebewegungen und dem möglichst geschmeidigen Ausscheiden. Auch die Rolle von Quereinsteigern, die damit verbundenen Chancen und Risiken und Jobprofile würden hier hervorragend hineinpassen.

Weitere Themenfelder sind die operativen Bereiche, aktuell unter Design Ops oder Research Ops hoch im Kurs. Dabei ließen sich Erfahrungen zur Standardisierung von Inhalten und Prozessen austauschen.

Wieso erzählen wir Ihnen das? Wir mussten feststellen, dass wir nicht alles wissen, darum.

11.2 Diskutieren Sie mit uns!

Uns findet man auch im **European UX-Leadership Network** – daher das gelungene Branding auf der Titelseite.

Dieses Netzwerk ist ein Zusammenschluss von UX-Leadern, die sich zum Ziel gesetzt haben, das Thema User Experience in den Unternehmen zu fördern und zur Entfaltung zu bringen. Dazu treffen wir uns mehrmals jährlich zu einem fruchtbaren Austausch zu UX-Leadership-Themen, erarbeiten Konferenzbeiträge, veranstalten Workshops und Vorträge und sind stets offen für Interessierte, die sich am Dialog beteiligen wollen. Warum also nicht Sie?

Sie finden uns im Netz unter www.uxleadership.eu.com.

Literatur

[Doppler, Lauterburg 2019] „Change Management", Klaus Doppler und Christoph Lauterburg, Campus Verlag, Frankfurt

[Garrett 2011] „The Elements of User Experience", Jesse James Garrett, Verlag Pearson Education, Bad Hersfeld D

[Häfeli 2015] „OE Prozesse gestalten und initiieren", Walter Häfeli, Haupt Verlag, Bern

[Hauri 2012] „Die nachhaltige Einführung und Verankerung von User Experience in Unternehmen", Christian Hauri, Stefania Rosati, S. 318 – 322 in: Tagungsband UP12. Stuttgart: German UPA e.V.

[Pernice 2024] „The 6 Levels of UX Maturity", Kara Pernice, Sarah Gibbons, Kate Moran, Kathryn Whitenton, Norman Nielsen Group, abgefragt auf www.nngroup.com/articles/ux-maturity-model/ am 19.03. 2025

[Quesenbery 2002] „Dimensions of Usability", Whitney Quesenbery in Albers, M. and Mazur B. Eds, Content and Complexity, Erlbaum in Albers, M. and Mazur B. Eds, Content and Complexity, Erlbaum

[Richter, Flückiger 2016] „Usability und UX kompakt", Michael Richter, Markus Flückiger, Springer Vieweg

[Rieckmann, 1990] „Managing the Unmanageable? Oder ... lassen sich komplexe Systeme überhaupt noch steuern? Offenes Systemmanagement mit dem OSTO-System-Ansatz" , Heijo Rieckmann, P. Weissengruber: In: H. Kraus, N. Kailer, K.Sandner (Hrsg.): Management Development im Wandel. Wien 1990, S. 27–96.

[Schmidt 2022] „Organisatorische Grundbegriffe", Götz Schmidt, Verlag Dr. Götz-Schmidt, Wettenberg D

[Steimle, Wallach 2022] „Collaborative UX Design", Toni Steimler, Dieter Wallach, Dpunkt-Verlag, Heidelberg

Stichwortverzeichnis

Symbols
3-Ebenenmodell, 27
5-E-Modell, 8, 10

A
Abhängigkeit, 121
Abstraktionsebene, 13
Adoptionstyp, 157
Agil, 131
Agile Organisation, 59
Agiles Team, 103
Anker, 95
Annahmenkarte, 174
Anreizsystem, 46, 68
Anschlussfähige UX, 76
Aufgabenprozess, 68, 79
Aufbauorganisation, 81
Aufgabenteilung, 124
Auf Zuruf, 95
Auslastungsproblem, 116, 120
Außensicht, 28

B
Balance, 17
Barriere, 36
Baustein, 13
Belohnung, 46
Bewertung der User Experience, 19
Business Capability, 51

C
Community, 94
Conversion Rate, 12
Customer Experience, 11
Customer Journey, 12

D
Designsystem, 13
Dialog, 32
Doppeldenk, 64
Dual Track, 124

E
Einsatzplanung, 105
Einzelkämpfer, 94, 103
Emotionale Beziehung, 20
Entscheidungsbefugnis, 117
Entwickler, 26
Entwicklungsteam, 52, 123
Ergonomie, 6
Etablierung von UX, 32
Existenzgrund, 43, 81, 82
Experimentalpsychologie, 24
Experte, 26
Expertise, 17

F
Fehlerkultur, 74
Finanzierung, 108
Firmenkultur, 63, 66, 67
Fließband, 124

Fließbandarbeit, 57
Fördernde Qualität, 9, 12
Führungsperson, 50

G
Garten, 125
Gebrauchstauglichkeit, 7
Generalist, 52, 105
Gesamtaufgabe aufbrechen, 51
Geschäftsfallkontrolle, 116
Geschäftsmodell, 68
Geschäftsprozess, 55
Gilde, 94
Grafikdesign, 23
Grundstruktur, 93
Gruppe, 65
Gruppenbildung, 130
Gruppendynamik, 129
Gruppenprozess, 24

H
Handlungsfeld, 32
Handlungsspielraum, 51, 56
Hedonische Qualität, 9, 12
Herausforderung, 30, 35, 36
Hierarchie, 130
Human-Computer Interaction, 7
Human Factors, 7

I
Impact Mapping, 171
Individueller Prozess, 80
Industriedesign, 23
Inhaltsleere Wortkonstruktion, 31
Innensicht, 28
Institutionalisierende Ebene, 27, 88, 108
Institutionalisierung, 108, 113
Interaktionsdesign, 23
Interdisziplinär, 126
Interdisziplinäres Team, 95
Interdisziplinarität, 74
Interfacedesign, 23

J
Journey, 5

Journey Management, 5

K
Karriere, 52
Knackpunkt, 32
Kommunikationsdesign, 23
Kommunikationspsychologie, 24
Konflikt, 16, 29, 31, 33–35, 37, 42, 50, 65, 67, 69, 72, 74, 108
Kontaktpunkt, 12
Konzept, 13, 33
KPI, 168
Kräfte in einer Organisation, 145
Krasser Typ, 126
Kritischer Pfad, 122
Kultur, 63
Kundenerlebniskette, 12
Kurzeinsatz, 123

L
Leader, 26
Lernkultur, 74
Lernpsychologie, 24

M
Manager, 26
Manipulative Qualität, 9, 12, 21
Matrix, 94, 97
Matrixorganisation, 104
Mensch, 55
Menschenzentrierte Gestaltung, 7
Metrik, 5, 22, 24, 48, 116
Mitarbeiterbindung, 55
Multi Track, 95, 124

N
NABC-Methode, 178
Nutzerzentriertheit, 73

O
Operative Ebene, 27, 87
Organisation, 25
Organisationsentwicklung, 59, 79, 148
OSTO-Modell, 79

Outcome, 80
Output, 80

P
Personalentwicklung, 55
Personenbezogen, 94, 114
Planung, 120
Pragmatische Qualität, 9, 12
Produktdesign, 23
Produktlebensphase, 15
Produktmanagement, 52
Produktteam, 94, 118
Projekt, 94, 116
Prozess, 50, 55, 79, 116

Q
Qualitätsaspekt UX, 66

R
Reife, 95, 98, 100, 112
Rekrutierung, 55
Resignation, 72
Retrospektive, 184
Rückführung, 81
Rückkopplung, 14, 79

S
SAFe, 131
Selbstsicht, 28
Sichtbarkeit von UX, 30
Sinngrund, 43, 81, 82
Sozialer Prozess, 69, 80
Sozialer und individueller Prozess, 37, 98
Spezialisierung, 100
Spezialist, 52
Sprint, 124
Standard, 98
Standardisierung, 88, 89
Standardprozess, 94, 115
Start-up, 94, 119
Statistische Methoden, 24
Stellenwert, 44
Sternmodell, 42
Stolperstein, 47
Storyline, 13

Strategie, 43, 80
Strategische Ebene, 28, 43, 90
Strategischer Profi, 95
Struktur, 50, 94
Strukturmuster, 52

T
Treiber, 56

U
Überforderung, 122
Überlast, 122
UI-Pinsler, 85
Unternehmerisches Denken, 73
Usability, 7
User Experience, 3, 12
User Experience Design, 25
User Journey, 52
User Research, 19, 20
UX-Abteilung, 44
UX-Community, 93
UX-Fachstelle, 97
UX-Gilde, 96
UX-Governance, 139
UX-Hub, 107
UX-Kenntnis, 89
UX-Leadership, 25
UX-Metrik, 21
UX-Profi, 22
UX-Prozess, 87
UX-Reife, 29
UX-Reifegradmodell, 140
UX-Strategie, 90
UX-Strategie-Canvas, 175

V
Verantwortung, 50
Verhalten, 20, 69
Verhaltensänderung, 20
Verhaltensveränderung, 21
Vernetzen, 22
Verteilte UX-Kompetenz, 94, 112
Vorbildfunktion, 70
Vorgehensmodell, 14

W
Wachstum, 56
Wahrnehmungspsychologie, 24
Wartezeit, 121
Webdesign, 23
Weg zu Nutzer, 52

Wert, 69, 73
Wirkung, 20, 22, 29, 52, 53, 56, 57, 65, 66, 80

Z
Zweck, 65

MIX
Papier aus verantwortungsvollen Quellen
Paper from responsible sources
FSC® C105338

If you have any concerns about our products,
you can contact us on
ProductSafety@springernature.com

In case Publisher is established outside the EU,
the EU authorized representative is:
**Springer Nature Customer Service Center GmbH
Europaplatz 3, 69115 Heidelberg, Germany**

Printed by Libri Plureos GmbH
in Hamburg, Germany